U0140939

后浪出版公司

# 战略：高管的视角

## 第 4 版

（美）科尼利斯·德·克鲁维尔 约翰·皮尔斯二世 著

马昕 译

世界图书出版公司

北京·广州·上海·西安

# 目 录
## Contents

英文第一版序　008
前　言　010

**第1章　战略是什么?　001**
  1.1　导　言　002
  1.2　定义战略　002
    战略思维的不断演变　003
    战略和战术　005
    好战略促成权衡和匹配　006
    战略必须注重价值创造　007
    战略是为了创造选择　010
    战略:生态系统观　010
    战略作为整合工具　011
    战略都是有计划的吗?　012
    战略的多层次　012
    利益相关者的作用　012
    愿景和使命　013
    战略意图和延伸　014
    战略和非营利部门　015
  1.3　战略的制定过程　017
    步　骤　017
    战略和规划　019

**第2章　战略与业绩　021**
  2.1　导　言　022
  2.2　从优秀到卓越——关于刺猬说和飞轮说　024

2.3 维持企业持久成功的 4+2 公式 026
　　擅长四种基本措施 027
　　掌握四种二级措施中的两种 028

2.4 战略和业绩：概念框架 030
　　战略、目标和领导者 031
　　战略和组织变革 032

2.5 评估战略选择 035
　　标　准 035
　　股东价值 036
　　平衡计分卡 037

2.6 董事会的角色 039

**第3章　分析外部战略环境 043**

3.1 导　言 044

3.2 全球化 045
　　认识全球化：我们变得有多么全球化？ 046
　　全球构造——12 个主要全球趋势 049
　　对战略制定的意义 054

3.3 企业社会责任——新的经营需要 055
　　企业和社会之间的新型契约？ 056
　　"迈向绿色"如何带来回报 058

3.4 风险和不确定性 060
　　分析不确定性 060
　　对战略的意义 062
　　情景分析 064
　　信诺公司的情景规划 065
　　情景规划的局限 065

**第4章　行业分析 069**

4.1 导　言 070

4.2 什么是行业？ 070
　　行业结构和波特五力模型 071

4.3　行业演变　073

　　　四种变革轨迹　073

　　　行业结构、集中化和产品差异化　074

　　　实力曲线　075

　　　产品生命周期分析　077

　　　新模式　079

4.4　行业分析的方法　080

　　　细　分　080

　　　竞争者分析　080

　　　战略集群　083

4.5　分析产品－市场范围　083

　　　市场分析　083

　　　增长矢量分析　084

　　　差距分析　084

　　　利润池分析　085

## 第5章　分析组织的战略资源基础　087

5.1　导　言　088

5.2　战略资源　088

　　　有形资产　089

　　　分析公司的财务资源基础　089

　　　人力资本：公司最有价值的资源　094

　　　组织战略资源　094

　　　品牌重要性　096

　　　可口可乐的品牌意识　098

　　　核心能力　098

5.3　全球供应链管理　099

　　　全球供应链管理的重要性　100

　　　复杂的全球供应链管理面临的挑战　101

　　　思科系统公司　102

　　　高效供应链的管理战略　103

　　　战略供应链模型　104

　　　　供应链技术托管　105

　　　　英特尔的供应链创新　105

　　　　结成战略联盟以打造核心能力　106

　　　　星空联盟　106

　　5.4　变革力量　108

　　　　内部变革力量　108

　　　　公司生命周期变革力量　108

　　　　战略变革力量　109

　　5.5　利益相关者分析　110

　　5.6　制定绿色企业战略　111

　　　　投资者重视内部绿色举措　112

　　　　政府要求企业遵守绿色法规　113

　　　　客户支持外部绿色举措　114

　　　　营销使社会了解企业在可持续性方面的努力　115

**第 6 章　制定业务单元战略　117**

　　6.1　导　言　118

　　6.2　基　础　118

　　　　业务单元层面的战略逻辑　118

　　　　行业有多重要？　119

　　　　相对定位　119

　　　　市场份额的重要性　120

　　6.3　制定竞争战略　120

　　　　关键挑战　120

　　　　什么是竞争优势？　121

　　　　三个圈里的竞争优势　121

　　　　价值链分析　123

　　6.4　波特通用业务单元战略　126

　　　　差异化还是低成本？　126

　　　　成功的必要条件　128

　　　　风　险　129

　　　　对波特通用战略的批判　129

6.5  价值信条  130

产品领先  131

运营卓越  132

亲近顾客  132

6.6  设计可盈利的商业模式  134


第7章  业务单元战略：背景和特殊维度  137

7.1  导  言  138

7.2  新兴、成长、成熟和衰落的行业  138

新兴行业的战略  138

成长行业的战略  139

成熟和衰落行业的战略  140

行业演变和职能重点  141

7.3  分散、放松管制、高度竞争和基于互联网的行业  143

分散型行业的战略  143

放松管制行业的战略  143

新解除管制行业的定价  146

高度竞争行业的战略  147

极端竞争下的竞争反应  148

基于互联网的行业的战略规划  150

虚实结合  151

客户服务  151

竞争优越性  152

基于互联网的商业模式  152

互联网企业的存货和订单执行  153

互联网企业的定价  153

7.4  业务单元战略：特殊维度  154

速  度  154

加速的压力  155

加速的要求  157

加速的方法  158

创新以赢得或维持优势  158

通过创新创造价值　160

创新框架　164

苹果公司的创新产品　164

使外部伙伴成为整体创新战略的一部分　165

宝洁公司　165

创新和盈利能力　166

## 第8章　全球战略制定　171

8.1　导　言　172

8.2　全球化和行业集群　173

波特国家钻石模型　174

行业全球化驱动因素　176

8.3　全球战略制定　178

全球战略维度　180

进入战略　185

区域 / 国家分析　186

沃尔玛如何走向全球　187

进入模式　189

8.4　全球化组织和风险　192

获取全球竞争优势的组织结构　192

应对全球风险　194

## 第9章　公司战略：塑造业务组合　199

9.1　导　言　200

9.2　规模和范围经济　201

规模经济　201

范围经济　201

9.3　"核心"是什么？　202

9.4　增长战略　204

集中增长战略　205

垂直整合与水平整合　206

多元化战略　209

　　　增长和战略风险　216

　9.5　撤资：出售、剥离和清算　216


# 第10章　公司战略：管理业务组合　221

　10.1　导　言　222

　10.2　管理业务组合　222

　　　早期观点："结构遵循战略"的管理　223

　　　业务组合管理的波士顿咨询集团法　223

　　　通用电气公司法　226

　　　MACS矩阵：麦肯锡基于市场的企业战略框架　226

　　　生命周期矩阵　229

　　　业务组合分析技术的局限　230

　　　业务组合管理的价值分析法　231

　　　业务组合管理的资源分析法　232

　10.3　使用组合分析法管理联盟　233

　10.4　企业总部的作用　234

　10.5　企业战略规划　235

　　　从战略规划到战略管理　236

　　　企业战略规划作为流程　238

　　　战略规划的局限　239

　10.6　横向业务组合管理战略　240

　　　资源共享　240

　　　学习和转移关键技能　240

　　　建立学习型组织　241

　　　无边界组织　242

　　　知识管理　243


　案例索引　245

　出版后记　248

# 英文第一版序

科尼利斯·德·克鲁维尔和约翰·皮尔斯二世在本书第一章中指出，"一篇商业论述中如果不用'战略'这个专有名词，实在令人无法想象。"但是，实际上"战略"这个词用在商业领域中还不到 40 年。1957 年，艾伦·内文斯在对亨利·福特和福特汽车公司的历史定义中，第一次提到"战略"这个词。美国最伟大的战略思想家与企划师阿尔弗雷德·斯隆在他的重要著作《我在通用汽车的岁月》中从未用过"战略"这个名词。并且，当我在 1964 年想把我的新书命名为《商业战略》时，我的出版商极力反对，说"战略"这个专有名词是用在军事或政治用语上的，而不用在商业领域中。于是他将那本书的书名改为《成效管理》。

几年以后，"战略"成了重要的概念、响亮的名词，而且影响久远。"精明小子"曾在美国总统肯尼迪和约翰逊任期时的国防部为罗伯特·麦克纳马拉工作，他将战略这个词首次用于商业及学术研究上，此后，人们开始广泛使用这个词。

现今，市面上有大量关于战略的书，并且有很多新书的书名包含"战略"这个词。但就我所知，《战略：高管的视角》这本书是唯一问到"什么是战略"以及"为什么要实施战略"的一本书。它第一个发问"在一个特定的商业领域里，战略是什么以及为什么要有战略？"这是唯一一本专注于探讨管理战略中的有效行动的书。

本书特别能让管理者决定哪些战略方法与模型是暂时的或必须持续执行的；对企业的成功与持续运行都有哪些贡献。这本书能让管理者决定哪些特定的战略方法适合在他们的企业中推行，使他们在特定时间和地点下，仍能专注于他们的目标。

尤其重要的是，管理者要能够在我们当前所处与将来可能会遇到的激流中洞悉竞争激烈的舞台，并量身定做富有成效的战略，这样的能力很重要。多数企业，无论是大还是小、本土还是跨国，已面临对传统战略的新的挑战。举例来说：

- 对传统组织结构快速崛起的新挑战：从中央集权的庞大企业，转变为由企业、少数投资机构、合伙人、技术协议等所组成的"联盟企业"。
- 整合传统物流与网络服务的混乱方法。
- 如何平衡公司内部不同的职能部门，每一个部门都有其抵制变革的模式与愿景和价值，然而在高度专业化竞争的情况下，公司必须具有"整体造林"的计划，而不是局限于使单一树木苗壮成长。未来十年很可能会发生的是，各国发展的统计资料会随时代被分为两个或两个以上完全不同的市场，每一个市场都有自己的价值观、习惯与物流系统。

以上的每项挑战都需要管理者作战略性决策，且每项决策都需要某些要件——本书常用却很少被其他有关战略的书所提及的一个概念：有效的行动。每项挑战都需要战略性的管理来确保所用的战略适合运用在特定的挑战上，并适合推行在特定的企业与适当的时机，而且必须将所选定的战略转换成有效的行动。这些就是《战略：高管的视角》的要点。这是一本重要的书。

彼得·德鲁克
加利福尼亚州克莱蒙特市

# 前　言

本书的目标读者是准备承担高管职责的见习高管和希望承担高管职责的 MBA 和 EMBA 学生。

企业的成功取决于制定和实施有效战略的能力。当拥有优于竞争对手的竞争优势时，公司往往对顾客的喜好、自己如何创造价值、竞争对手是谁以及自己表现如何等问题有更为深入的认识。

要制定完备的战略，需要进行分析和综合，二者缺一不可，因此既充满理性，又富于创造力。成功的战略会反映出对外部竞争环境相关力量的充分了解、清晰的战略意图以及对组织核心竞争力和资产的深入认识。通用战略很难将公司推上领先地位。知道目标是什么并且找到深思熟虑又富于创意的方法达成目标是成功战略的标志。

## 第四版的新内容

第四版的更新内容体现出了全球读者给我们的诸多建设性意见。我们在第四版增加了新内容，对一些小标题进行了重新编排，使得主题的表达更为通畅，还更新了书中的很多案例和图表。同时，我们也保留了第一版的独到之处——简明的对话式风格以及高管取向。

第 1 章，"**战略是什么**"。本章将战略定义为通过独特的方式为顾客创造价值，对组织进行定位，使其获得竞争优势。本章区分了制定战略和增强组织运营能力之间的差别，介绍了竞争优势周期的概念，并定义了使命、愿景、战略意图和延伸等常用术语。然后探讨了战略制定的过程和组织学习在这个过程中的重要性。

第 2 章，"**战略与业绩**"。本章以讨论两项广为引用的研究开始，其主题是公司如何取得持久优异的业绩，达到卓越。第一项研究是吉姆·柯林斯的《从优秀到卓越：为什么一些公司实现飞跃……而其他公司没有》，2001 年初次出版，关注的是优秀的公司如何才能变得真正卓越。这项研究的发现启发了很多首席执行官，让他们改变了对成功的驱动因素的看法。第二项研究是《什么对企业真正有效：维持企业持久成功的 4+2 公式》，由乔伊斯、罗利亚、罗伯逊和麦肯锡公司合作实施。这是一项为期五年的研究，具有开创性的意义，其目标是找到企业真正取得优异业绩所必需的管理措施。本章随后介绍一个将战略和业绩联系在一起的概念框架，最后讨论评估战略提议的不同方法，并且在讨论中介绍股东价值和平衡计分卡等概念。

第 3 章，"**分析外部战略环境**"。本章有几个新特点。它以针对全球化进行探讨来开始，并思考"我们变得有多么全球化"这个问题。随后的一个部分是"全球构造"——在全球构造的过程中，技术、自然和社会等领域的发展趋势缓慢地给商业环境带来根本性的改变，就像地球的构造板块改变我们脚下的大地一样——及其对战略制定的意义。接下来是一个关于企业社会责任的新增部分，探讨企业和社会之间的一种新型契约是如何兴起的，以及"绿色"战略如何带来回报。本章最后讨论如何在战略制定过程中考虑不确定性这个因素。

第 4 章，"**行业分析**"。本章旨在补充一个关于行业和竞争者分析的迷你模块。根据四个主要维度对行业进行定义：产品、顾客、地域和在生产－分销管道中所处的阶段。本章介绍了波特著名的五力模型，探讨了行业演变的方式。随后纵览了市场细分、竞争对手分析、增长矢量分析、差距分析和利润池分析等用于分析行业动态的技术。

第 5 章，"**分析组织的战略资源基础**"。在本章，我们讨论如何分析企业的战略资源，包括对企业有形资产、相对财务状况、人员素质、市场声誉和品牌资产以及具体的知识、能力、流程、技能或文化层面的分析。这一版新增了关于供应链管理、内部变革力量、组织接纳变革能力的评估模型以及制定绿色企业战略的好处等内容。

第 6 章和第 7 章解决如何在业务单元层面制定竞争战略的问题。业务单元战略或竞争战略关注如何在给定的竞争背景中参与竞争。在第 6 章，**"制定业务单元战略"**，我们提出了一个问题：什么决定业务单元层面的盈利能力？我们探讨了盈利能力如何与公司参与竞争的行业的性质以及公司在行业内的竞争定位之间相关联。接下来，我们讨论竞争优势的概念，介绍价值链分析、波特的通用战略框架以及价值信条。

第 7 章，**"业务单元战略：背景和特殊维度"**。在本章，我们越过通用战略，在具体行业环境中看待战略制定。三种背景显示出行业演变的不同阶段——萌芽、成长以及成熟阶段。我们还增加了对构成独特战略挑战的行业环境的讨论，包括分散型行业、放松管制行业、高度竞争行业和互联网行业。由于高度竞争越来越成为很多行业中业务层面竞争的特点，因此我们在本章最后讨论动态变化的行业中企业获得成功的两个关键特性：速度和创新。

第 8 章，**"全球战略制定"**。本章进行了更新修订，包含了对国家 / 区域分析的更全面讨论。"沃尔玛走向全球"的部分记录了沃尔玛近年来在德国、英国和其他地区经历的挑战和挫折。本章最后探讨全球化组织和风险。

第 9 章，**"公司战略：塑造业务组合"**。本章进行了细微的修订。这一版修订和扩展了关于垂直整合背后的战略逻辑的讨论以及关于联盟用途的讨论。

第 10 章，**"公司战略：管理业务组合"**。本章大部分内容没有修改。和以前一样，本章围绕各种业务组合模式展开讨论。本章还包括了战略规划的公司视角以及提高业务组合价值的横向战略等内容。

## 教学资源

第四版配有一整套 PowerPoint 幻灯片，可以帮助使用者为课堂教学和高管演示做准备。登陆出版商的网站并且输入密码即可获得这套幻灯片，网址是：www.pearsonhighered.com/irc。我们还在附录中加入了案例索引，为书中的不同主题和章节提供具体案例。我们相信这些材料和建议会对读者有所帮助。

## 致 谢

撰写这本书是一项浩大的工程。幸运的是，一路走来，我们得到了来自本书读者、出版商、家人、同事和朋友的诸多鼓励。借此机会，我们感谢他们提出的颇具建设性的批评意见、耗费的大量时间，以及不断的鼓励。我们向所有人致以谢意，希望这本书不会辜负他们的殷切期望。

我们尤其要感谢我们的家人：德·克鲁维尔的妻子路易斯、儿子彼得和乔纳森，以及皮尔斯的妻子苏西、儿子戴维和马克。我们感谢他们的坚定支持。

科尼利斯·德·克鲁维尔

约翰·皮尔斯二世

2010 年 8 月

# 第 1 章
# 战略是什么？

1.1 导 言

1.2 定义战略

1.3 战略的制定过程

## 1.1 导 言

谷歌是如何成为世界第一搜索引擎的？苹果公司成功的秘诀是什么？沃尔玛能维持其持续不断的增长吗？西南航空为什么总能胜过众多对手？是什么造就了星巴克如此强有力的品牌？公司在开发新产品或者进入新市场时抢占先机有多么重要？公司战略中的哪些元素可以全球化？这些问题抓住了战略制定的核心。

明白战略如何制定很重要，因为公司的战略选择与其长期业绩之间存在着公认的关联性。成功的公司通常能更好地了解顾客的需要和欲求、竞争者的实力和弱点以及他们如何才能创造价值。成功的战略能反映出公司清晰的战略意图以及对其核心竞争力和资产的深入认识——通用战略很难将公司推上领先地位。要制定有效的战略，需要进行分析和综合，二者缺一不可，因此这项活动既充满理性，又富于创造性。知道目标是什么，并且找到深思熟虑又富于创意的方法达成目标，是战略制定成功的标志。

## 1.2 定义战略

很难想象商业对话中不包含**战略**这个词。我们谈论沃尔玛的分销战略、可口可乐的中国战略、亚马逊的电子商务战略、麦当劳的人力资源战略、IBM 的市场营销战略、英特尔的技术战略，等等。其频繁使用也许会让人认为战略这个词词义明确，人们很清楚它的含义。不幸的是，事实并非如此；很多被贴上“战略”标签的东西实际上和战略没有多大关系。尽管人们进行了无数的尝试，想给“战略”一个简洁的描述性定义，但其固有的复杂性和微妙性很难用一句话描述。不过对于战略的主要维度，人们的意见基本一致。战略是**定位**某个组织以寻求**竞争优势**。战略要对参与哪些行业、提供哪些产品和服务以及如何分配公司资源进行选择。其首要目标是通过提供顾客价值,为股东和其他利益相关者创造价值。

## 战略思维的不断演变

将战略定义为以创造价值为目标、定位某个组织以寻求竞争优势,有助于我们提出一系列关键性的问题。定位某个组织以寻求竞争优势是什么意思? 价值应该如何定义? 这些问题的答案很复杂。而且,它们会随着战略制定背景的持续变化而改变。今天的竞争环境和 25 年前高管们面对的竞争环境大相径庭。几十后,战略环境同样会有非常大的改变。

从过去 50 年间战略思维的演变可以看出这些变化,演变的特点是人们的关注焦点逐渐从产业经济学转向资源观,再到人力和智力资本观 (图 1-1)。了解这种演变背后的原因非常重要,因为它们反映了人们对于战略是什么以及如何制定战略的不断变化的看法。

早期的**产业经济学**观点认为环境影响因素——特别是形成产业结构的环境影响因素——是决定公司成功的首要因素。人们认为竞争环境会施加压力和限制,这让某些战略比其他战略更具吸引力。不论是在业务单元层面还是在企业层面,谨慎选择竞争领域——最有吸引力的行业或细分行业——以及控制诸如金融资本等重要的战略资源成为战略制定的首要议题。所以重点在于通过巧妙的定位获取**经济价值**。因此,行业分析、竞争对手分析、市场细分、定位和战略规划成为分析战略机遇最重要的工具。[1]

当全球化、技术革命和其他重大环境因素开始加速并从根本上改变竞争格局的时候,作为产业经济学模型基础的关键性假设开始受到人们的审视。是应该将竞争环境视为战略制定的限制因素,还是战略实际上就是塑造竞争条件? 企业应该控制竞争所需的大多数相关战略资源,这种假设仍旧适当吗? 战略资源是否真的如传统模型设想的那样是机动的,拥有特殊资源和能力带来的优势是否因此势必短寿?

针对这些问题,战略开发的资源观应运而生。这个新学派并不关注在环境限制因素内定位公司,而是将战略思维定义为跨越传统业务部门界限来构建核心能力。它关注的是围绕核心业务建立公司组合，并且采用旨在增强**核心竞争力**的目标和流程。[2]这个新范式表明人们关注的重点从获取经济价值转向了通过发展和培育关键资源和能力来创造价值。

| 竞争焦点 | 产品和市场 | 资源和竞争力 | 人才和梦想 |
|---|---|---|---|
| 战略目标 | 防御性产品-市场定位 | 可持续的优势 | 持续的自我更新 |
| 工具/观念 | ·行业分析;竞争对手分析 | ·核心竞争力 | ·愿景/价值观 |
| | ·市场细分和定位 | ·资源型战略 | ·适应性和创新性 |
| | ·战略规划 | ·网络 | ·企业家精神 |
| 关键战略资源 | 金融资本 | 组织能力 | 人力和智力资本 |

**图 1-1**　不断演变的战略焦点

资料来源:Reprinted from "Building Competitive Advantage Through People" by Christopher A. Bartlett and Sumantra Ghoshal, *MIT Sloan Management Review*, Winter 2002, pp. 34-41, by permission of publisher. Copyright © 2002 by Massachusetts Institute of Technology. All rights reserved.

人们当前关注的是知识以及**人力和智力资本**，认为它们是公司的关键战略资源，这其实是资源观战略的自然延伸，这与全球商务向知识型经济过渡是相符的。对大部分公司而言，能否获得有形资源或金融资源不再对发展或机遇构成障碍，没有恰当的人或知识已经成为制约因素。微软公司每年在美国所有计算机科学专业的大学毕业生中寻找人才，找出他们认可的少数人选并向其发出邀请。微软认识到，能力型战略取决于人，稀缺的知识和专业技能推动产品开发，与客户的个人关系对于市场反应能力至关重要。[3]

有趣的是，我们注意到，虽然方式不同，但研究者再次提出公司环境是业绩的决定因素这个观点。一项对沃尔玛和微软等公司如何在各自行业内取得统治地位的研究显示，他们的成功中有很大一部分归功于其生态系统（ecosystem）的成功，即由供应商、分销商、合同制造商、相关产品和服务提供商、技术提供商以及在其产品和服务的创造和交付过程中扮演重要角色的其他各方所组成的松散网络。因此，深思熟虑的战略制定应该将目光放远一些，不要仅仅关注公司眼前的机遇和能力，还应该提高其生态系统的整体健康。[4] 例如,沃尔玛的采购系统也向供应商提供关于顾客偏好和需求的宝贵的实时信息,供应商自己是不可能以相同的成本水平搜集到这些信息的。

## 战略和战术

每天都会有新商业概念、新技术和新观点出现。例如,互联网、创新、外包、离岸、全面质量、适应性和速度等都已经被公认为公司竞争实力和灵活性必不可少的元素。因此,企业不断采纳六西格玛、质量管理、时间竞争、标杆学习、伙伴合作、流程再造等创举以及全力提高竞争力的许多其他概念。

其中一些创举卓有成效。汽车制造商花费了数十亿美元对他们的设计和生产流程进行再造。结果,单位成本大幅下降,质量提升,与零部件制造商和其他供应商的关系更加牢固,一辆新车从概念到生产所需的时间减半。尽管这些成效让人满意,但重要的是把它们放在恰当的背景中。在当今残酷无情的竞争环境中,增强运营效益是至关重要的,但它不能替代完备的战略思维。战略与专注于运营效益的运营工具和管理哲学之间是有差别的。两者对竞争力来说都必不可少。但应用管理工具的目的是比竞争对手更好地行事,因此本质上是战术,而战略关注的是用不同的方式行事。近年来的事实证明,了解此间的区别非常重要。一些公司将互联网奉为其业务的“战略解决方案”而非一种或许很重要的新工具,他们注定会追悔莫及。由于过于关注电子商务,没有进行更广泛的战略考虑,很多公司发现他们在盲目地追逐客户,以质量和服务换价格,随之而来的是丢掉了他们的竞争优势和盈利能力。[5]

长期、可持续的优异业绩是战略的终极目标,只有在公司能够保持自身和对手之间的重大差异时,这个目标才能实现。电子商务方案、全面质量管理、时间竞争、标杆学习和旨在提高运营业绩的其他战术尽管非常可取和必不可少,但它们通常很容易模仿。此类行动带来的业绩增长充其量只是暂时的。

## 好战略促成权衡和匹配

战略思维其实注重的是采用不同寻常的方法传递顾客价值，选择不易模仿的不同寻常的系列行动，从而为持久的竞争优势提供基础。戴尔公司在开创其高度成功的直销、按单生产模式时仔细设计了制造、采购、库存系统的各个方面，以支持其低成本的直销战略。在这个过程中，戴尔在速度和成本方面为众多顾客重新定义了价值，给模仿制造了很大障碍。戴尔的竞争对手仍坚持传统的分销网络和制造模式，他们面临一个艰难的抉择：放弃传统商业模式，还是关注传递顾客价值的其他方式。

ING DIRECT 网上银行是使用潜在（产业）转型战略迫使竞争对手重新审视其整体商业模式的又一个范例。ING DIRECT 运营一家无分行的直接银行，业务遍及澳大利亚、奥地利（品牌为 ING-DiBa）、加拿大、法国、德国（品牌为 ING-DiBa）、意大利、西班牙、英国和美国。公司通过互联网、电话、ATM 机或邮件提供服务，把重点放在简单、高息的储蓄账户上。顾客只通过网络、电话或邮件办理业务。这家银行的价值定位简单而且直接——高利率、每天 24 小时每周 7 天的便利以及卓越的客户服务。仅在美国，ING DIRECT 就已经吸引了超过 200 万客户。ING DIRECT 的总部设在美国特拉华州的威明顿，在费城、纽约、洛杉矶和威明顿设有网络咖啡屋，它隶属于一家起源于荷兰的国际金融机构，该机构向 50 多个国家的超过 6000 万个人、企业和机构客户提供银行、保险和资产管理服务。

尽管运营效益工具可以提高竞争力，但它们无法单独让公司在完全相异但内在一致的系列行动之间作出选择。IBM 和其他竞争者本来也可以对终端用户直接销售以应对戴尔的创新战略，但他们必须拆除其传统分销结构才能获得戴尔从它的战略中获得的收益。因此，选择独特的竞争定位——这是战略的精髓——可以促使公司在做什么以及不做什么（二者同等重要）上达成取舍，并且制造模仿障碍。

定位选择不仅应该规定公司选择采取什么行动以及如何实施行动，还应该说明这些行动如何相互关联，形成连贯一致的整体，区别于相竞争的行动集合。图 1-2 显示的是西南航空公司的战略是如何建立在精心整合在一起的系列行动基础上的，这些行动不只是各部分的集合。不同的行动匹配在一起，相互加强，创造出实实在在的经济价值。它们共同作用，阻止模仿者。如果想要达到同样的效果，模仿者不得不复制价值创造行动的整体链条，而不是仅仅复制单个组成部分。

## 战略必须注重价值创造

好战略注重通过比其他任何人都更好地满足顾客的需要和欲求来为股东、合作伙伴、供应商、雇员和社区创造**价值**。如果一家公司能在一段持续的时间里比对手更好地为顾客传递价值，这家公司很可能拥有卓越的战略。这不是一项简单的任务。随着顾客对产品或服务的了解的增加、新竞争对手进入市场以及新进入者对价值的涵义重新定义，顾客的需要、欲求和偏好会产生改变，这种改变往往十分迅速。因此，今天有价值的东西明天也许就没有价值了。这个例子的寓意简单而又深远：某个特定产品或服务提供的价值，如果不经常维护、培育和增进，会随着时间而消逝。

要了解价值定位如何随着时间改变，可以看看美国的咖啡市场。30 年前，咖啡不过是一种商品。传统的咖啡店和"办公室"咖啡界定了咖啡的消费者行为，雀巢、福爵和希尔斯兄弟总共占据了大约 90% 的零售市场。随后星巴克出现了。星巴克公司重新定义了"喝一杯咖啡"，为其赋予新的价值定位，这个价值定位包含如下三个要素：（1）"绝佳"的咖啡——星巴克孜孜不倦地寻找世界上品质最高的咖啡，这是差异化市场定位的基石；（2）独特的物理环境——星巴克为顾客创造了享用咖啡、放松和会客的"第二"客厅；（3）全新的服务理念——"咖啡师"应该是咖啡专家，提供高水准的客户定制服务。新的价值定位大受欢迎，重新定义了传统咖啡机、百货店以及唐恩都乐、麦当劳和其他诸多连锁店的竞争平台。直至今天，像通用食品和宝洁这样的大公司仍然没能成功地通过传统（百货店）渠道营销极品咖啡发起大举反攻，这清楚地表明顾客对咖啡价值的认知产生了多么剧烈的变化。

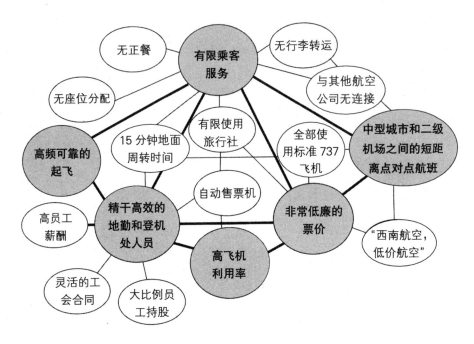

**图 1-2** 西南航空公司的行动体系

资料来源:Reprinted by Permission of *Harvard Business Review*. From "What Is Strategy" by Michael Porter, November/December 1996. Copyright © 1996 by the Harvard Business School Publishing Corporation. All rights reserved.

个人电脑市场是另一个范例。戴尔公司在若干年前建立的消除中间商、直接进行销售的商业模式为该公司创造了一个强大的竞争优势。IBM和惠普等竞争者应对起来十分艰难,因为他们的商业模式要依靠大范围的分销系统。如今,价值的定义仍在继续改变,个人电脑市场正在分化。像数码摄影师这样的重量级用户需要特大号的硬盘来存储他们的图片。运行大型数学模型或复杂电子表格的用户希望拥有快速计算能力、多处理器和大量内存。对于只需要使用电子邮件和 Word 软件的办公一族而言,只需要一台简装版电脑或者一个 PDA 就足够了。与此同时,处理器、内存、显卡、硬盘、键盘、无线网卡等硬件的价格全面暴跌。随着电脑、手机、PDA 以及其他通讯设备的市场持续交汇,顾客面临越来越多的选择。如今,电脑上最昂贵的部件很可能是软件。尽管 IBM 放弃了个人电脑市场,但惠普已经彻底重塑了自我,现在,它依照任何人想要的几乎任何机型生产高性能、同质化的机器,并且让人们很容易就能在当地店铺里买到它们。

近来苹果公司的新式平板电脑 iPad 进入市场,iPad 适合网络浏览、媒体消费、游戏和轻度的内容制作,这给个人电脑市场的价值定位带来了最新的剧变。2010 年 4 月投放市场的 iPad 带来了一类介于智能手机和手提电脑之间的设备。与之前的 iPod Touch 和 iPhone 一样,个头较大的 iPad 运行 iPhone OS 操作系统,使用多点触摸液晶显示屏进行大部分的用户互动。iPad 运行其专用的应用程序以及为 iPhone 和 iPod Touch 开发的应用程序,包括电子书阅读器。iPad 使用 WiFi 或无线广域网浏览互联网、载入和播放媒体以及安装软件。

图 1-3 描绘了这种"价值转移"及其产生的竞争优势的结果。该图显示,在任何给定的时间点,公司都在以特定的资源组合参与竞争。公司在一部分资产和能力上胜过对手,其他的则不敌对手。优势资产和能力是地

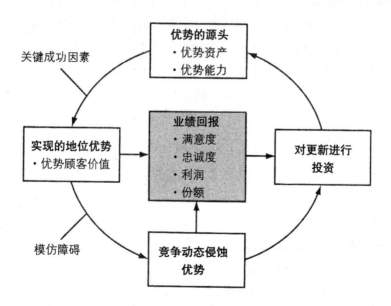

**图 1-3　竞争优势的循环**

资料来源:*WHARTON on Dynamic Competitive Strategy* by George S. Day and David J. Reibstein. Copyright © 1997 by John Wiley & Sons, Inc. This material is used by permission of John Wiley & Sons, Inc.

位优势的源头。[6] 不论拥有什么竞争优势,公司必须预计到战略环境的不断变化和对手公司的竞争举措会持续侵蚀其竞争优势。因此,竞争战略拥有双重目标:(1)保护当前优势的源头以延缓优势被侵蚀的过程,防止竞争者的行动对其造成破坏;(2)对产生下一个竞争优势地位奠定基础的新能力进行投资。所以,优势的创造和维护是一个持续的过程。

## 战略是为了创造选择

当我们把战略制定描述为定位某个组织以寻求竞争优势时,并不是指确定一个详细的长期计划并且不折不扣地执行。竞争环境的飞速变化让这样的战略观无法站稳脚跟。当战略制定出来的时候,一些结果比其他结果更容易预见到。例如,摩托罗拉在投资一项新技术的时候,也许知道这项技术在几个市场里很有前景,但是,可能要到很久以后才能知道这项技术在不同应用领域的确切回报。[7]因此,战略制定是为组织勾画一个长期**愿景**,同时在实现愿景的方式上维持一定程度的灵活性,创造一系列选项以适应变化。**学习**是这个过程的一个基本要素。一旦开始贯彻所选定的方向,公司就开始学习——所选定的方向与竞争环境的协调程度、对手可能如何回应,以及公司为实现竞争意图所做的准备充分与否。

## 战略:生态系统观 [8]

在我们这个联系越来越紧密的世界上,从战略上看,单个公司往往是无法独自生存的。大多数公司在很大程度上要依赖合作伙伴、供应商和客户网络来获取市场成功和维持业绩。这些网络像生态系统一样运行,在这个系统中,所有公司的成败系于一个整体。

在银行、生物科技、保险和软件等行业,商业生态系统已经成为一种普遍现象。和生物系统一样,商业生态系统的界限是流动性的,有的时候很难界定。商业生态系统横跨整个行业,可以囊括影响产品价值或服务价值的所有组织。

要获得可持续的竞争优势,公司需要借助整个网络的能力,利用尖端技术把各个不同的部分连通起来。好的战略能提高商业生态系统的整体健康，维持个体公司的业绩。谷歌、易趣和沃尔玛等公司就成功地利用了生态系统战略，在其自身网络中协调各方行为和影响最终结果。

技术日益成为使生态系统以迥异方式运行、成长和发展的结缔组织。打算制定有效生态系统战略的企业必须拥有到位的技术架构，这可以让它们分享信息、促进协作以及整合该生态系统内的各个体系。例如，作为全世界最大的零售商，沃尔玛的成功部分基于其信息技术决策，这些决策与沃尔玛对自己所依赖的生态系统的了解是息息相关的。沃尔玛支撑着一个从制造商一直延伸到消费者的庞大供应链生态系统。这个集中式供应链为沃尔玛带来了效率，也为它的大小供应商们创造了价值，因为它为供应商们提供了一个庞大的新渠道，让他们接触到世界各地的消费者。

生态系统战略观说明了如今商业环境中相互依存的重要性。独立经营战略往往再也无法维持下去，因为公司的业绩越来越取决于公司影响其直接控制之外的资产的能力。

## 战略作为整合工具

战略要求实施从获取和分配资源、能力建设、塑造企业文化到配备适当的支持系统等诸多行动。这些行动的目的是根据选定战略方向的目标，整合组织的资源和能力。战略整合可以用来弥合战略能力差距或者维护战略重点。

**战略能力差距**是指顾客的需求或在未来可能的需求与组织目前所能交付之物之间在能力、技术和资源等方面的巨大差距。因此，战略整合的这个维度注重弥合在市场上取得成功所需的条件和公司目前的能力之间的差距。诸如开发更好的技术、创造更快速的交付机制、塑造更有力的品牌、打造更强大的分销网络等均属于此类行动。

整合的第二个维度与维护战略重点相关。战略的制定和实施是人为活动，因此肯定会遇到错误、障碍甚至被滥用。要成功地执行选定的战略，组织必须想方设法确定组织各级团队和个人所说的话确实得到了执行。诸如确保战略目标得到了有效沟通、分配必要的资源、为了达成有效整合进行适当激励等属于此类行动。

## 战略都是有计划的吗？

即使最好的计划也并非总能得到预期成果。从战略制定完成（即明确了预期成果的时候）到战略实施结束的一段时间里，很多事情可能发生变化。例如，某个竞争对手可能会推出一个新产品，或者通过了某些新行业规定。因此，实施的战略与预期的战略可能多少有些不同。[9]

## 战略的多层次

战略的制定包含公司、业务单元和职能三个层次。在多业务、多元化经营的公司，**公司战略**涉及公司应该参与哪类业务的竞争以及公司的整体业务组合应该如何管理。在单品种产品或服务的企业或在多业务公司的某个部门，**业务单元战略**涉及决定提供哪种产品或服务、如何制造或生产它以及如何将其推入市场。**职能战略**一般涉及市场营销、人力资源或技术等更窄的领域。这三个层次的战略都是战略管理的组成部分——战略管理是用来引导组织长远未来的所有管理程序的总和。

## 利益相关者的作用

大多数公司在为顾客创造价值的时候在很大程度上要依赖外部**利益相关者**——供应商、合作伙伴，甚至竞争者。内部利益相关者——董事、高层管理者、中层管理者和员工——的激励对于成功而言也很重要。对供应商的管理出现差错、员工关系出现重大错误或者缺少与主要股东的沟通都可能让公司的发展倒退好几年。不同利益相关者对于公司竞争地位的重要程度取决于他们在组织中的筹码以及他们能够发挥的影响。利益相关者可能拥有所有权筹码（股东和董事，等等）、经济筹码（债权人、员工、顾客和供应商）或者社会筹码（监管机构、慈善团体、本地社区和激进团体）。[10]有些掌握正式权力，有些掌握经济权力或政治权力。正式权力通常与法律义务或权利相关；经济权力来自扣留产品、服务或资本的能力；政治权力源于说服其他利益相关者影响组织行为的能力。

## 愿景和使命

**愿景**代表了高级管理层对组织的长期目标——关于在给定时间段内想要取得的竞争地位以及为了达成目标必需获取的核心能力的描述。同样，愿景总结了公司未来大体的战略重点。**使命**说明记录组织存在的目的。使命说明通常包含公司的行为规范，在履行使命的过程中引导管理层。

在拟定愿景说明的时候，有两个重要的经验值得留意。第一，大多数成功的公司会把精力集中在相对较少的行动上并且非常出色地完成。达美乐公司之所以成功，是因为它坚持做比萨饼；H&R Block 公司之所以成功，是因为它专心做报税；微软公司之所以成功，是因为它致力于做软件。这意味着有效的战略开发就是确定不做什么以及选择致力于哪些行动。第二个经验是大多数成功的公司因为采用了远远超出它们资源基础和能力范围的愿景才赢得它们的领导地位。要成为市场的领头羊，光盯着竞争的驱动因素是不够的，必须要具备描绘"全新未来"的愿景。有了这种心态，能力和目标之间的差距就变成了挑战，而不再是限制，获取胜利的目标可以在很长一段时间里维持一种紧迫感。[11]

愿景说明应该提供战略指导和激励重点。好的愿景有以下特征：

- 清晰明确，但没有过多限制，不会抑制主动性。
- 符合所有利益相关者的合法利益和价值观。
- 切实可行，也就是说能够实施。[12]

愿景说明有助于制定战略行动。当杰克·韦尔奇在 1981 年成为通用电气公司首席执行官的时候，美国经济正处于衰退之中。高昂的利率和美元的强势加剧了衰退。为了推动公司前行，为了促进通用电气各类业务的业绩，这位新任首席执行官要求每项业务都要做到"没有最好，只有更好"。这个要求让公司采用了如下愿景说明：每项业务都要做到"在行业内数一数二，否则就退出这个行业"。[13]

全球越来越多的公司拥有了正式的公司**价值观**说明，这也是使命说明的核心，高级管理人员现在已经习惯性地将道德行为、诚实、正直和社会关怀列为公司议程的首要议题。博思艾伦咨询公司的一项调查显示，接受调查的公司中89%拥有书面价值观说明，其中90%的公司将道德行为作为一项关键性的指导原则。更进一步，81%的公司认为它们的管理措施鼓励员工道德行为。在正式说明中，与道德相关的文字不仅提出了公司对员工行为的期望，也成为公司在日益复杂和全球化的法律和管制环境中的后盾。这项调查还显示，在不同的地区，特定价值观的重要性以及公司协调这些价值观与他们的战略的方法大相径庭。与北美洲的企业相比，亚洲和欧洲的企业更可能强调与公司更广泛的社会角色相关的价值观，比如社会责任和环境责任。最后，实施价值观战略的时候首席执行官的基调很重要。85%的受访公司表示公司依赖首席执行官的明确支持来增强价值观，77%的受访公司表示这种支持是增强公司依照其价值观行事的能力的"最有效"措施。在所有地区、行业和规模的受访公司中，这被认为是最有效的措施。[14]

强生公司的历史可以说明精心制定的使命说明的效用。在50多年的时间里，强生公司的信条——有关公司如何定义其公司责任的基本信念的说明——引导着公司的所有行动。信条的开头是"我们相信我们首先要对医生、护士和病人负责，对母亲、父亲和所有使用我们产品及接受我们服务的人负责……"，接着明确地定义了公司对员工、社会和股东的责任。在1982年泰诺危机和1986年公司产品被掺入氰化物事件期间，其价值观得到再次强调和重申。在强生的名誉和信誉岌岌可危的时候，高管的重要决策都是根据公司信条的启发作出的。这个信条帮助公司保住了信誉，重振了泰诺退热净的业务。今天，AIG、高盛和丰田等公司最好能吸取泰诺事件的经验教训。

## 战略意图和延伸

**战略意图**说明既是对公司选定战略目标的概述，也是一种激励信息。战略意图说明措辞严谨、表达清晰，不仅描绘未来的愿景，还表达了对获胜的渴望，并且认识到成功的战略既要围绕"能是什么"制定、也要围绕"是什么"制定。它让组织专注于主要竞争目标，提出发展哪些能力、利用哪些资源、致力于哪些细分市场等目标。它不担心当前资源和机遇的匹配程度，而是将重心放在如何弥合能力差距的问题上。当前的资源和能力成为战略制定的起点，而非战略制定和实施的制约因素。[15]

　　一个相关的理念是**延伸**的概念。延伸反映的是对成功战略既要围绕"能是什么"制定、也要围绕"是什么"制定的认知。每个公司最终都要在其资源和机遇之间形成匹配。问题是在多长的时限内？时限过短，关注的就是匹配而非延伸，是资源配置而非从现有资源中获取更多的价值。但是时限过长，就会产生让人无法接受的不确定性以及让延伸目标变成不切实际的目标的危险。

## 战略和非营利部门

　　非营利部门已经发展起来，现在包含超过 100 万个组织。非营利组织共同为国民经济作出了卓越的贡献。与营利机构一样，它们在自身的环境条件下也经历了根本的转变——这种转变可能威胁到它们未来的健康运营。这就解释了为何非营利组织会对更具战略性的运营越来越感兴趣。

　　在有关战略的已有文献中，大多是为私营部门（营利机构）提供的。将战略概念的应用从营利的角度转向非营利的角度是极具挑战性的，因为两类部门之间存在很大的差异。营利组织与非营利组织之间的一个重大差别是他们如何衡量成果。非营利组织的效益通常是根据它们完成所选择使命的程度评估的，而营利组织长期效益的最常用指标是盈利能力和 / 或股东价值。换句话说，营利组织主要关注的是"战胜对手"的方法，非营利组织主要关注的是"完成使命"。

　　非营利组织适合在制定战略时考虑竞争心态，虽然也可能有例外出现，但大多数不会采用这种方法。在将战略概念应用于非营利组织时，大多数从业者、咨询者和撰写者会使用营利战略的工具，但去除"战胜对手"、提升股东价值和竞争等理念。希恩（Sheehan）建议，在非营利组织里，替代竞争的驱动因素应该是他所说的"使命差距"，他对"使命差距"的定义是组织想要影响的"人、地和/或事"的现状与其在理想世界中的状态之间的差距。[16]

运用这个概念，他将非营利性战略定义为制定弥合使命差距的方法，或者更正式的说法是，创造一整套连贯一致的理念，解释组织如何追求其愿景并在未来的年份里实现其使命。战略会说明收入的产生、人员的配置(有薪酬人员和无薪酬人员，如志愿者)和使命的影响等重要职能领域如何运作和相互关联。战略来源于组织对完成其使命和达成其愿景的承诺。[17]

因此，和营利企业一样，每个非营利组织，不论其使命或领域，都需要三种业绩指标：(1)衡量其是否成功地调动了必需的资源；(2)评价其人员是否有效地完成了所指派的工作；(3)评估其完成所选定使命的程度。例如，环保组织可能根据关于清洁空气或清洁水的某项具体立法是否通过来评价其员工的业绩，而慈善团体可能选择有多少人为它们的基金募捐作为评估指标。

前两个指标的制定和执行相对而言比较容易。调动非营利组织的资源的指标包括筹资业绩、会员增长和市场份额等。例如某个具体计划所服务的人员数量和组织已经完成的项目数量就属于和员工相关的业绩指标。

定义和执行第三种指标——评估组织是否成功地完成其使命——对非营利组织而言是一个重大的挑战。在营利部门，价值创造相对比较容易评估。公司可以关注股东价值、盈利能力和投资回报率等指标。与之相比，非营利组织的使命通常比较宽泛并且注重性质，评估起来困难得多。例如，美国女童子军组织的使命是帮助女童挖掘作为公民的全部潜能，我们能如何确定其完成使命的程度？

麦肯锡公司进行的一项研究显示，尽管面临这些困难，非营利组织还是能评估它们是否成功地完成了自己的使命。[18]目前，已经确定了三种不同的评估方法。第一种方法是将使命定义得足够狭窄，这样就可以直接对进展情况进行评估。例如，善念慈善机构希望人们通过工作摆脱贫困。因此评估其是否成功的标准是计算参与其培训计划和找到工作的人员的数量。

第二种方法是投入资金进行研究，确定组织的行动对达成其声明的使命是否真的有帮助。致力于改善贫困儿童教育的 JumpStart 联盟使用的就是这种方法。联盟定期委托他人进行独立的统计分析，证明联盟毕业生在进入幼儿园的时候比没有参与过计划的儿童准备得更充分。[19]

但是，对很多非营利组织而言，缩窄使命的范围是不可能的，委托他人对成果进行研究也是不被容许或者无法实行的。例如，大自然保护协会如何能评估其对地球生物多样化所作的努力所产生的影响？在这种情况下，就应该考虑第三种评估成功与否的方法：制定一整套复杂的"微观"目标，如果实现，就意味着在更广的范围内取得了成功。想想切萨皮克海湾基金会的做法。该基金会的使命是保护切萨皮克海湾的健康。为了让这个目标更为具体，基金会制定了九个海湾健康指标，例如水体清洁度、溶氧水平、洄游鱼类数量和周围湿地的面积等。为了衡量进展情况，基金会为每项指标搜集基准数据，然后制定让海湾产生重大改观的具体的 10 年目标。[20]这种方法的一大好处是很容易被大众和潜在的捐助人理解，因而有利于筹款和吸引其他形式的资助。

## 1.3　战略的制定过程

### 步　骤

制定战略的过程可以围绕三个关键问题组织：当前进度如何？要达成什么目标？如何达成目标？（图 1-4）每个问题定义过程的一个部分，意味着不同类别的分析和评估。这些问题还表明战略分析的各个部分是相互重叠的，各个反馈循环是整个过程的有机组成部分。

1. 过程中"当前进度如何"的部分关注的是评估当前业务或公司整体的状况。在这个部分一开始，要重新思考组织的使命是什么、管理层对公司的长期愿景是什么以及公司的主要利益相关者是谁等基本问题。其他的关键组成部分包括详细评估公司当前业绩，公司运营的社会政治、经济、法律和科技大环境的相关趋势，在本行业环境中的机遇和威胁，以及内在的优势和弱点。

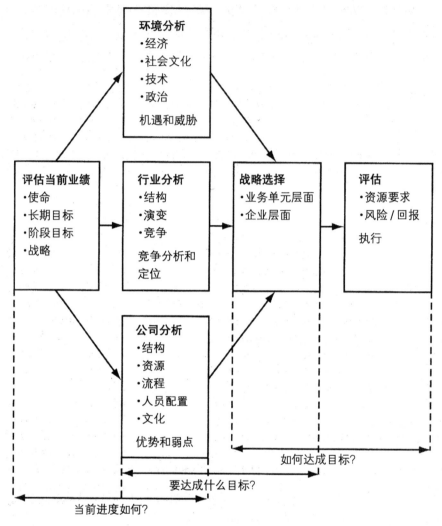

**图 1-4 战略的制定过程**

2. "要达成什么目标"部分的问题是为了生成和探索建立在第一个问题的答案基础上的**战略选择**。例如,在业务单元层面是选项的决策,如致力于少数细分市场内的增长还是关注更广泛的市场,单独行动还是和其他公司合作,关注为顾客提供附加值还是为顾客提供低成本解决方案。在企业层面,过程的这个部分关注的是塑造企业参与的各类业务的组合,以及在形成理念和流程的时候进行调整。在这两个层面,其结果都是战略意图说明,它指明推动公司前进的指导性商业理念或驱动力。

3. 过程中"如何达成目标"的部分关注如何达到欲求的目标。最重要的一个问题是在这个阶段如何弥合组织当前的技能与达到战略意图所需的技能之间的能力差距。它解决的是核心能力与新兴市场需求之间的"战略整合"问题,并且确定与成功实施所选择战略相关的关键成功因素。最终的产物是实施所选择战略和执行战略的原则和控制的一整套详细方案。

## 战略和规划

战略的审查可能由诸多因素——新上任的领导层、令人失望的业绩、所有权的变更和新竞争者或新技术的出现——触发,也可能是规定审查程序(通常是每年一次)的一部分。

很多公司实施某种形式的战略规划。组织这个程序的动力来自两大压力:(1)需要解决越来越复杂的问题范围,包括全球范围内的经济、政治、社会和法律问题;(2)竞争环境的变化速度越来越快。正式的系统能够确保将所需的时间和资源分配给规划过程、设置优先级别、整合和协调行动,以及获得正确的反馈。

这个规划过程通常根据**规划周期**组织。这个周期一开始是在企业层面对整体竞争环境进行审查以及对各部门和业务单元的公司指导方针进行审查。接着,要求各部门和业务单元更新它们的长期战略,说明这些战略如何与公司的重大优先事务和目标相匹配。第三,在企业管理者和部门/业务单元经理之间的会议上审查、评估、调整、协调和整合部门和业务单元的计划。最后,在部门/业务单元层面制定详细的计划,由企业总部最终批准。

根据定义,正式的战略规划系统或规划周期应该用线性、连贯的流程组织战略的制定和实施。但是环境和竞争的变化是不会遵守日程表进行的。当新的重大竞争机遇或挑战出现时,公司不能坐等着不予应对。这并不是指应该彻底抛弃正式程序。实际上它强调的是即使战略是为组织制定长期愿景，但在如何达成愿景上还是应该保留一定程度的灵活性，并且应该为适应变化保留一定的余地。

---

## 注 释

1. C. A. Bartlett and S. Ghoshal, 2002, "Building Competitive Advantage Through People," *Sloan Management Review,* 43(2): 34–41.
2. C. K. Prahalad and G. Hamel, May–June 1990, "The Core Competence of the Corporation," *Harvard Business Review*, pp. 79–91.
3. C. A. Bartlett and S. Ghoshal, op. cit., 2002, p. 35.
4. M. Iansiti and R. Levien, March 2004, "Strategy as Ecology," *Harvard Business Review*, pp. 68–78.
5. M. E. Porter, November–December 1996, "What Is Strategy?" *Harvard Business Review*, pp. 61–78.
6. G. S. Day, "Maintaining the Competitive Edge: Creating and Sustaining Advantages in Dynamic Competitive Environments," In G. S. Day and D. J. Reibstein (eds.), *Wharton on Dynamic Competitive Advantage*, New York: John Wiley & Sons, 1997, Chapter 2, p. 52.
7. These ideas are based on T. A. Luehrman, September–October 1998, "Strategy as a Portfolio of Real Options," *Harvard Business Review*, pp. 89–99.
8. This section is based on M. Iansiti, 2004, *The Keystone Advantage: What the New Dynamics of Business Ecosystems Mean for Strategy, Innovation, and Sustainability* (Boston, MA: Harvard Business School Press).
9. H. Mintzberg, 1985, "Of Strategies, Deliberate and Emergent," *Strategic Management Journal,* 6(3): 257–272.
10. R. E. Freeman, 1984, *Strategic Management: A Stakeholder Approach* (Boston, MA: Pittman).
11. G. Hamel and C. K. Prahalad, May–June 1989, "Strategic Intent," *Harvard Business Review*, pp. 63–76.
12. J. Kotter, 1990, *A Force for Change* (New York: Free Press).
13. Harvard Business School Case Study 9–399–150, 2005, "GE's Two-Decade Transformation: Jack Welch's Leadership." (Boston, MA: Harvard Business School).
14. R. Van Lee, L. Fabish, and N. McGaw, 2005, "The Value of Corporate Values," *Strategy and Business,* Summer, Booz Allen Hamilton, Inc.
15. G. Hamel and C. K. Prahalad, op. cit., 1989.
16. R. M. Sheehan, 2005, "What is Non-profit Strategy?" www.SheehanNonprofit Consulting.com
17. Ibid.
18. J. Sawhill and D. Williamson, 2001, "Measuring What Matters in Nonprofits," *The McKinsey Quarterly,* 2: 98–107.
19. Ibid.
20. Ibid.

# 第 2 章
# 战略与业绩

2.1 导 言

2.2 从优秀到卓越——关于刺猬说和飞轮说

2.3 维持企业持久成功的 4+2 公式

2.4 战略和业绩：概念框架

2.5 评估战略选择

2.6 董事会的角色

## 2.1 导　言

精心制定的战略常常只能带来战略中所承诺财务价值的一部分。为什么会是这样？是因为首席执行官在实际上需要更周全的战略时急着有出色的执行表现吗？还是因为他们在执行是组织的切实弱点的时候致力于开发新战略？还有其他原因吗？如何避免这样的错误？更好地了解战略和业绩之间如何关联是一个好的开始。

我们对行业、公司和业务（财务）业绩的决定因素的大部分了解来自对把各种假设的原因变量与各种业绩评估联系在一起的模型中的个体关系的评估。原因变量通常描述环境、公司战略和组织特点等元素的组合。经济学、管理学、商业政策、金融学、会计、管理科学、国际商务、社会学和营销学等学科会进行此类研究。比较这些研究中得出的结果并不容易，主要是因为研究方法、模型设定以及解释变量和应变量的定义和评估标准千差万别。评估技术种类繁多，从简单的交叉分析表到复杂的"因果"模型，同样差别巨大。

因此，相比不同背景下整体（多维）战略的效力，我们更加了解具体的环境、组织和战略变量对（财务）业绩的影响。例如，我们知道，如果其他条件保持不变，以下说法就成立：　（1）高增长局面是人们希望出现的；在很多情况下，增长总是和利润联系在一起。　（2）拥有高市场份额是有益的，但我们不知道究竟在什么时候争取市场份额是正确的或者是错误的。　（3）大规模本身不会带来盈利能力，但可能带来其他重大战略优势。　（4）在很多行业，花在研发上的钱与盈利能力的提高有很大关系；对广告的投资也物有所值，特别是在工业品行业。　（5）优质的产品和服务会提高业绩，过多的债务会损害业绩，应该谨慎制定资本投资决策。但是知道存在这些关系并不意味着了解战略和业绩的关系，二者相去甚远，因为只包含一个或区区几个因素的简单对策不会对制定全面有效的战略有所帮助。

幸运的是，近年来被广为引用的两项研究开始向我们揭示公司是如何取得持久优异的业绩的。我们在本章对这两项研究进行简单的回顾。第一项是《从优秀到卓越：为什么一些公司实现飞跃……而其他公司没有》，2001 年初次成书出版，它的作者是吉姆·柯林斯。这项研究主要关注的是优秀的公司能够做些什么来达到真正卓越。它的发现启发了很多首席执行官，让他们改变了对成功的驱动因素的看法。该研究显示，首席执行官的薪酬、技术、合并和收购、变革管理方案等因素在从优秀公司到卓越公司的打造过程中起到的作用相对较小。但是，在三个主要领域内获得成功——守纪律的人、守纪律的思想、守纪律的行为——很可能是决定公司成就卓越的能力的最重要因素。第二项研究是《什么对企业真正有效：维持企业持久成功的 4+2 公式》，由乔伊斯、罗利亚、罗伯逊和麦肯锡公司合作实施。这是一项具有开创性意义的研究，其目标是找到真正取得优异成绩所必需的管理措施。作为"长青计划"的一部分，160 家公司使用了超过 10 年的200 多种完善的管理措施得到了评估分析。该研究得出的结论是：八种管理措施（四种基本措施、四种二级措施）与优异的公司业绩（按照全部股东回报衡量）直接相关。取得成功的公司在所有四种基本措施以及四种二级措施中的任意两种上表现优异，这正是研究标题中"4+2 公式"的意思。而失败的公司没能做到这些。

尽管两项研究在研究方法上大相径庭，但研究结果大致一致。结果证明，公司的战略、执行、领导和人才库、组织、流程和公司文化对持续成功都非常重要。另外，它们全都相互关联，共同决定业绩。为了了解这些变量如何相互作用，本章的第四节给出了一个概念框架，说明战略和业绩之间的关系。

随后，我们关注评估战略建议的价值的不同方法。鉴于通过长期公司价值或股东价值等长期价值创造来评估具体战略较为困难，我们来看看其他一些被普遍认为与长期股东价值确实相关的更容易评估的标准。具体而言，我们探讨一种近年来广受关注的评估方法：所谓的平衡计分卡法，为的是找出公司执行选定战略时的行动重点。平衡计分卡框架迫使高管连续解决四个关键问题：（1）顾客如何看待我们？（2）哪些是我们必须擅长的？（3）我们能否继续提高和创造价值？（4）我们如何面对公司股东？这个框架突出了员工技能、信息技术和流程上的所有差距，这些差距可能妨碍组织执行既定战略的能力。

本章最后探讨公司董事会在营造高业绩环境、监督公司发展进程和确定公司合规情况等方面起到的作用。

## 2.2　从优秀到卓越——关于刺猬说和飞轮说 [1]

吉姆·柯林斯实施了两项关于公司持久优异业绩的研究，两项研究都广为引用。第一项研究以《基业长青》为题成书出版，与杰里·波拉斯合著，这本书探讨了是什么让公司由优秀上升至卓越以及这些公司是如何维持长盛不衰的。第二项研究就是前面提到过的《从优秀到卓越：为什么一些公司实现飞跃……而其他公司没有》，2001 年初次成书出版，书中提出了一个更令人困惑的问题：仅仅优秀的公司如何才能变得真正卓越？在这本书的语境中，柯林斯根据一系列指标定义"卓越"，其中包括在一段持续的时间内超过市场平均值若干量级的财务业绩。使用这些标准，柯林斯选中了雅培、金佰利、纽柯、菲利普·莫里斯公司和必能宝等公司，进行了详细分析。

顶级领导者的品性构成了优秀公司与卓越公司之间的一个巨大差别。柯林斯认为他所说的"第五级领导者"是研究中所评估的卓越公司的普遍特点。在从仅仅能力突出到具备战略执行决策制定能力的五个级别中，这种领导者位于最高级。第五级领导者表现出一种由极度果断和深厚幽默感交织在一起的非常特质。这些领导者往往在公司的职业生涯中逐级晋升，从而成长起来。对真正的第五级领导者来说，自我和个人经济收益没有团队和公司的长期效益重要。

第二个重要因素是领导团队的品质。具体而言，柯林斯提出，必须在能够（和应该）制定总体战略之前找到拥有第五级领导者能力的高水平优质人才。让正确的人在正确的位置上，很多困扰公司和耗费宝贵资源的管理问题就会自动消失。因此，想要实现从优秀到卓越转变的公司也许会发现，在人才搜寻和决策制定上花费额外的精力和时间是值得的。

让公司实现从优秀到卓越转变的能力的第三个元素是在公司和更大的商业环境中找出并评估决定性事实的意愿。在如今的市场中，消费者偏好的趋势一直在改变，无法跟上这些改变往往会导致公司倒闭。

在思考战略重要性的时候，柯林斯使用刺猬的比喻来解释一个看似矛盾的原则——简单有时能带来卓越。当遭遇猎食者的时候，刺猬的反应虽然简单但出奇有效——它蜷缩成一个球。尽管像狐狸这样的猎食者可能更聪明，但很少能设计出足够有效的战略来战胜刺猬简单重复的反应。同样，柯林斯认为实现从优秀到卓越转变的方法往往不是把很多事做好，而是把一件事做得比世上的其他所有人都好。一家公司要找到自己的"刺猬理念"可能会花一些时间，但是那些成功做到这一点的公司往往获得了非凡的成功。为了加快这个过程，柯林斯建议使用三个标准：（1）确定公司在哪些方面能 / 不能做到世界最优；（2）确定驱动公司经济引擎的是什么；（3）确定公司的人员对什么充满热情。

柯林斯还指出了整体组织文化的纪律的重要性。这意味着要创造一个每名经理和每名员工都被内心的坚定意志驱动的组织。在这种组织里，每个个体都像主人翁一样发挥作用，把自己深深地投入工作和公司的成功之中。可以体现纪律的是几近狂热地追寻目标、坚持遵守根据公司的"刺猬理念"编制的脚本，而这种"刺猬理念"将带领公司实现从优秀到卓越的转变。

企业不应该仅靠技术提高效率、减少管理费用和让竞争优势最大化。实现了从优秀到卓越转变的公司在探索新兴技术的前景时小心谨慎、深思熟虑，和它们对待其他所有经营决策的态度一样。而且，这些公司应用技术的态度往往反映了它们的"刺猬理念"——通常只选择和关注少数技术的开发，这些技术与它们的已有实力和目标根本上是一致的。柯林斯用下面这个循环描述理想的技术之路：暂停—思考—爬行—行走—奔跑。

《从优秀到卓越》的研究价值中，很大一部分在于它对流程的指向。

柯林斯描绘了两种循环，这两种循环说明了经营决策是如何向有利方向或不利方向加剧积累的。二者都要经过一段时间的积累，过程比大多数人认为的慢。第一种是有利的经营循环，在某些情况下，这种循环能够带来从优秀到卓越的转变；柯林斯把它称为"飞轮效应"。通过作出决策，采取行动，加强和巩固公司的"刺猬"能力，高层管理者就能启动积极的势头。这会带来越来越多的切实可见的积极结果，这些积极结果会赢得和增强员工的投入和忠诚。团队振作一新，更加强了前进的势头。如果循环不断这样重复，从优秀到卓越的转变很可能实现。与之相对，"厄运之轮"的特点是被动地制定决策，在过多的关注领域内铺得太开，接着是发展趋势短命，领导和人员频繁变动，士气低落，最终得到令人失望的结果。

将这些成果与他的前一本书《基业长青》联系在一起，柯林斯得出结论：公司需要一整套**核心价值观**，以赢得长期持久的成功；只追逐利润是不够的。这个目标不一定要具体；即使将公司推向胜利的共同价值观无底线地要求团队把工作做到最好、保持优异的表现，但其实只要团队成员全都奉行同一套价值观，也许就足够了。

## 2.3  维持企业持久成功的 4+2 公式 [2]

乔伊斯、罗利亚、罗伯逊和麦肯锡公司合作，也实施了一项具有开创性的研究，研究目标是找到真正取得优异成绩所必需的管理措施。他们分析了 160 家公司使用了超过 10 年的 200 多种完善的管理措施。

该研究显示，在同行中脱颖而出的公司毫无例外都非常擅长四种基本管理措施（战略、执行、文化和结构），并且通过对四种二级管理措施（人才、创新、领导者以及合并和合伙）中任意两种的熟练运用增强了在其领域内的实力（4+2 的标题由此而来）。结果清楚地显示，公司使用哪种具体的软件系统、选择集中还是分散其业务流程，这些都不重要。重要的是公司如何执行这些决策：不论公司选择哪种技术，都会不折不扣地实施；不论公司选择哪种组织形式，都会关注这个决策对其执行能力的影响。这需要在所有四种基本措施和两种或更多二级措施中具备实力。因此，取得成功的业绩仅仅依靠拥有正确的战略是远远不够的，还需要同时在六个或更多的成功因素上有优异的表现。而且，哪怕在六个因素中的任意一个因素上出现一个错误，都可能让公司的业绩严重受损，或者更糟，可能导致公司倒闭。

## 擅长四种基本措施

擅长制定战略、执行、塑造文化和打造结构是什么意思？人们开发了无数工具、技术和框架——其中一些在本书中有所描述——帮助高层管理者掌握这些措施。例如，为了改善执行情况，高层管理者使用全面质量管理、"改善"（kaizen）和六西格玛等技术。罗利亚等人的研究显示，尽管这些工具和技术对诸如精简执行或制定战略等有所帮助，甚至十分必要，但没有哪个显而易见的选择能让公司取得成功。但是，有效战略是有"标志"的——它们是执行、文化和结构，实际上所有一直保持成功的公司在超过 10 年的时间里都展现出了这些标志。

**战略：设计和维护表述明确、重点突出的战略** 不管是选择在低价格、高质量，或者优质服务上进行竞争，公司必须清楚所选择的战略是什么，而且应该把这个战略由始至终传达给客户、员工、股东和其他利益相关者。成功的战略也往往注重增长；每七年让核心业务的规模翻倍，建立一项规模相当于核心业务一半的新业务，这似乎是高业绩公司的准则。最后，成功的一个明确标志是有效的战略源自于简单的、重点突出的价值定位，这个价值定位植根于对公司的目标客户和公司能力现实评价的确切了解。

**执行：发展和维护完善的运营执行** 该研究发现，完善的执行和拥有完备的战略一样重要。取得成功的公司总是超出客户的预期。他们还会将生产力提高到行业平均水平的两倍左右，而且对可能达到的业绩有现实的预期。没有公司能在经营的各个方面都超过竞争者。因此，最重要的是找到满足客户需求最为重要的程序，并且集中公司的精力和资源让这些程序尽可能地高效。

**文化：发展和维护以业绩为导向的文化** 文化对企业的成功起着很重要的作用。打造适当的文化很关键，这种文化应该支持高水准的业绩和道德行为，而不只是促成愉快的环境。该研究发现，在取得成功的公司里，每个人的作用都发挥到极致。他们的文化环境鼓励杰出的个人和团队作出贡献，并且要求员工——而不仅仅是经理——为成功负责。同样重要的是，成功者不仅和当前的竞争对手比较，还在行业外寻找合适的标杆。例如，取得成功的公司一旦在物流效率方面战胜对手，它也许会问："为什么我们不能比联邦快递做得更好呢？"即使这个目标无法实现，但由此引出一个问题："如果我们在物流上无法做到最好，那为什么不把它外包给一个能做到这一点的合作伙伴呢？"这对优秀的员工和经理来说仍然是一个重要的机遇。

**结构：建立和维护快速、灵活、扁平式的组织**　过于关注准则和程序，太多红头文件，可能会妨碍发展，打击员工的积极性，耗费精力。高绩效的公司会设法消除不必要的官僚主义——过多的管理层、大把的章程规范和过时的繁文缛节。它们让公司的结构和程序尽可能简化，不仅仅是对员工，对供应商和客户来说也是如此。这些发现再次证实，组织结构"怎么样"往往比"是什么"更为重要。没有哪种特定的组织结构能让成功的公司与其他公司区分开。公司是按照功能、地域进行组织，还是按照产品进行组织，公司是否让业务部门承担盈亏责任，这些都不重要。重要的是组织结构是否让工作得到了简化。

## 掌握四种二级措施中的两种

从很多方面看，该研究中有关四种基本经营措施的发现既在意料之中，也符合直觉。与之相比，有关成就经营成功的二级措施（人才、创新、领导者以及合并和合伙）的结论更加出人意料。尤其是很多高管往往相信，在其中两个因素（人才和领导者）上表现优异至少和在四种基本措施中任何一种上表现优异一样重要。但该研究得出了不同的结论。取得成功的公司用它们在四种二级措施中任意两种的实力补充了四种基本措施的实力。究竟是哪两种二级措施并不重要，研究并未发现哪种组合具有绝对优势。另外，公司是擅长所有四种二级措施，还是仅仅擅长其中两种，两者没有区别；超过"4+2"不会得到更多的奖励。

**人才：留住有才能的员工，找到更多这样的员工**　要检验公司人才的质量，最好的方法是看公司能否轻松地从内部找到人员替代任何一名加入竞争对手公司的管理人员。取得成功的公司从外部聘用首席执行官的次数只有业绩不佳的公司的一半。在内部培养人才，成本更低，可靠度更高，而且能增强连贯性和提升忠诚度。注重人才建设的公司会将主要资源——包括来自高管的个人关注——用于建立和维护一支高效的工作和管理团队。

**创新：进行产业转型创新**　擅长创新的公司注重寻找具有实现公司产业转型的潜力、而不仅仅是带来点滴进步的新产品创意或者技术突破。在这些公司里，创新不仅包含开发新产品和新服务；公司也将新技术应用于它们的业务流程中，这能够带来大量节省，有时还拥有改变整个行业的力量。

**领导者：找到对企业及其人员全心投入的领导者**　选对 CEO 能够大幅提高业绩。CEO 最重要的品质之一是具备与组织中各级别的人员建立关系并激励管理团队的其他成员也这样做的能力。另外一个品质是提前发现机遇和问题的领导能力。一些人靠直觉；一些人在组织内建立专门的队伍，负责紧盯从政治到人口等一切事物的变化。还有一些人雇用外部咨询公司或学术机构关注市场的变化。尽管他们的方法各异，但高效的领导者都能先于竞争对手抓住机遇，在当前业绩受损之前解决问题，帮助他们的公司立于不败之地。

**合并和合伙：通过合并和合伙寻求发展**　寻求合并和合伙在最受欢迎的增长途径中位列第二，居于创新之后。尽管在被调查的公司中很多实施了合并行为，但只有一小部分公司——不到四分之一——能让其成为一项成功的举措。一直进行相对较小交易的公司很可能比偶尔进行大交易的公司更成功。成功的公司作出了更好的选择：它们在参与的大多数交易中创造了价值，在三年里产生的回报超过了付出。相比之下，表现不佳的公司在参与的大多数交易中损害了股东价值。成功的公司不会随随便便地对待收购和合伙事宜，不会把它们当成一次性的交易。它们投入大量的财务和人力资源，为交易的进行建立持续有效的程序；例如，建立专门的团队，这些团队是由拥有必需的调查、财务、经营和谈判技巧的人员组成的。取得成功的公司往往有规范的准则——这些是从经历中吸取的经验教训——让它们能够一直挑选正确的合作伙伴，并且更快地与其整合。

## 2.4 战略和业绩：概念框架

尽管所引用的两项研究的某些结论在着重点或细节上有所区别，但这些发现有惊人的一致。它们明确显示，在当今复杂的商业环境中，没有哪个个人——即使是数一数二的人物——能做让公司获得成功所需的一切事情。企业的成功越来越依靠每个经理人的意愿和能力：他们不仅要履行自己的职能或部门责任，还要思考他们的行为如何影响整个公司的业绩。如此看来，组织的业绩是组织内各级人员每天作出的成千上万个决策和权衡的结果。这些人员作出的选择反映了他们的期望、知识和动机，在每个人都能知道、看到和了解的情形下，这些选择通常是合理明智的。[3]

因此，如果战略无效，质疑员工的合理性没有太大的用处。仅仅重申组织的期望或恳请员工做得更好也同样徒劳。真正应该关注的是改变组织环境，鼓励与公司整体目标一致的决策制定。这意味着重新审视谁制定了什么决策，以及哪些信息、制约因素、工具和动机影响了他们对这些决策的评估方式。了解次优决策为什么制定以及在哪里制定是让组织环境与所选择战略重新协调的第一步。

获取成功需要正确的人——拥有正确信息并且被正确动机激励的人——拥有作出关键决策的明确权力。因此，建立正确的组织模式要求找出哪些行动对实现所选战略是必不可少的，随后定义鼓励正确行为所必需的组织特性。因此，公司必须关注三个重要维度：人员、知识和动机。

图 2-1 显示的是理解战略与公司业绩之间复杂联系的一个概念框架。它有三个相互关联的组成部分。第一部分将公司目标与战略和领导者联系在一起。第二部分通过五个相互影响的组成部分描绘组织环境，它们是结构、系统、程序、人员和文化。第三部分将公司对业绩的定义和实施控制的两种不同理念联系在一起。这个框架有助于找出成功实施所选择战略方向的实际或潜在的机遇和障碍。它还可以用来分析战略变革的过程。

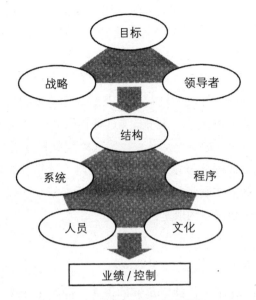

**图 2-1 战略与业绩：概念框架**

## 战略、目标和领导者

所谓的战略 – 结构 – 系统范式多年来一直主宰着人们对企业领导者的作用的看法。这种范式是在 20 世纪 20 年代发展起来的，当时通用汽车等公司正开始试验多元化战略。这种范式认为，成功执行复杂战略的关键是建立正确的组织机构和符合纪律的规划以及控制支持系统。人们认为，这么做能让行为系统化，将无效果和反效果的行动降至最低，从而帮助经理人应对多元化经营带来的更高复杂性。

这个范式主宰了 20 世纪的大部分时间。它帮助公司应对高增长问题、横向整合其运营、管理其多元化业务以及向海外扩张。然而，全球竞争的出现和技术革命大大降低了它的效用。将人的主动性降至最低曾经是它的主要力量，现在已经成为它的最大弱点；新的竞争现实要求使用不同的管理推力，其重点是发展创新、企业家精神、横向协调和分散决策制定等公司能力。[4]

为了应对更激烈的全球竞争，企业领导者开始在明确企业目标意识的基础上统一制定范围更广的长期战略意图。在实践中，他们将自己的任务从"首席战略家"重新定义为"首席主持人"，设法让各级员工参与到战略管理的过程中来。高管的议程开始包含创造组织动力、灌输核心价值观、开发人力资本和认可个人成就等内容。在这个过程中，对过程的关注取代了对结构性解决方案的专注，系统背后的理论基础从引导员工行为转变为支持能力开发和释放人员潜能。[5]这种视野更广、更人性化的战略领导观认为，要通过投入而不是服从来保障战略规范和控制。

图 2-1 中最上面的部分总结了公司的战略、领导者和目标意识之间的重要关系。战略的成功制定和实施需要这些要素相互加强，为在组织各级别获取投入、专注和控制构成基础。

### 战略和组织变革

结构刚性和文化刚性、缺乏足够的资源、固执于功能不良的程序等诸多因素都可能削弱公司接纳变革的能力。因此，对制定和执行新战略方向的高管而言，了解各种起作用的组织力量的动态非常重要。

图 2-1 的中间部分显示了对创造有效组织变革十分关键的五个组织变量：结构、系统、程序、人员和文化。如图所示，它们相互关联，这解释了新战略的成功实施为什么需要所有变量都发生改变。换言之，如果实施过程或企业重组过程只关注这些变量中的一个，那么结果注定会失败。企业是围绕风格、技能和最高目标等价值观建立起来的，在让组织发生变革的过程中，这些价值观与战略或结构同等重要。

**结构** 为了更具竞争力，很多公司取消了管理层级，采用更为扁平的组织结构。随着组织变得精简，"如何组织"的问题从划分任务变成了注重协调。因此，结构问题不仅仅是决定要集中决策还是分散决策的问题。实际上它涉及找出对组织的战略适应能力和发展能力起到关键作用的维度，然后采用能让其在必要时重新调整的结构。

选择正确的组织模式很难。大多数组织并非从创立起就支持某个具体战略，而是随着时间的推进不断演变，以便应对众多已知和未知的市场力量。随着公司越变越大，寻找正确的模式变得越来越困难，因为发展提高了复杂性。由于复杂性的增加，个人利益和公司利益之间的协调也更为困难。然而企业的目标应该仍然是创造一个能有效分配资源并且在需要改变战略的时候可以自动修正的组织环境。[6]

在考虑结构的选择时，重要的一点是认识到"正确的组织形式"是不存在的；每种结构解决方案都有特定的优缺点。另外，组织不是均质实体；对组织某部分或某系列任务而言正确的解决方案对其他部分或任务可能就不是首选方案。不论使用什么组织形式，透明度都很重要；如果权力界限模糊或者责任定义不清，是无法有效地实施战略的。

企业结构往往体现了五种主要组织结构中的一种：（1）当某个特定任务需要大量专家参与的时候，适合采用**功能型**组织结构；（2）如果公司在多个地理区域运营，**地域型**结构就能派上用场；（3）**分散型**（事业部制）结构可以减少多元经营环境中的复杂性；（4）**战略业务单元**有助于对共享关键战略要素的业务进行分组；（5）**矩阵型**结构中存在多个权力通道，适合在不同利益的协调十分重要的时候使用。

作为竞争优势的来源，人力和智力资本越来越重要，这推动公司尝试新的组织形式。一些公司建立了以知识创造和传播为中心的组织结构。一些公司为了更为精干灵敏，仅仅拥有或控制其价值创造过程关键的智力和有形资产。于是它们变得更加虚拟，越来越依赖由供应商、制造商和分销商组成的外部网络。

**系统和程序**　拥有正确的系统和程序可以增强组织效力，有助于应对变化。不协调的系统和程序可能会严重削弱组织的适应力。因此，谨慎的做法是检查当前的系统和程序对公司实施某个特定战略的能力可能有何影响，然后进行必要的修正。

支持系统，比如公司的规划、预算、会计、信息以及奖励和激励系统等，对成功地实施战略可能至关重要。尽管它们本身并不能构成持久的竞争优势，但优良的支持系统能帮助公司更快、更有效地适应不断变化的要求。精心设计的规划系统确保规划是一个有序的过程，能够赢得相应高管适量的注意，并且拥有均衡的内部和外部关注。预算和会计系统在提供准确的历史数据、设定基准和目标以及定义业绩指标时非常重要。顶级的信息系统能够支持企业的所有其他系统，有助于分析和内外部交流。最后，设计合理的奖励和激励体系是通过鼓励和投入创造活力的关键。

程序是一种系统的行事方式。程序可以是正式的，也可以是非正式的；它们界定了组织的作用和关系，可以促进或妨碍变革。一些程序不仅着眼于眼前的实施事宜，显然还注重发展更强的变革适应能力。旨在建立学习型组织和不断推动进步的程序就是很好的范例。

**人员**　吸引、激励和留住正确的人员已经成为重要的战略目标。在经历了若干次盲目的裁员和整编之后，很多公司已经认识到替换知识和人才的代价有多大。因此，公司更加重视吸引、奖励和留住组织的各级人才。关注通过技能开发保持不断进步是这个战略的一个重要因素。很多公司已经意识到，个人和集体开发未来的技能是战略灵活性的关键。特别是对领导技能的需要越来越大。更加激烈的竞争强度带来了对组织各级领导力的更大需要。飞速的变化和战略环境更大的不确定性也增加了提供高效领导力的难度。[7]

**文化**　业绩与公司企业文化的力量相关。强势文化的共同元素包括：领导者要表现出与竞争条件相一致的强势价值观；公司承诺在不会被轻易放弃的普遍原则下运营；公司关心员工、客户和股东。相反，低于平均水平的利润绩效与弱势的企业文化有关。这类企业文化中的员工表示他们感到与组织疏离，组织内部各自为政，政治操纵甚嚣尘上，并且组织内存在对变革的敌视态度。

公司的企业文化是公司员工共享的价值观、设想和信仰体系，为员工的思考、认知和行动提供引导。它是通过人工物、共同价值观和基本设想表现出来的。人工物是支撑重要文化信仰的看得到或听得见的过程、政策和程序。共同价值观解释事情为什么应该是现在的样子。共同价值观往往会增加竞争优势的领域，可以在企业的内部语言中发现。这些话语可能在使命说明和伦理规范中有明确的定义，或者隐晦地包含在公司的行话中。不管是哪种方式，企业用这些话语定义它们想要描绘的画面。例如，微软公司支持高活力、高动力、高智力、高进取精神的文化。公司的日常语言中充满了"宅人用语"，比如"超酷"和"完全随机"。被公认"带宽高"的员工（精力充沛、创意无限的思考者）是最受尊重的。[8] 最后，基本设想是团队成员认知、思考和感受运营事务的方式的无形原因。它们有时会通过突显企业价值观的企业传奇故事显现出来。这些传奇有很大的价值，因为员工可能认同它们，并且很容易和其他人分享。

由于企业文化对员工行为和效能的显著效果，公司愈加认识到企业文化可以让它们从竞争者中脱颖而出。例如，在 UPS 公司，文化被视为一种战略资产，其重要性不断提升："将这种文化用于竞争优势包含三个关键重点：招募和留住正确的人员、促进创新和打造一种客户心态。"[9] UPS 的高管们认为公司的文化非常重要，因此公司每年要花费数百万美元用于员工培训和教育计划，有一大笔开销被用在向新员工介绍公司文化上。

在飞速变革的时代，明确的企业文化可能是优势，也可能是障碍。一方面，核心价值观的延续能够帮助员工乐于面对或适应新的挑战或实践。另一方面，如果人们担心变革的结果，公司里居于主导地位的组织文化可能抑制或阻挠变革的努力。例如，在一贯实施共识决策的公司里，如果决策的制定过程变得更加自上而下，就很可能会遭到抗拒。类似地，关注季度报告的公司在文化上不愿意拉长关注的时间跨度。这些反应并不会形成对变革的公然抗拒。它们体现的是在组织内部植根已久的文化元素造就的当然反应。没有识别占据主导地位的文化元素或者无法在其中工作，可能导致变革议程流产。例如，一家大型全球医药公司发现专业的研发人员不愿意晋升至管理层。一项调查显示这种抗拒源自于组织的文化偏见，正是这种偏见阻止他们与同僚竞争职业回报。[10]

## 2.5  评估战略选择

### 标  准

如前文的讨论所示，评估各种概括性战略方案对企业长期价值或盈利能力的具体影响即便有可能，也是极度困难的。这样的评估很难量化，因为战略意图和为实现意图所提建议的影响并不总能简化成对现金流的预测。显然，诸如企业层面的收购、某个具体的新产品、业务单元层面的市场进入等具体战略选择对企业的财务影响可以而且应该量化。但是，我们可以得出一个很好的论点，更为笼统的战略思考并不适合纯粹的量化评估。一种解决途径是关注公司未来的竞争力并询问所制定的长期目标是否合适；选定用来达成这些目标的战略是否连贯一致，是否足够大胆，是否能够完成；这些战略是否可能在带来高于平均水平回报的同时带来持久的竞争优势。

然而，高管们面对来自组织内部和外部（比如金融界）的巨大压力，要求他们预测业务单元的业绩和公司的业绩，并且隐含地要求他们将预期的战略成果量化。从传统上看，**投资回报率**是评估战略效力的最常用指标。今天，**股东价值**是最被广泛认可的准绳之一。

## 股东价值

用**股东价值**法进行战略评估的理论认为，企业的价值是由其可能产生的未来现金流贴现决定的。从经济学角度看，当公司所投入资本的回报超过其资本成本时，就有价值创造出来。在这样的模式下，新的战略举措被视为公司进行的其他投资，并根据股东价值进行评估。于是，围绕其产生了一个全新的管理框架——**基于价值的管理**。[11]

使用股东价值或**经济附加值**（其定义是税后营业利润减去资本成本）等相关指标作为评估各战略提议的主要准绳是有争议的。除了实施问题，还存在股东价值与保持持久竞争优势的定位之间的关系的透明度问题。即使股东价值和战略制定从根本上讲是同一件事，即产生长期持久的价值，但它们使用的价值概念各异，而且是从基本上完全不同的观点看待战略目标的。

战略制定者关注的是通过传递给客户的价值建立持久的竞争优势。但股东价值法衡量的是传递给股东的价值。尽管从长远看二者应该有紧密的联系，但单个战略提议可能促使在二者之间进行短期权衡。这解释了为什么股东价值并没有被普遍用作评估战略的潜力的首选方式，而是在过去几年中推动了局限性更小但可能严密性也更小的评估方案的发展，比如下面要讨论的平衡计分卡法。[12]

## 平衡计分卡

平衡计分卡是一套指标，旨在让战略制定者快速但全面地审视企业（图2-2）。[13] 平衡计分卡的创造者是罗伯特·卡普兰和戴维·诺顿。计分卡要求经理人从客户、公司能力、创新和学习以及财务角度审视他们的企业。它回答了四个基本问题：

1. 顾客如何看待我们？
2. 哪些是我们必须擅长的？
3. 我们能继续提高和创造价值吗？
4. 我们如何面对公司股东？

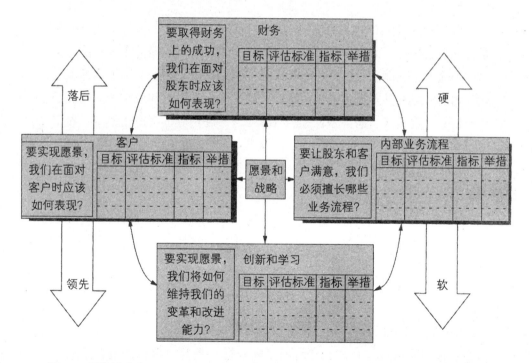

**图2-2** 平衡计分卡

资料来源：Reprinted by Permission of *Harvard Business Review*. From "Using the Balanced Scorecard as Strategic Management System," Jan/Feb 1996. Copyright © 1996 by the Harvard Business School Publishing Corporation; all rights reserved.

平衡计分卡要求经理人将笼统的以客户为导向的使命说明转换成与产品质量、按时交付、产品性能、服务和成本等客户关心的问题直接相关的因素。从客户的视角和预期定义每个因素的评估标准，明确每个评估标准的目标并将其转换成具体的业绩测定标准。苹果公司利用平衡计分卡提出了客户满意度的测定标准。从历史上看，苹果是一家注重技术和产品的公司，靠设计更为精良的产品参与竞争。让员工关注客户满意度测定标准使苹果成为更贴近以客户为导向的公司。

以客户为导向的评估标准是很重要的，但必须把它们转换成公司为了满足客户期望必须在内部实施的行动的评估标准。一旦这些评估标准被转换成周转时间、产品质量、生产力和成本等经营目标，经理人必须关注那些能够让组织满足客户需求的内部业务流程。

以客户为导向的内部业务流程评估标准与获取竞争成功有直接的关系：创造新产品、为客户提供价值以及提高经营效率的能力为进入能够推动增加收入、利润和股东价值的新市场提供了基础。财务业绩评估标准指示公司的战略及其实施是否正在实现与盈利能力、增长和股东价值相关的公司目标。现金流、销售增长、经营收入、市场份额、资产回报率、投资回报率、权益回报率和股价等评估标准量化了战略的财务影响，并且将其与平衡计分卡的其他元素联系在一起。如果根据平衡计分卡的评估，经营得到了改善，但没能转化成财务业绩的改善，就会驱使高管重新考虑公司的战略。

平衡计分卡的应用已经发展成为一种整体管理体系。从根本上看，计分卡包括四个管理流程：解释愿景；沟通目标，将奖励和业绩联系在一起；改进经营规划；收集反馈信息和学习。不论分开还是组合在一起，这些流程都有助于公司将长期战略目标和短期行动结合在一起。[14]

解释愿景的目的是阐明和赢得员工对愿景的支持。为了让人们能够根据愿景说明采取有效行动，该说明必须根据一整套目标和评估标准来表达，而这些目标和评估标准是建立在公认的长期成功驱动力基础上的。应用平衡计分卡也有助于突出员工技能、信息技术和程序上的差距，这些差距可能妨碍组织执行既定战略的能力。

彻底和广泛的沟通是确保员工理解公司目标和实现这些目标的战略的关键。那么业务部门和个人的目标必须与公司的目标相协调，以创造归属感和责任感。将奖励与平衡计分卡结合在一起是评估和奖励对战略业绩所作贡献的直接办法。明确、客观的业绩评估标准和激励措施是建立适当的鼓励环境的关键。

建立平衡计分卡使公司将其战略规划和预算流程整合在一起。经营规划流程的成果包括计分卡所有四个方面（客户、内部、创新／学习和财务）的一系列长期指标、为实现目标而制定的一系列明确措施、为支持这些措施而制定的一系列资源分配办法以及为监控进度而制定的一系列恰当评估标准。在这个流程中，财务预算仍然很重要，但并不会推动或支配其他元素。最后，经理人必须不断收集对平衡计分卡短期评估结果的反馈信息，监控长期战略的实施进度，并学习如何提高业绩。如果反馈偏离了预期结果，则表示需要重新考虑对市场条件、竞争压力和内部能力的设想。这种反馈也有助于评估公司是否需要根据竞争条件的最新信息修订所选择的战略。

## 2.6　董事会的角色

董事会的基本任务是"指导公司事务"，其中心是构建高绩效文化。董事会首要且最基本的"指导"责任是，根据公司所处的特定环境，确定并且优先考虑什么才是董事会应该劳心费力的问题。[15] 具体而言，为了构建高绩效文化，董事会应该：

1. 定义其角色、议程和信息需求。董事会必须定义需要他们优先考虑的问题，明确哪些事务对企业的成功是最重要的。这样做才能让董事会为管理层提供有意义的指导和帮助。董事会需要与管理层合作——但并不过分依赖管理层——了解公司的业务和公司运行的竞争环境。这项任务很重要，因为即使是最好的经理人，在业绩、战略和／或风险等问题上也会有潜在的冲突或盲点。

2. 确保管理层不仅履行职责，而且是忠诚地履行责任。选择、监督管理层，向其支付薪酬，并且在必要的时候更换管理人员，这是董事会活动的核心。董事们不仅应该在决定雇用管理人员之初评估其忠诚，在考虑管理人员所建议和提出的事宜、评估管理人员绩效、确定管理人员薪酬以及制定接班人和管理人员培养计划时，也应该不断对其进行评估。

3. *设定对公司基调和文化的预期。* 与持续评估管理层忠诚度相关的是，董事会在确保管理层在公司内部推动适当的道德文化方面起着重要的作用。只有董事会有条件评估高层管理人员是否在其传达给全公司的信息和其表现所透漏出的信息中设定了适当的基调和文化。全公司遵循（或不遵循）的道德标准和经营行为标准在许多方面影响公司的底线。"顶层的基调"在全公司应该是重中之重，而不是仅仅被视为合规问题。

4. *和管理层一起制定企业战略。* 董事会一旦雇用了最优秀、最值得信赖的管理团队，就应该要求该团队提出企业战略，并不断对其进行微调。经过反复讨论，与管理层达成战略方向上的一致后，董事会应该确定证明战略目标实现或失败的基准，然后根据这些目标定期监督绩效。这些都需要对公司及其行业环境和竞争环境深入了解，并要求董事会积极控制董事会议程和董事会能够得到的信息。为了做到这一点，董事会和高级管理团队之间必须就以下问题达成清晰的认识：哪些问题应该传达给董事会，在什么时间框架内以及在哪些情况下应该将突发的严重问题通知董事会。

5. *确保企业文化、既定战略、管理层薪酬激励以及公司的审计和会计、内部控制和披露办法连贯一致。* 积极参与战略监督而且对公司业绩和公司文化的关键驱动力有深入了解的董事会完全可以保证公司的薪酬支付、财务披露、内部控制、风险应对和合规办法都是互补的。

6. *帮助管理层了解股东和监管机构的预期。* 在帮助管理层应对复杂的公司运营环境和支持管理层关注公司及其股东的长期利益上，董事会起到了相当重要的作用。

科曹雷克等人提出了董事会在履行其监督义务时应该问的12个问题：

（1）管理层是否拥有实现公司业绩潜力的全面战略和经营计划？（战

略方向)

(2) 是否提供并恰当分配了获取成功所必需的人力、财力、物力和其他辅助资源?(资源分配)

(3) 首席执行官是否具备公司所需的领导才能,组织是否有这个职位的继任方案?(管理层)

(4) 财务信息系统、控制流程、决策授权和报告责任是否建立且得到审计?(财务责任)

(5) 管理层是否利用有效的关键业绩指标体系监督和控制经营业绩?(经营控制)

(6) 是否有到位的机制确保企业遵循保护顾客、员工和社区的法律法规?(支持者保护)

(7) 管理层是否对所有法律、财务或监管的实际争端进行了充分的报告、控制和准备?(诉讼和争议)

(8) 防止或纠正实体危机或财务危机的有效风险管理流程是否就位?(危机和意外事件)

(9) 董事会是否充分了解和支持近期、当前和长期的管理重点?(管理重点)

(10) 公司的财务业绩和市场业绩如何与历史业绩、计划业绩和竞争者业绩相比?(过去的业绩和现在的业绩)

(11) 哪些特定的竞争优势和弱点、市场力量或利润变化的驱动力决定业绩结果?(深层原因)

(12) 公司的成长、盈利能力和股东价值增值的合理目标以及局限是什么?(业绩潜力)[16]

如这些问题所示,狭义地关注会计数据是不够的;董事们必须使用涵盖广泛的指标才能判断公司的表现。这要求采取"推拉式"的信息分享办法:公司为董事们定期提供规范的综合信息简报,简报及时全面并且根据重要程度编排,而董事们可以要求在其中加入任何他们想要的其他信息——他们应该能够及时得到这些信息。

# 注　释

1. J. Collins, 2001, *Good to Great: Why Some Companies Make the Leap ... and Others Don't* (New York: Harper Collins); and J. Collins and J. I. Porras, 1994, *Built to Last: Successful Habits of Visionary Companies* (New York: Harper Collins).

2. W. Joyce, N. Nohria, and B. Roberson, 2003, *What Really Works: The 4 + 2 Formula for Sustained Business Success* (New York: Harper Collins).

3. J. W. Bennett, T. E. Pernsteiner, P. F. Kocourek, and S. B. Hedlund, 2000, "The Organization vs. The Strategy: Solving the Alignment Paradox," *Strategy + Business*, Fourth Quarter.

4. C. Bartlett and S. Goshal, November 1994, "Changing the Role of Top Management: From Strategy to Purpose," *Harvard Business Review*, p. 79.

5. It is, of course, no coincidence that during this same period the resource-based view of strategic thinking overtook the industrial economics perspective. See Chapter 1.

6. G. Neilson, D. Kletter, and J. Jones, 2003, "Treating the Troubled Corporation," *Strategy + Business*, First Quarter.

7. J. P. Kotter, 1988, *The Leadership Factor* (New York: The Free Press), p. 12.

8. K. Rebello and E. I. Schwartz, April 19, 1999 "Microsoft: Bill Gates's Baby Is on Top of the World. Can It Stay There?" *BusinessWeek*.

9. L. Soupata, 2001, "Managing Culture for Competitive Advantage at United Parcel Service," *Journal of Organizational Excellence*, 20(3): 19–26.

10. J. R. Ross, Spring 2000, "Does Corporate Culture Contribute to Performance?" *American International College Journal of Business*, pp. 4–9.

11. See, e.g., T. Copeland, T. Koller, and J. Murrin, 1995, *Valuation: Measuring and Managing the Value of Companies* (New York: John Wiley & Sons).

12. R. S. Kaplan and D. P. Norton, January–February 1996, "Using the Balanced Scorecard as a Strategic Management System," *Harvard Business Review*, pp. 75–85; and R. S. Kaplan and D. P. Norton, January–February 1992, "The Balanced Scorecard—Measures That Drive Performance," *Harvard Business Review*, pp. 71–79.

13. R. Kaplan and D. P. Norton, May–June 2001, "Building a Strategy Focused Organization," *Ivey Business Journal*, pp. 12–17.

14. R. Kaplan and D. P. Norton, September 2001, "Leading Change with the Balanced Scorecard," *Financial Executive*, pp. 64–66.

15. I. M. Millstein, H. J. Gregory, and R. C. Grapsas, January 2006, "Six Priorities for Boards in 2006," *Weil Briefing: Corporate Governance*.

16. P. F. Kocourek, C. Burger, and B. Birchard, 2003, "Corporate Governance: Hard Facts about Soft Behaviors," *Strategy + Business*, First Quarter.

# 第 3 章
# 分析外部战略环境

3.1 导 言

3.2 全球化

3.3 企业社会责任——新的经营需要

3.4 风险和不确定性

## 3.1 导 言

更广泛的经济、技术、政治和社会文化环境上的变化往往不是任何一家公司能够控制的，这些变化会对公司的成功产生深远的影响。全球化增强了世界主要经济体之间的相互依赖，加剧了众多行业的竞争。在这个过程中，所有行业根据解构的价值链进行了重组，新的竞争形式涌现，"虚拟企业"变成了现实。人口老龄化、大量妇女进入劳动力市场以及人们重拾对生活质量问题的兴趣等人口和社会变化创造了新的机遇，同时对诸多现有企业构成了威胁。技术革命改变了我们的生活、工作和休闲方式，催生了全新的行业。另外，对企业社会责任（corporate social responsibility, CSR）的关注迅速成为一种经营的必备条件。越来越多的客户、员工、投资者和其他利益相关者要求公司的行为要"负责"，并警告经理人在企业社会责任方面的糟糕表现所带来的经营风险。这些支持者们认为，公司展现出对环境、人权、社区发展以及国内和海外员工福利的关注，能够吸引越来越多关心社会和环境的消费者、投资者和员工，从而赢得竞争优势，提高盈利能力。批评者则认为，企业社会责任分散了企业的基本经济角色，公司应该关注创造经济收益、遵守适用法律，而不是参与社会活动。还有一些人认为企业社会责任只不过是弄虚作假的面子工程，或者将其视为试图取代政府监管大型跨国公司的举动。

本章分为三个部分。开头部分分析全球化过程在世界人口老龄化、城市化和信息技术的使用等普遍和特定的全球趋势中是如何重塑战略商业环境的。接下来，我们考察企业社会责任作为一种经营需要的逐渐兴起，并分析投资者对公司的评估办法如何变化，发展成为不仅考虑销售、利润和红利也考虑长期环境和社会成本的模式。我们得出的结论是，"迈向绿色"、"保护生态"和"可持续发展"等用语已经从边缘词语转变为投资者最常用的词汇，而且变成企业和社会之间一种强有力的新型契约的一部分，因此，对企业社会责任的关注应该是当前战略制定不可分割的一部分。第三部分，我们讨论分析战略环境中风险和不确定性的各种方法。作为讨论的一部分，我们简要介绍了一种定义和分析未来发展趋势的技术——情景分析法。

## 3.2　全球化

随着全球竞争进一步加剧，胜利者不会是控制自然资源和有形资本的人，而是掌握创意和技术的人——这些资源不会被所有权或地域束缚、不会被传统的稀缺定律和规模经济所支配。同时，经济活动的重心不断转变。在未来的几年里，全球商务的增长不太可能出现在美国、西欧或日本，而更可能来自中国、印度和其他发展中国家。

所谓金砖国家（巴西、俄罗斯、印度和中国）的快速兴起已经大幅改变了全球竞争格局：这些经济体正在经历的国内生产总值、贸易和可支配收入的增长率是发达国家从未出现过的。消费市场的绝对规模在新兴经济体不断扩大，特别是在印度和中国，它们还拥有高速增长率，这些将改变商业活动的平衡，它们的影响远远超过之前日本、韩国等人口较少的经济体的崛起以及在当时看起来威胁到旧秩序的少数"新贵"。

商业活动平衡的这种改变重新定义了全球机遇。在过去的 50 年里，商业全球化主要被解读为贸易从发达经济体向新兴经济体的扩张。当今新兴经济体的快速崛起意味着这种观点不再站得住脚了，商业现在正在双向流动，而且也越来越多地从一个发展中经济体流向另一个发展中经济体。或者如波士顿咨询集团的《全球性》（*Globality*）一书的作者们所言：如今的商业是"与来自所有地方的所有人竞争一切"。[1]

全球竞争格局的这种最新变化将具有震撼世界的意义，其证据已经很充分了。例如，看看《财富》杂志世界 500 强公司排行榜里越来越多的来自新兴市场的公司。2003 年的时候只有 31 家，现在已经上升到 62 家，其中大部分来自金砖国家，这个数字还在继续快速攀升。而且，如果当前的势头持续下去，来自新兴市场的公司将在 10 年内在《财富》排行榜上占据三分之一的席位。再看看近来收购发达国家老牌企业和品牌的数量激增的新兴市场公司，这证明"全球化"不再是"美国化"的代名词。例如，在美国深受喜爱的啤酒制造商百威啤酒，被一家比利时 – 巴西联合企业收购。美国的几家位居前列的金融机构是靠阿拉伯国家和中国政府的主权财富基金（国有投资基金）才得到担保、避免破产的。中国电脑制造商联想公司为这种全球商业的剧变提供了一个另外的突出例证。联想在 2005 年斥资约 17.5 亿美元收购了美国最知名公司之一的 IBM 公司的个人电脑业务（包括 ThinkPad 手提电脑系列），从而成为全球品牌。联想对 IBM 品牌有 5 年的使用权，但它提前两年放弃了这个使用权；这显示了它对自己品牌的信心。联想在去年以 168 亿美元的全球收益挤进《财富》500 强第 499 位，其发展前景让很多西方公司眼红。

我们可以得出一个必然的结论，"全球性"这个新词正在给发达国家的跨国公司和发展中国家的新贵们创造巨大的机遇——还有威胁。

## 认识全球化：我们变得有多么全球化?

在我们说"全球化"的时候，对术语进行定义是很重要的。经济学家关注贸易，将资本的自由流动视为全球化的一个特性。全球化的另一个特性集中在作为现代世界经济特点的高科技和实时信息的流动上。还有一些人瞄准非国家行为体相对于国家而言越来越大的影响力，不论它们是非政府机构、跨国公司，还是跨国组织。另外还有很多宗教和文化方面的特性。[2]

隐含在这些观点之下的是全球化在政治、经济、技术和心理层面上的差别。尽管已经有 100 多年历史了，但全球化成为重塑世界的主要进程大概是和 1989 年的东欧剧变同时发生的，因为东欧剧变标志着**政治全球化**的开始。[3]之后，很多国家选择了民主体制和以市场为驱动的经济体制；他们解除行业管制，将之前的国有企业私有化，放开资金流动。贸易和跨国投资增加，自由企业开始在世界范围内兴盛起来，从而带动了**经济全球化**。如果没有第三股强大力量，经济全球化的迅猛发展是不会发生的，这股力量就是**技术全球化**。在过去的 20 年里，全球化进程的这三个组成部分相互加强，共同创造出一股塑造了当今很多全球战略挑战的新力量——**心理全球化**，定义为全球范围内人类预期的逐渐趋同。

从更广的视角看，全球化在很大程度上仍然还在进行之中。1983 年，哈佛大学商学院教授、《哈佛商业评论》主编西奥多·莱维特写了一篇备受争议的文章，题为"市场全球化"。他在文中著名的话是："市场全球化即将到来。随之而来的是跨国商业世界的末日，跨国企业亦是如此……跨国企业在多个国家经营，在每个国家调整其产品和流程，相对成本较高。全球化企业实施绝对一致的经营……它在每个地方采用同样的方式销售同样的东西。"[4]

我们现在发现，莱维特既高估也低估了全球化。他没有预计到一些市场会抵制全球化，特别是西方全球化。他也低估了全球化改变某些国家、使其接纳全球资本主义元素的力量，在前苏联、中国和世界上的一些其他地方，这样的事情正在上演。但是，在品牌打造的重要性及其在促进全球范围内消费者偏好趋同所起到的作用上，他说对了。想想可口可乐、星巴克、麦当劳或者谷歌等例子。

20 多年后的 2005 年，《世界是平的：21 世纪简史》一书的作者托马斯·弗里德曼有着几乎一致的想法，不过他关注的是生产全球化而不是市场全球化。弗里德曼认为，国际互联网的诞生等很多重大事件与全球化程度提高和国家权力下降所带来的全世界竞争格局的"扁平化"是同时发生的。弗里德曼的"制平因素"名单中包括柏林墙倒下，网景公司的崛起和网络公司的兴盛导致上万亿美元的投资涌入互联网，公共软件平台和开源代码的出现让全球合作成为可能，外包、离岸外包、供应链和内包兴起，等等。弗里德曼认为这些制平因素在 2000 年左右交汇在一起，"创造了一个平坦的世界：一个以网络为基础的全球性平台，这个平台上有多种共享知识、分担工作的方式，不受时间、距离和地理的限制，而且也越来越不受语言的限制。"[5]

哈佛大学商学院教授潘卡基·格玛沃特选择了一个不同的视角看待这个问题，他质疑未来会彻底全球化、一体化和同质化的观点。他认为，国

家之间的差异和文化之间的差异比人们普遍认为的更大，半全球化是当今
世界的真实状态，而且在可预见的未来很可能继续保持这种状态。为了支
持自己的观点，他观察到，全世界绝大多数的电话拨打、网络流量和投资
发生在本地；全世界超过 90% 的固定投资仍然发生在本国；在贸易额增长
的同时，国内贸易的比重仍然大大超过国际贸易，而且很可能继续保持下
去。换言之，边境和距离仍在起作用，重要的是从更广的角度看待它们划
分出的差异，找出特定行业中最重要的差异，不要只把它们看作有待克服
的困难，也要把它们看作价值创造的潜在来源。[6]

　　摩尔和拉格曼也反对单一全球自由贸易市场的观点，并且提出了一种
地域性视角。他们注意到，公司从全世界获取货物、技术、信息和资本，
而经营活动往往集中在世界各地的某些城市或地区。于是他们提出战略分
析和组织的焦点应该是地域而不是全球机遇。他们引用近年来杜邦公司和
宝洁公司将在美国、加拿大和墨西哥的三家独立子公司合并成一家区域性
公司的决策，以此作为范例。[7]

　　丰田、沃尔玛、可口可乐等大公司的历史为半全球化 / 地域分化的世
界的论断提供了支持。丰田公司的全球化过程一直有着独特的地域色彩。
其起点不是宏伟长远的蓝图，不是能让汽车和汽车零部件在各地自由流
转的充分一体化的世界。公司预计到美洲、欧洲和东亚的自由贸易协定会扩
大，但不会交叉。这实际上体现了半全球化世界的前景，在这样的世界
中，不论国家间的桥梁还是国家间的障碍都不容忽视。

　　沃尔玛的全球化过程——本章稍后讲述——说明了更加微妙的全球化
格局的复杂现实。沃尔玛在加拿大、墨西哥和英国十分成功，这些国家与
美国在文化、行政、地理和经济等方面是最相近的。在其他国家，沃尔玛
还没有达到其盈利目标。关键不是沃尔玛不应该贸然进入更远的市场，而
是面对这些机遇需要采取不同的竞争途径。

　　最后，看看可口可乐的历史。20 世纪 90 年代晚期，在首席执行官罗
伯特·郭思达的带领下，可口可乐完全接纳了莱维特的市场全球化（而非
生产全球化）即将来临的观点。郭思达实施的战略是将资源集中在可口可
乐的超级品牌上，实现前所未有的标准化程度，正式消除可口可乐的美国

本土公司与海外公司之间的界限。15 年后，在新任领导者的带领下，可口可乐的战略看起来非常不同，在全球不同的地区不再采取相同的战略：在中国、印度等大型新兴市场，可口可乐下调了价格，通过本地灌装和现代化装瓶作业降低了成本，升级了物流配送，特别是农村地区的物流配送。美国本土公司与海外公司之间的界限重新恢复，因为可口可乐意识到它们在美国面临的挑战比在世界上大多数其他地区面临的挑战更艰巨——美国的人均消费量要比其他地区高一个量级。

## 全球构造——12 个主要全球趋势 [8]

宾夕法尼亚州立大学全球商业研究中心的学者们实施了一项综合性研究，其课题是未来若干年内很可能会给企业领导人带来最大挑战的全球趋势。他们用"全球构造"一词来形容这样一个过程：技术、自然和社会等领域的发展趋势缓慢地给商业环境带来根本性的变革，就像地球的构造板块改变我们脚下的大地一样。

这项研究把构造变化分为社会、技术和环境三类。环境构造源于人们与其所处环境之间的相互作用，比如世界人口的增长或城市化现象。它们会影响资源管理、健康和全球人民的生活质量。技术构造——生物科技、纳米技术、信息系统的进步——加速了经济的增长和发展、全球一体化和全球经济向"知识"经济转化的速度。社会构造是指国际监管、政治和文化价值观的转变，比如当前的民主化、解除管制和监管改革的浪潮。

该研究确定了 12 个全球趋势，这些趋势很可能在未来 30 年构成对公司的最大挑战。人口、传染病、资源退化、经济一体化、纳米技术、国际冲突和监管等领域的发展都会给企业战略带来重大后果。它们可能动摇单个公司或者整个行业。关注这些挑战、为这些挑战做好准备并做出适当回应的公司很可能兴旺发达；而那些忽视挑战的公司就要自担风险了。

1. 人口趋势。在这个星球上，人口趋势正在改变社会、转变经济活动模式、产生新的经济和社会依赖性以及重塑地缘政治格局：

● 世界人口持续攀升，现在的人口有 64 亿，到 2025 年将增长到 78 亿，到 2050 年将增长到 90 亿。

- 同时，全球人口增长的速度正在减慢，特别是在发达国家，因此"全球人口爆炸"的情况不太可能出现。
- 世界上最没有能力支持人口增长的地区人口增长最快。
- 不均匀的全球人口增长会改变全球政治平衡，可能带来摩擦。
- 新的迁移和移民模式将出现。
- 欧洲、美国和日本的人口老龄化会给公共和私营部门带来重大挑战。

这些改变具有深远的战略意义。随着发达国家市场的成熟，发展中国家的经济将会起飞，从而改变经济增长、资金流、消费者品味和偏好以及食物、水和能源等世界自然的和"战略的"资源的利用。

发达国家的市场过去大多是根据年轻人群的价值观、习惯和偏好形成的，但一个针对 50 岁以上人群的新市场正在兴起，产品和服务正在不断增加，盈利潜力很高。在金融服务业，这种分化已经发生了。45 岁以下的人群有长远的展望，他们的风险状况不同于领取养老金的人群，投资目标也与 50 岁以上人群有很大差异，50 岁以上人群主要对共同基金和递延年金感兴趣。类似地，老年人群在服务和其他无形产品上的消费比重较高，而年轻人群更喜欢购买有形产品。

发达国家的人口老龄化也让劳动力市场分化成两个截然不同的劳动力阵营，笼统而言，分别由 50 岁以下人群和 50 岁以上人群构成。这两个劳动力阵营很可能在需求和行为以及所担任的工作上有显著区别。年轻群体寻求固定的工作和稳定的收入，或者至少是连续的全职工作。迅速增长的老年群体有更多的选择，能够将传统型工作、非传统型工作和休闲按照最适合他们的比例组合起来。在美国，接受过高等教育的女性在数量上已经超过了男性。越来越多的女性在新兴知识技术领域寻求弹性工作机会。现在，护士、电脑技术员或者律师助理可以花几年时间离职带孩子，然后再重返全职工作。这样的工作是人类历史上的首创，它们非常适合女性的特殊需求和她们不断增长的寿命。

2. 城市化。从农村到城市的迁移很快就会变成一大挑战。现在居住在城市里的居民不足世界人口的一半，但到 2030 年，预计会上升到近 60%。这个问题的部分意义如下：

- 地方和联邦政府被迫提供必需的基础设施和社会服务。
- 社会、与健康相关的事宜、经济和安全发生波动的可能性不断升高。
- 拥有 1000 万或更多居民的超级城市将比比皆是；农村的发展可能会被忽视。

这些趋势给企业提供了巨大的机遇。为了让超级城市变得宜居，需要创新、投资和经济增长。交通、住房、垃圾管理和回收等部门必须做出回应。农村地区也将有机会弥合城乡经济之间不断扩大的差距。

3. 传染病的传播。随着迁移、跨境劳工流和物流水平的提高，爆发流行病和传播传染病的可能性越来越大。这可能对经济增长和发展产生巨大的影响；在很多发展中国家，艾滋病病毒 / 艾滋病造成了劳动力的减少，几乎摧垮了教育和医疗等社会体系。生态恐怖主义也一天比一天接近现实。

这些问题的很多解决办法必须由私营部门提供——从提供医疗基础设施，到开发新药，再到建立灾难应对体系。

4. 资源管理。世界各地很多公司的战略取决于水、食物和能源等关键资源的供应能力。是否有充足的淡水可供使用在很多地区是关注的重点问题，也是地方发展和投资的主要决定因素。有人谨慎地预测，未来因水资源而发生冲突的可能性越来越大。食物的供应能力受到人口增长、技术和监管的影响，同时也反过来对它们产生影响。提高作物产量、增加食物里的维生素含量、改善分销系统将十分关键。能源的供应能力在很多行业受到持续的关注，它带来了针对一系列新兴可再生能源的创新和投资。

5. 环境退化。"全球变暖"曾经是少数科学家使用的生僻术语，他们越来越关注数十年来的污染对长期气候模式的影响。如今，全球变暖的观念即使不是所有人都很了解，也已经尽人皆知。全球变暖可能产生的影响包括低海拔国家由于海平面升高遭到淹没、强风暴的发生频率越来越高以及冰川和冰盖后退等。还有可能出现平均气温升高等不那么激烈的变化。

在气候温暖、四季分明的地区，生长季节可能变长而且有更多降水。在较寒冷的地方，可能出现气温升高、降水剧减的现象，从而导致长期干旱，并且可能生成沙漠。

最具破坏性也是最难预测的影响是对世界现有生态系统的影响。很多动植物种类将用适应或迁移的办法应对气候变化，但也有很多物种可能灭绝。人类为全球变暖付出的代价很难量化。由于年老者和病弱者会中暑和遭受与炎热相关的其他创伤，每年可能会有成千上万人死亡。贫困人口和欠发达国家会遭受最坏的影响，因为他们没有财力应对气温上升带来的问题。如果降水减少限制了作物生长，可能会有大批人死于饥饿；如果海岸洪水导致水传播疾病广泛传播，可能会有大批人死于疾病。

全球变暖并不是唯一的环境问题。水污染、乱砍滥伐、荒漠化和水土流失也给环境带来了很大的威胁。解决这些问题需要全球范围内私营部门和监管机构的联手合作。合作已经有了小小的开始。更小、燃料效率更高的汽车，水力发电、太阳能发电、氢燃料发动机和燃料电池等非化石燃料能源，以及燃料电池，如果它们能更普及，肯定都能大大削减温室气体的排放量。在国际层面，《京都议定书》得以签订，其目的是在全球范围内减少二氧化碳和其他温室气体的排放量。35 个工业化国家承诺在不同程度上减少这些气体的排放。

6. 经济一体化。更高级别的跨境经济活动增加了各经济体之间的相互依赖，在全球范围内建立了充分一体化的经济体系。空中客车公司是一个很好的范例。机翼在英国制造，机身和机尾在德国制造，西班牙公司生产舱门，驾驶舱制造和最后总装在法国。总共有位于 30 多个不同国家的超过 2000 家公司供应组件和零部件或者提供服务。这样的场景在各行业不断重现，这也说明跨国公司在当今全球经济中正扮演着重要的角色。

有些行业比其他行业受到更多的管制。例如，在钢铁业，优惠贸易政策、技术标准、政策规范和政府运营或有补贴的竞争对手以及客户的出现或消失均对公司的全球战略选择有直接影响。在过去，跨国公司几乎完全依赖政府对全球竞争规则进行谈判。但是，随着全球竞争的政治层面和经济层面之间的关系更加紧密，公司更加关注全球战略的非市场层面，其目标是塑造有利于它们的全球竞争环境。在电信业，消除贸易壁垒和其他解除管制的举措促使公司采取更多全球化的经营路线。钢铁业情况恰恰相反，保护主义或恢复管制的威胁抑制了行业的全球化，促使公司采取非全球化的路线。

7. 知识传播。基于知识和创意的全球经济的出现已经改变了战略机遇和风险的性质。知识正在改变公司推出市场的产品和服务的性质，以及公司用来开发和管理这些产品和服务的商业模式。在基于知识的互联网经济中，创意几乎可以在一夜之间以极为低廉的成本传遍整个世界，这使得小公司、新公司和来自发展中国家的公司更容易与工业化发达国家的老牌公司竞争。所谓的智能型产品是指用得越多就越智能并且可以定制的互动型产品，它是现代产品开发的主要焦点。[9]可以告诉驾驶者胎压的轮胎和可以根据温度变化变热或变冷的服装是现在市场上已经出现的知识型或智能型产品的早期版本。知识也在改变公司做生意的方式。农民使用马西·弗格森公司的产量分布图生成系统让每块田里的每单位土地都收获最大的产量。该系统将农民的拖拉机和全球卫星定位系统连接起来，记录每单位土地的经度、纬度和产量。数据自动传送到农民的电脑上，方便农民检查所选择区域，分析生产力的变化。随着时间的推移，这种知识型系统已经变得比马西·弗格森公司的主营业务更有价值了。

8. 信息技术。30 年前，国际互联网还是一个梦。如今，顾客习惯性地登陆联邦快递的包裹跟踪系统，查看货物的状态，"谷歌一下"（googling）在英语里已经成为一个被接受的动词，远程监控在医疗服务中已经成为现实。同时，很多公司为其信息库建立了内部网络，员工可以重新分配他们在养老计划中的投入，可以和公司设在全球各地的办事处一同工作，还可以与家里取得联系。

信息技术也在改变人们的生活质量。对很多人而言，在无尽的车流和拥堵中穿行的让人发狂的通勤生活已经结束了。弹性工作时间、设备齐全的家庭办公室的出现和新型通信方式让新生活方式成为可能，使人们把工作和家庭生活融为一体。

9. 生物技术。人类对生命基本元素的理解和利用能力正在飞速进步，这种进步很可能从根本上改变科学研究，给之前无法解决的难题提供解决办法。生物技术革命很可能在三个领域最具潜力：医学、农业和环境。有一天，农民将能够种植可以制造塑料的植物——足以减少我们对石油的依赖；各类新药将根除很多种疾病；污染清除将可能取得重大进步。从长远看，生物科技的进步还可能撼动电子世界，让硅的使用成为历史。摩托罗拉等公司已经开始研究基因工程在电脑计算中的潜力——这是迈向 DNA 型电脑的第一步。

10. 纳米技术。一次用一个原子制造新材料的能力从根本上重塑了我们对未来的设想。更结实、更轻便的材料将降低交通成本，减少污染；分子制造的出现将减少浪费；"纳米医学"将能够监控、修复和控制人体系统。

11. 冲突。1989 年柏林墙的倒下改变了国际冲突的性质，之前主要是超级大国之间的双边冲突，现在是民间和国家之间的多边冲突，其中大多数冲突集中在发展中世界。恐怖主义已经成为商业和公民社会的首要威胁，而且会继续威胁国际政治和经济秩序的稳定。

这些带来不确定性的源头会产生深远的影响——公司必须在世界各地制定安全标准和政策，保护它们的信息系统和电脑网络抵御网络攻击，并在供应链中建立备份，所有这一切都要付出高昂的成本。

12. 监管。社会和企业是由两类相互联系的法则体系连接起来的。首先是法治，即地方和国家立法、多边协议和正在形成的国际法体系。这些法律体系根据地域的不同有很大差异。其中大多数有深厚悠远的社会根源，是经过数个世纪的文化、政治和经济变革形成的，表现出高度的惯性。因此，这些法律体系是不太可能主动融合的，新的全球监管框架也许非常有必要。

## 对战略制定的意义

全球环境的这些变化对战略制定来说意义深远：

1. 支配新型全球经济的不是稀缺性经济法则，而是丰富性法则。与大多数会用尽的资源不同，信息和知识可以分享，实际上经过使用还会增长。

2. 地点的影响减小了。利用合适的技术和方法可以建立虚拟市场和虚拟组织，它们有提供快捷、全天候运营和遍及全球等好处。

3. 国家法律、壁垒和税收难以应用。知识和信息会"泄露"到需求最多但障碍最少的地方。

4. 知识密集型产品或服务可以比知识含量低或知识密度低的可比产品卖出更高的价格。但定价和价值很大程度上取决于背景。因此，同样的信息或知识在不同的时候对不同的人可能会有不同的价值。

5. 能嵌入系统和程序的知识比能随时离开人们头脑的知识有更高的内在价值。

6. 以可获取的技术和能力的形式体现的人力资本是知识型公司的价值的关键组成部分。[10]

全球范围内更快速的技术转化也意味着产品的生命周期更短，将产品推出市场的机会更窄。随着供应链的跨国化，公司可以关注价值链的特定部分或作为战略伙伴起到更大的作用，不仅提供制造服务，而且参与产品的设计和开发。虚拟企业的唯一基础是对顾客需要的充分了解以及如何在不进行制造或不具备其他内部设施的情况下最好地传递价值。随着网络技术的使用不断增加，虚拟企业很可能更能存活、更常见、更跨国化。

市场分化和大众营销吸引力的下降也是新型全球经济的特点。大众营销的先驱宝洁公司正把关注重点从向无名的庞大人群销售产品转向对数百万的特定消费者销售产品。可口可乐、麦当劳、通用汽车、联合利华、美国运通以及其他很多消费产品巨头都是如此。麦当劳 5 年前在网络电视上的营销费用占其美国国内营销预算的三分之二，而现在这笔费用不到三分之一，其余预算被用在了闭路电视体育频道、定制出版的杂志和店内电视上。[11]

## 3.3 企业社会责任——新的经营需要

企业社会责任关注更好地协调公司行为与利益相关者的社会、经济和环境预期之间的关系，已经成为大多数公司的战略议题。企业社会责任有时也被称为企业责任、企业公民义务、负责任的经营、可持续性、生态友好或企业社会绩效,它促使企业将某种形式的企业自律整合入所有方面的企业经营实践。理想状况是,对企业社会责任的关注能够起到内置自律机制的作用,企业可以借此监督和确保自己遵守法律法规、道德标准、环境标准和国际准则,并且为自己的行为对环境、消费者、员工、社区、利益相关者和其他公民的影响负全部责任。关注企业社会责任的公司会主动促进社区成长和发展,推动公共利益,自愿摒除被视为有害的、无视法律的行为。因此,企业社会责任反映了企业将公共利益人为地纳入企业决策中以及企业对人、地球和利润这三重底线的尊重。

## 企业和社会之间的新型契约?

鉴于刚刚出现而且十分复杂,企业社会责任常常被误解并不让人意外。它是道德问题?是合规和风险管理的新途径?还是战略议题——在独特的道德价值观基础上使公司具备差异性、建立顾客忠诚度的机遇?简单的回答是以上皆可。

对社会的考虑越来越多地促使公司重新思考它们的核心战略和经营模式的设计方法。因此更有效地应对公司的所有利益相关者变成一种战略需要。从历史上看,企业在制定战略的时候对利益相关者的关注度是有限的,不同于对员工或主要投资者等直接受影响者的关注度。与社区、环境、员工健康和幸福、全球供应链的人权侵害、激进非政府组织等相关的众多问题是由公司的公共关系部门或律师处理的。

如今公司已经不能再"照常经营"了。让公司发展、削减成本、创新、创造差异性和全球化的传统战略现在要服从与社会相联系的一系列新的经营法则:[12]

1. 规模意味着监督。公司越大,市场支配地位越高,就会面临越多的关注和要求,它需要在道德行为、良好监管、环境管理、员工操行、提高生活质量的产品开发、社区支持、诚实营销等方面有示范性的优秀表现。

2. 削减成本会提高合规风险。公司越多地使用传统方式削减成本——在欠发达国家寻找低报酬的生产商、向供应商施压、裁员、偷工减料等——就越可能出现与不道德行为相关的危机。能否成功履行道德行为、安全性、产品可靠性、环保举措和善待所有利益相关者等社会预期所带来的风险可能比从这些成本节约措施中获得的好处要重要得多。

3. 战略必须包含社会。对于有超前意识的公司，社会和环境问题代表着未来的发展机遇。例如，通用电气正设法解决与全球自然资源的稀缺性和不断变化的人口特征相关的挑战，而 IBM 将社会创新视为与公司产品和流程创新同等重要的问题。

4. 减少风险意味着建立信任。一流的风险管理战略一定要超越金融和货币分析，把制造动荡的社会趋势和事件囊括进来。聪明的领导者会意识到，不赢得社会领导者和社区的信任，公司是无法管理这些风险的。

5. 让股东满意意味着让利益相关者满意。从长远看，关注企业 - 社会关系的公司其实从根本上讲是在服务投资人的利益，原因在于：（1）能更好地调整触觉，发现风险；（2）能与利益相关者建立信任；（3）具备开发社会认为有价值的商品和服务的良好条件。

6. 全球增长要求全球获益。增长越来越需要一种认可强大社区的重要性的全球观，强大社区能够提供基础设施、维持稳定的商业环境、吸引投资资本、提供受教育的健康工人、支持让消费者具备更大购买力的增长。但是长期增长也需要发展。例如，到 2012 年，电话和拨打电话的成本会降低，足以让 40 亿人用得起移动电话。行业内有远见卓识的公司会意识到公司不仅要满足消费者对高品质设备的需求，还要满足消费者对生活质量的需求，这些公司将占据最大的市场份额。

7. 生产力需要可持续性。很多公司发现，对工作场所的环境管理和安全性的承诺已经成为降低成本和提高生产力的一个驱动因素。此外，一些公司接受挑战，承诺履行企业公民义务，以此约束自己的行为，这些公司发现了新的创新动力，进而参与竞争。公司创新得越多，它们的生产力和可持续性就越高。

8. 差异性取决于声誉。在美国，估计 5000 万人构成了正逐渐兴起的支持"健康和可持续生活方式"的消费者群体，这个群体代表着每年超过 2250 亿美元的购买力。随着他们的影响不断增大，这些激进的消费者会要求公司证明自己的良好声誉和对社会所作的奉献。

9. 良好的监管需要良好的表现。近年来企业丑闻频发，催生了严厉的控制措施和监管改革。但是在这些变化背后是更深层次的革命，这场革命要求公司将利益相关者全部纳入正式的监管范围内。

在未来若干年内，这些"法则"很可能在战略制定过程中起到关键作用。接受、了解和接纳这些法则的公司将会发现，做一个"好公民"具有重大的战略价值，对经营成功非但不会妨碍，反而有所促进。

## "迈向绿色"如何带来回报 [13]

对社会和战略机遇的关注可以在一个领域内达成彻底一致，这就是环境。越来越多的公司正在"迈向绿色"（going green），并发现其带来丰厚回报。例如，减少能源使用实际上是一个人们不用动脑子就知道的环保宗旨。全球最大的快递公司之一 UPS，2006 年开始在其车队中增加混合动力汽车，测试这些汽车的使用能否降低它们的燃料成本（燃料成本大约占其 2006 年运营费用的 5%）。UPS 相信消费者在环境保护方面态度的转变将有益于公司的盈利；在《2007 年碳信息披露项目报告》（在该项目中，公司自愿回答一份问卷并提供与排放核算、管理和减量相关的数据）中，UPS 表示它们受到了全球绿色技术市场的正面影响。UPS 在调查问卷中称："管理燃料消耗和温室气体排放是一个商机——一个可以提高公司的底线、减少公司及公司客户对环境的影响、增强公司长期生存能力的商机。"现在，联邦快递等竞争者也在使用混合动力汽车，试图削减成本，并减少它们对环境的影响。

此外，随着政府在制定规范限制企业污染方面的压力越来越大，很多公司开始在这些规范就位之前采取一定的环保措施。例如，美国铝业和杜邦等公司已经建立了相应体系，减少最有可能成为政府干预对象的碳排放和其他有害化学物质的排放。这些公司率先前进，在减少自己对环境的影响的同时，也降低了未来法规冲击带来的风险。

再者，对环保主义的关注除了能够降低公司成本，还能提高收益。例如，通用电气在 2005 年启动了"绿色创想"计划，该计划代表了公司在开发减少能源消耗和浪费的技术上的承诺。据通用电气报告，该举措在 2005 年带来了 100 亿美元的收益，而且到 2010 年，几乎每年能带来 200 亿美元的销售额。类似地，混合动力汽车在 2000 年刚刚投入市场的时候，仅销售了 9350 辆。尽管如此，丰田、本田和其他汽车制造商仍继续改进混合动力技术。于是，在消费者对气候变化日益关注的同时，这些公司已经做好了提供环保产品、迅速抢占市场份额的准备。因此，当"绿色"普遍被认为是一种保护资源、降低成本的办法时，对越来越多的公司而言，它实际上代表着带来新业务线和顶线增长的一个诱人的新领域。

改善的公共关系和正面的公众认知也可以对公司的底线产生重大影响。耐克公司制定了减少浪费和包装以及"气候中立"的目标，惠普公司正致力于减少浪费、建立废旧电子产品回收服务，这两家公司进入"全球可持续发展企业 100 强"榜单是因为在管理环境风险和机遇方面更胜竞争对手一筹。"全球 100 强"把候选公司与其领域内的同行进行比较，选出"最优秀"的公司。"全球 100 强"的分析者相信，这些可持续发展的企业将通过降低成本、创新和其他从可持续发展举措中获得的竞争优势为股东创造长期价值。这意味着，采取有建设性的方式，通过"绿色行动"取得领先地位，将成为公司创造战胜对手的竞争优势的机会。

在公司如何利用环保措施改善形象方面，沃尔玛提供了非常好的范例。沃尔玛及其建设的超级大卖场往往成为环保主义者批评的目标，其罪名是破坏栖息地、制造成吨的垃圾、让当地可持续发展性更强的企业无法运营。2007 年，沃尔玛开始实施绿色计划，采取提高货车效能、按照严格节能目标建造新店、鼓励供应商减少包装等环保革新方案。公司希望通过史无前例的创新维持其地位——这次是环保举措，这是沃尔玛的典型做法。如果消费者关心环境，那么沃尔玛希望消费者知道它们也关心环境。2007年4月，沃尔玛还开展了一场声势浩大的广告宣传活动，向消费者告知公司正着手实施的改变。因此，尽管大多数分析家认为这是黯淡的一年，但沃尔玛成功地留在了《财富》杂志"全球最受尊敬公司"榜单上，在"创新"和"社会责任"上得到了高分。

## 3.4　风险和不确定性

很多战略选择会涉及难以预测的未来事件。例如，新产品投放成功的决定因素可能包括当前和潜在的竞争者会如何反应、购自外部供应商的组件的质量以及经济状况等。为了说明可预测性的缺失，决策情况往往会被描述为一系列连续的状态：确定—风险—不确定。在确定的情形下，可以得到每个相关方案结果的准确、可测的信息。当事情有风险时，无法确定地预测其结果，但有足够的信息评估其可能性。在不确定的情形下，有关方案及其结果的可知信息很少。

要使战略环境分析可以实施，我们必须能够评估相关事件的不确定性程度、变革可能会以何种速度发生以及它们预示的可能结果。确定性和风险的状况有助于正式分析；不确定性则会带来独特的问题。一些变革是逐渐发生的，即使不能预测，也能够被感知。我们也许不能确切地确定它们在何时以及以何种方式影响特定行业或议题，但人们对它们的普遍影响相对而言较为了解。竞争环境的全球化以及大多数人口和社会趋势的全球化均属于这个范畴。新行业监管的预期带来了一种更紧迫的不确定性——新的监管架构或者被采用，或者不被采用。行业之间界限的消失带来了另一种情景：变革力量本身也许可以确认，但它们带来的结果可能无法全部预测。最后，一些变革力量具有内在的随机性，是无法轻易预知的，比如外国政府突然垮台、爆发战争或重大技术发现等。

### 分析不确定性 [14]

考特尼、柯克兰和维格里发现，采用未来不是可知就是不可知的二分法应对不确定性可能会非常危险，在具有内在不确定性的情况下强行进行精确预测可能导致战略思考产生严重缺陷。他们建议关注战略环境中所呈现出的剩余不确定性水平——分析了所有可知的变革力量并且区分了剩余不确定性的四个级别后剩下的不确定性。

第一级：足够清晰的未来。有些战略环境足够透明稳定，可以有足够的把握得出对未来的单一预测。很多成熟、技术含量低的行业属于这个范畴。它也适用于更狭义的战略挑战，比如在特定市场或地区与特定的竞争者对抗。

第二级：可选择的未来。有时可以按照少数独立情景设想未来。在这种情况下，我们也许无法确切地预测会出现哪种结果，但完全可以知道一系列可能出现的结果。被重大立法或法规变化影响的企业属于这个范畴。

第三级：一系列未来。这是更高程度的不确定性，在这一级中，我们可以确认可能构建未来的关键变量，但我们无法将这个认知简化为少数独立、合理的结果。事实上可能出现一系列几乎是连续的结果。考特尼等人列举了一家欧洲消费品公司试图决定是否将其产品投放印度市场的例子。即使是所能提供的最好市场调研也许也只能确认潜在市场占有率的一个大致范围。

第四级：完全不确定。在这一级中，甚至连可能构建未来的驱动力量都难以确认。因此，无法预测单独的情景，甚至一系列可能的结果也无法预测。第四级的情况很少出现，但确实存在。例如，看看 1992 年考虑进入前苏联解体后的俄罗斯的公司所面临的挑战。战略环境的每个方面都充满了不确定性。与经营相关的法律方面不确定，原材料和组件是否可以提供不确定，对不同产品和服务的可能需求不确定，新秩序的政治稳定性也不确定。在这种情形下，传统的分析技术和预测工具帮不上什么忙。

属于第一级不确定性的情况可以进行传统分析。简单的趋势推断可能足以确认在更大的社会政治、经济和技术环境中正在发生什么；可以用迈克尔·波特的五力分析模型和标准的竞争者分析技术清晰地勾勒出行业层面的整体情况。在第二级,可以用标准技术分析每套独立的结果,但不同的情景可能需要不同的分析。这可能让我们难以对它们进行比较。此外,我们随后必须用决策分析技术评估每种情景出现的可能性。主要用于第三级情况的是前文提到过的情景规划等技术。第四级环境是最难分析的。至多也只可能进行片面的分析,而且主要是定性分析。在这样的情况下,分析过去出现过的、有可比性的环境以及所汲取的战略经验可能会有帮助。

## 对战略的意义

考特尼等人使用**战略姿态**——公司的战略意图——和**战略举措**这两个术语为不确定性环境下的战略制定构建了一个一般框架。为了描述企业如何应对不确定性,他们将企业分为塑造者、适应者和保留行动权的公司。

**塑造者**推动行业建立有利于自身的体系。它们努力改变竞争规则,试图控制市场的走向。例如,柯达公司试图利用新数字摄影技术从根本上改变人们拍摄、存储和观看照片的方式。

**适应者**表现出较为被动的姿态。它们认为当前的行业体系理所当然,而且往往认为变革是逐渐演进的。在不确定性级别相对较低的战略环境中,适应者在当前体系下为自己寻求具备竞争优势的定位。在不确定性级别较高时,它们也许会表现得更为谨慎,并细微调整自己的能力以迅速适应新发展。

第三种姿态是**保留行动权**,从本质上看也是被动的。采取这种姿态的公司往往增加投资来保留它们的选择权,直到战略环境变得容易解读或不那么不确定。保留行动权的范例包括在技术竞争上进行部分投资、持有不同新兴公司的少量股票、试验不同的分销方式等。

战略举措是指旨在实现战略意图的行动模式。"大赌注"是指作出重大投入,绝大多数由采取塑造者姿态的公司使用,比如柯达公司。它们往往会冒很高水平的风险:潜在的回报很大,但潜在的损失也很大。选择性举措的目标是在最佳情景下得到最高回报，在最差情况下使损失减到最少。一个很好的范例是准许实施尚未证明比当前技术优越的新技术。最后，无遗憾举措在所有情景下都有积极或中立的结果，而且常常与保留行动权的姿态组合在一起。

在第一级战略环境中，未来足够清晰，大多数公司是适应者。行业体系相当稳定，其演变相对可以预测，常规分析技术可以帮助公司进行定位，让公司具备可持续竞争优势。由于高度的可预测性，这种战略从定义上看包含一系列无遗憾举措。这种相对平静的状态可以一直维持，直到塑造者打乱计划，通常是"大赌注"举措。例如，想想韦恩·赫伊津哈共和工业公司在电影租赁和垃圾处理行业所采取的行动，以及现在在汽车经销行业所采取的行动。

在第一级环境中，塑造者由于挑战现有秩序，提高了不确定性等级，但在第二、第三、第四级环境中，它们的目标是通过坚定的行动减少不确定性。在第二级环境中，未来是可以选择的，塑造性战略的目标是让可能性向某个特定结果倾斜。塑造性战略的范例是花大投入发展新能力，以此阻止潜在对手进入该行业。非市场塑造姿态的范例是通过大力游说支持或反对某项立法。在第二级环境中采取适应者或保留行动权的姿态比在更高级别不确定性环境中更容易，因为变革力量是公司已知的，而且公司认为只会出现少数独立情景。

在第二级，塑造是指促进某个特定结果出现，而在第三级，无法确定独立的结果。因此，在不确定性的第三级，塑造性战略关注的是对一系列可能的结果进行限制，得到数量更少但更合意的未来结果。想想前面提到过的那家欧洲制造商希望进入印度市场的例子。塑造性战略也许会涉及当地合作伙伴或者与已有产品捆绑销售。适应者和保留行动权的战略姿态在这个级别更为普遍。两者都以保持公司的选择权为目标：适应者往往更积极，会在机会出现的时候制定实时战略；采取保留行动权姿态的公司往往会等待，直到可以采取更确定的战略。在这个级别，选择性和无遗憾举措比"大赌注"举措更普遍。

第四级环境是最不确定的。但是极端的不确定性对能利用它的塑造者来说也许代表着巨大的机遇。当完全的不确定性占据统治地位时，当前局面会欢迎新规则和秩序感的到来。因此，塑造性战略也许不需要"大赌注"，事实上，塑造性战略在这一级的风险可能比在第二级或第三级更小。而适应性战略或者保留行动权的姿态也许代表着错过机遇。可以想想前文提到的技术标准之争。

## 情景分析

**情景分析**（scenario analysis）是用来构建企业外部环境可能出现的各种未来的最常用技术之一，最初由荷兰皇家壳牌公司在伦敦开发。它的目标是分析各种不可控的变革力量对战略竞争环境的影响，测试特定战略选择的弹性。对外部力量高度敏感的企业使用这种技术最多，比如能源公司。

情景分析是对可能的未来进行想象和分析的规范方法。[15] 它将知识分为两类：（1）我们相信已经对其有所了解的事情；（2）我们认为不确定或不可知的因素。第一类知识主要注重对可知变革力量的预测。例如，我们可以放心地对人口变化或新技术的替代效应作出假设。第二类是不确定的方面，明显的例子是未来利率、油价、政治选举结果和创新率等。因为情景描述的是可能的未来，不是应对这些未来的具体战略，邀请外来者参与这个程序是合理的，比如主要客户、关键供应商、监管机构、咨询机构和学术机构等。情景分析的目标是根据基本趋势和不确定性在一个宽泛的范围内审视未来，建立一个战略思考的共同框架，这个框架鼓励多样化，鼓励对外部变化和机遇的更敏锐认知。

情景的建立过程包括四个步骤：

1. 决定考察哪些可能的未来发展，要包含哪些趋势——技术变革、人口变化或资源问题，要考虑多长的时间跨度。

2. 确定哪些力量或发展情况可能有影响未来的最大能力。

3. 根据可能结果的各种组合构建一系列全面的未来情景。有些组合会更有意义，或者因为它们对战略问题有更大的影响，或者因为它们或多或少有可能发生。因此，少数情景通常会突显出来，成为重点，得到更加细致的分析。

4. 汇集具体情景的预测，以便评估不同的未来对战略姿态和选择的意义。

## 信诺公司的情景规划

为了评估持续快速的技术变革对保险业务的影响，信诺公司（Cigna Corporation）借助情景规划确定互联网对医疗业、保险商的影响以及公司各部门的 IT 需求。[16]任务是：确定行业的未来架构，识别并了解竞争情况，然后分析技术和互联网对医疗保健的作用。

信诺的团队从 IBM 建立的样本情景入手，建立自己的主要不确定性和经营驱动力清单。最后得出了基于两个关键不确定性的四种情景组成的矩阵，这两个关键的不确定性构成矩阵的两条轴线：技术的角色和政府的角色。在被称为"老大哥"的情景中，很多经营流程是根据极度复杂的法规界定的，这些法规涉及隐私、病人权利和互联网医疗服务等问题。相反的极端是"无限联通的世界"，在这个情景中，互联网无处不在，每件事、每个人都是相互联通的。

信诺的团队得出了具体的结果，并且把各种可能性放到每个情景中。例如，团队估算了在"无限联通的世界"里人们在 5 年内使用互联网挑选初级保健医生、预约、交流医疗记录、实施其他医疗保健项目的可能性。

接下来，信诺公司问道："如果这是真的，我们必须做哪些准备？"团队根据重要性建立了一份优先列表，即在情景成真的情况下它们为了维持竞争力需要做的事，其中包括成本估算。它们用得出的结果说明与网络基础设施建设和应用开发相关的关键事项，这也是公司更大的战略制定过程的一部分。

## 情景规划的局限

尽管情景规划赢得了不少企业的信赖，但它主观性、探索性的本质还是让很多高管不安。怎么知道我们的情景是正确的？我们如何从情景出发作出决策？

除了情景设计的某些内在主观性，这个技术还可能遭遇各种各样程序和内容上的陷阱。这些陷阱大多与程序如何在组织内实施（比如团队的构成和主持者的角色）以及情景的主要焦点（长期和短期、全球和区域、增量变化和范式变化）相关。有人可能会认为这些只是实施问题，但既然程序是情景经验的组成部分，那么它们也可以被视为该方法本身的弱点。在真实组织中进行情景规划时，应对政治脱轨、议程控制、缺乏远见和想象力有限等一系列问题的防范措施是有限的。

在组织背景中进行情景规划的第三个局限是它与其他规划和预测技术的结合能力很弱。大多数公司仅仅应对一种未来就已经很困难了，更不要说应对多种未来了。一般而言，预算和规划系统是根据单一的未来图景预测的，在必要的时候通过方差分析、应急规划、滚动预算和定期重新协商等办法进行调整。

一旦完成情景，真正的工作就开始了，要考虑如何制定灵活的战略和适当的监控系统。经理们需要简单但全面的指南针，全程应对不确定性。情景规划只是更完整的管理体系的一个组成部分。关键是情景思考需要与现有规划和预算体系结合起来。现实是大多数组织没有很好地应对不确定性，对于如何在高度不确定和高度复杂的情形下进行规划，研究者没有给出令人满意的答案。

## 注　释

1. H. L. Sirkin, J. W. Hemerling, and A. K. Bhattacharya, 2008, *Globality: Competing with Everyone from Everywhere for Everything* (New York: Business Plus).

2. M. P. Lagon, 2003, "Visions of Globalization: Pretexts for Prefabricated Prescriptions—and Some Antidotes," *World Affairs*, 165(3): 142.

3. As the noted economist P. Krugman observes in *Geography and Trade* (Cambridge, MA: MIT Press, 1993), the world in the nineteenth century was considerably more international in terms of capital and product flows than today's economy.

4. T. Levitt, May–June 1983, "The Globalization of Markets," *Harvard Business Review*, pp. 92–102.

5. T. L. Friedman, 2005 (updated in 2007), *The World is Flat: A Brief History of the Twenty-First Century* (New York: Farrar, Strauss and Giroux).

6. P. Ghemawat, March–April 2007, "Why the World Isn't Flat," *Foreign Policy*, No. 159, pp. 54–60.

7. K. Moore and Alan Rugman, Fall 2005 "Globalization Is about Regionalization,"

*McGill International Review*, 6(1): 27–30; see also K. Moore and A. Rugman, Summer 2005, "The Myth of Global Business," *European Business Forum*.

8. This section is substantially based on F. Ghadar and E. Peterson, 2005, *Global Tectonics—What Every Business Needs to Know* (Pennsylvania State University: Penn State Center for Global Business Studies).

9. S. Davis and J. Botkin, September 1994, "The Coming of Knowledge-Based Business," *Harvard Business Review*, p. 65.

10. D. J. Skyrme Associates, 1997, "The Knowledge Economy and its Implications for Markets."

11. A. Bianco, July 12, 2004, "The Vanishing Mass Market," *BusinessWeek*, pp. 61–72.

12. S. Rochlin, 2006, "The New Laws for Business Success," *Corporate Citizen 2006*, A Publication by the Center for Corporate Citizenship, Carroll School of Management, Boston College.

13. T. Struyk, 2010 "For Companies, Green Is the New Black," *Investopedia*, A Forbes Digital Company.

14. H. Courtney, J. Kirkland, and P. Viguerie, November/December 1997, "Strategy Under Uncertainty," *Harvard Business Review*, pp. 66–79.

15. The following description is based on P. J. H. Schoemaker and C. A. J. M. van de Heijden, 1992, "Integrating Scenarios into Strategic Planning at Royal Dutch/Shell," *Planning Review*, 20: 41–46.

16. B. Melzer, June 1, 2001, "Trends—Analysis: Scenario Planning," *CIO Insight*, http://www.cioinsight.com/c/a/Trends/Analysis-Scenario-Planning/4/

# 第4章
# 行业分析

4.1 导 言

4.2 什么是行业?

4.3 行业演变

4.4 行业分析的方法

4.5 分析产品－市场范围

## 4.1 导 言

人们往往认为行业就是指在市场中直接相互竞争的一批公司。这个定义尽管很直观，但过于简单，掩盖了一个复杂的问题。传真机制造商是相互竞争，与个人电脑和 PDA 制造商竞争，与电话公司竞争，与美国邮政和隔夜快递公司竞争，还是与以上所有公司竞争？竞争主要是在产品之间，在公司之间，还是在结盟伙伴的网络之间？我们应该在业务单元层面，还是在企业层面分析竞争？我们是否应该区分区域竞争和全球竞争？

如这些问题所示，确定行业的边界是很困难的，错误地界定某个行业可能带来极其高昂的代价。使用过于狭窄的定义，比如判断铁路只和其他铁路竞争，可能让战略缺乏远见，导致高管忽略重要的机遇或威胁。使用过于宽泛的定义，比如简单地认定企业所在行业属于"高科技"行业，可能让企业无法对竞争环境进行有意义的评估。

## 4.2 什么是行业？

行业可以从四个维度进行评估：（1）产品；（2）顾客；（3）地域；（4）在生产到分销的管道中所处的阶段。[1] 第一个维度——产品——可以进一步细分为两个组成部分：功能和技术。功能指产品或服务是做什么的。一些烹饪设备用来烘焙，一些用来烘焙和烤肉，还有一些用来煎炸烹煮。功能性可以是实际的，也可以是主观认知的。例如，一些治疗鼻塞的非处方药被用为感冒药，而另外一些有类似化学成分的非处方药被推销为抗过敏药。这个区别既是定位和认知的问题，也是实际功能性的问题。技术是第二个区别因素：一些烹饪设备用煤气，一些用电；一些感冒药是液态的，一些是胶囊状的。

定义行业的界限需要同时考虑所有这些维度。另外一点也很重要，即区分公司参与竞争的行业和公司服务的市场。例如，公司也许在大型厨房设备行业竞争，但选择冰箱作为其服务的市场。可以将其描述为（邻近的）三维单元的结合，每个单元都是功能 / 用途、技术 / 材料以及顾客类型的某种特定组合。因此，要给行业下定义，就要找出与公司的战略分析关联度最高的市场单元。

在生成战略选择的过程中，使用多种行业定义往往有所帮助。例如，评估公司的成长潜力和评估公司当前的相对成本位置也许需要使用不同的行业 / 市场定义。

## 行业结构和波特五力模型

迈克尔·波特的五力模型（five forces model）是行业和竞争分析的有力工具。[2] 该模型认为，行业的利润潜力很大程度上取决于行业内竞争者竞争的强度，这种竞争被归入五种力量：（1）新进入者的威胁；（2）客户的议价能力；（3）供应商的议价能力；（4）替代产品或服务的威胁；（5）现有竞争者之间的竞争。

**新进入者的威胁**　如果进入市场相对容易，行业内的竞争应该会十分激烈。潜在的新进入者可能会提高行业产能，加剧市场份额的争夺，打破供求平衡。出现新进入者的可能性取决于：（1）存在哪些进入门槛；（2）已经确立了地位的竞争者可能会如何反应。

主要的市场进入门槛有六种：（1）规模经济；（2）产品差异化（品牌资产）；（3）资本要求；（4）与规模无关的成本劣势；（5）分销渠道的进入；（6）政府管制。例如，想想进入软饮料行业和可口可乐、百事可乐等广告巨头竞争的难度，或者想想小酿酒厂与安海斯－布希等大公司竞争、努力推广其啤酒品牌的艰辛。在高科技行业，资本要求和累积的经验是主要的门槛。但是，行业环境可能发生改变，从而打开战略机遇之窗。

**强大的供应商和购买者** 购买者和供应商通过对价格、质量、需求量或销售量施加压力影响行业内的竞争。例如，浓缩果汁生产商在 20 世纪 80 年代晚期大幅提价，而由于零售市场的激烈竞争，软饮料灌装商无法将提价转嫁给消费者，于是灌装商的利润率受到了严重侵蚀。

通常在如下情况下供应商更为强大：（1）只有少数公司占据支配地位，它们比所服务的行业更加集中；（2）供应的部件很独特，因此更换供应商很困难；（3）替代品很少；（4）供应商可以向前整合；（5）行业带来的收益只占供应商全部收益的一小部分。

购买者在如下情况下拥有强大的支配力：（1）购买者很少，和 / 或他们的购买数量很大；（2）产品的差异性相对较低，购买者很容易转向其他供应商；（3）购买者的采购额在销售者的全部收益中占据很大的份额；（4）购买者可以向后整合。

**替代产品和服务** 替代产品和服务不断威胁着大多数行业，结果，它们限制了价格和盈利能力。HBO 和按次付费电视是电影租赁业的替代品，有效地抑制了电影租赁业为其服务收取的费用。此外，如果成本结构可以改变，例如，由于使用新技术而改变，替代品就能从现有市场夺取大量市场份额。例如，有线网络上按次付费电视节目的增多侵蚀了电影租赁公司的竞争地位。因此，从战略角度看，替代产品或服务值得密切关注：（1）相对于行业平均水平，它们在成本效益上显示了进步；（2）它们是财力雄厚的公司制造的。

**参与者之间的竞争** 行业的竞争强度还取决于行业参与者的数量、相对规模和竞争实力，行业增长率，以及相关特性。在以下情况下应该会出现激烈竞争：（1）竞争者数量众多，而且规模和实力相对均等；（2）行业成长缓慢，竞争主要集中在现有客户上，而不是创造新客户；（3）固定成本高，或者产品、服务易损耗；（4）产能稳步大幅增量增长；（5）退出门槛高，停止经营的代价高得令人却步。

英特尔公司的创始人安德鲁·格鲁夫为波特的模型增添了第六股力量：**互补产品**的影响。电脑需要软件，软件也需要硬件；汽车需要汽油，汽油也需要汽车。如果行业的利益与互补行业的利益一致，就能够维持现状。

但是，新技术或新方法可能打破现有秩序，使互补者的道路出现分叉。[3]
比如技术标准发生变化，使之前和谐共存的产品和服务无法和谐共存。

　　这些力量的影响随着行业结构和经营模式的变化不断改变。例如，公司越来越多地使用互联网组织原材料、部件和辅助服务的采购。这种做法如果到了使产品和服务信息更易获取、替代供应源评估更便捷的程度，就会使制造商的议价能力超过供应商。但是，同样的技术可能降低新供应商的进入门槛，为他们提供直接通往终端用户的渠道，从而降低中间商的优势。互联网对替代产品和服务的潜在威胁产生的影响同样具有两面性。一方面，它可以通过提高效率扩大市场。另一方面，随着对互联网新使用方法的开发，替代品的威胁增强了。与此同时，互联网的飞速发展降低了很多行业的进入门槛，加剧了现有竞争者之间的竞争。之所以出现这种情况，是因为基于互联网的经营模式通常很容易被模仿，还因为这些模式往往注重降低可变成本，创造了对价格的过分关注。因此，尽管互联网没有从根本上改变影响行业竞争的各种力量的性质，但它改变了它们对行业盈利能力和吸引力的相对影响力。[4]

## 4.3　行业演变

　　行业结构随着时间的推移而变革。进入门槛可能降低，比如在解除管制的情况下；进入门槛也可能大幅升高，比如当很多行业中品牌识别已经成为重要的竞争武器时。行业有时会变得更加集中，因为规模和范围的真实效益或认知效益使得企业相互合并。**行业演变**模型可以帮助我们理解行业如何以及为何随着时间的推移而变革。也许演变这个词具有或多或少的欺骗性；它暗示了缓慢、渐进的变革过程。结构性变革可能以非同寻常的速度发生，比如当重大技术突破以牺牲其他公司为代价提升了某些公司的前景时。

### 四种变革轨迹 [5]

　　近年来的一项研究提出，行业会按照四种变革轨迹中的一种进行演变:激进型、渐进型、创造型和中间型。可以用两类衰退解释这些变革轨迹:(1)对构成行业利润很大一部分的行业核心活动构成威胁;(2)对被视为产生差异化源头的行业核心资产构成威胁。说明第一类衰退的一个很好例子是,由于网上购物的增加,销售商传统销售模式的重要性不断降低。解释第二类衰退的例子是面对非专利药品的竞争,很多处方药的品牌价值遭到侵蚀。

当行业同时受到核心活动和核心资产双重衰退威胁的时候,就会发生激进型变革。麦加恩以旅行业务的重大变革为例。随着航空公司更加现代化、用更强大的订票系统更加直接地参与竞争,商务旅行客户开始求助于Expedia、Travelocity等互联网服务提供商,很多传统旅行社为了生存下去不得不对自己进行彻底改造。

当两种衰退都不迫切的时候,可能会发生渐进型变革。这是最常见的行业变革形式。远程货车运输业经历了变革,但它的基本价值定位没有改变。在这种环境下,竞争战略和创新的目标往往是通过降低规模和成本提高效率。

如果两种衰退中的一种占据主导地位,则会发生创造型和中间型变革。在创造型变革中,核心资产受到威胁,但核心活动的价值不变。从战略上看,这种情景需要更新资产价值;例如,想想不得不再制作出一部卖座电影的电影公司。在中间型变革中,核心资产的价值不变,但核心活动受到威胁。例如,博物馆因为储藏艺术品而具有很高的价值,但现代的通信方式减弱了它们在教育方面的能力。

## 行业结构、集中化和产品差异化

从以下几个维度分析行业结构变革通常比较有用:从主要是垂直结构向更为扁平的结构转变,或相反的转变;行业集中化程度的变化;产品差异化程度的提高或降低。

这些维度可以通过三个行业的融合说明:电信业、电脑业和电视业从50多年前开始融合。这种融合催生出经过整合的多媒体业,在这个行业里，传统的行业界限几乎都消失了。这个行业并不是由三种对成功十分关键的独立业务的垂直整合而组成，而是演化出五个基本为横向的细分市场，各类业务可以在其中成功参与竞争，它们是内容（产品和服务）、包装（内容的打包和额外的功能性）、网络（有形的基础设施）、传输（分销）和显示设备。在这个新结构中，很多公司的战略优势主要取决于它们在其中一个细分市场的相对地位。但是，如果规模和范围经济变得对竞争的成功更为关键，并且成为新一轮行业合并的主要驱动力，垂直整合很可能再次成为重要的经营战略。

当规模经济非常重要而且市场份额和单位总成本呈负相关时，行业结构往往较为集中。在这样的行业里，企业的规模分布往往高度倾斜，所谓的"三四法则"在这里也许适用。这个法则认为，很多稳定的市场只会有三个重要竞争者，这些竞争者的市场份额的大致比例为四比二比一，表明行业总销售额中大约有 70% 集中在这三家公司身上。

研究还显示，随着市场的成熟，它们有时会变得不那么集中，这意味着在成熟市场中相对份额和成本位置之间的关系不如在不成熟市场中那么明显。这解释了当行业成熟时为什么较大的公司往往会丢掉市场份额：它们的成本优势随着时间的推移减弱了。相反，分散型行业的特点是集中化程度相对较低，没有哪个参与者占据主要的市场份额。有些行业的差异化程度很高，比如应用软件业；有些行业注重商品状态，比如木材业。如果没有变革的主要力量，分散型市场可以在很长时间内保持分散。

## 实力曲线

战略经理有一个助他们评估行业结构的新工具，即赋予行业区别性特点的持久特性。根据麦肯锡集团米歇尔·扎尼尼的作品，实力曲线描述了行业背后的基本结构性趋势。[6]像 2007—2009 年的全球经济衰退这样的重大经济事件对经营活动具有极大的破坏性，但它们在很长一段时期内并没有改变大多数企业之间的相对地位。

在很多行业，对处于顶端的公司的最好形容词是超级机构——它们拥有史无前例的规模和范围,无可争议地领先于竞争者,例如沃尔玛、百思买、麦当劳和星巴克。但是,即使这些公司之间,规模和业绩也存在明显的差异。如果把2005年全球150强企业的净收入分布状况如图4-1所示标注出来,就会得到一条"实力曲线",它表明大多数公司的业绩表现低于平均水平,即使在明星公司当中也是如此。

实力曲线表明一小拨公司拥有极高的收入,后面紧跟着数量庞大的公司,这些公司的收入少得多,它们的收入一个比一个少,但差距不大。

扎尼尼解释说,低进入门槛和高竞争水平与行业实力曲线的动态变化之间是正相关的。行业内的竞争者数量越多,纵轴上顶端和中部的公司之间的空隙就越大。如果进入门槛降低,比如解除了管制,顶端公司的收益会增长得更快,得出一条更陡的曲线。更大的开放性似乎在一开始创造了更平坦的竞争市场,但随着时间推移,会出现更大的差异化和合并。

实力曲线还会被软件和生物技术等无形资产推动,无形资产会带给规模和范围经济越来越多的回报。相对而言,更为劳动密集型或资本密集型的行业,比如化学和机械,拥有较为平坦的曲线。

在保险、机械、银行和储蓄机构等显示出实力曲线的行业中,我们可以得出一个有趣的战略意义:大幅提高公司的地位需要的是战略猛攻而不是增进式战略。扎尼尼用零售类共同基金业的证据来支持这个观点。在实力曲线顶端的主要竞争者能够通过开发网络效应延长其领先地位,比如在401K计划的持有者滚动投资其资产时向这个基数很大的人群交叉销售个人退休金账户。金融危机,比如2007—2009年的经济衰退,增加了这种机会出现的可能性,因为实力减弱的金融机构为增加资金出售了它们的资产管理部门。

战略经理在了解行业结构动态和评估行业业绩时可以使用实力曲线。由于行业的曲线经过了多年的演变,倾斜度的大幅变化可以显示出意外情况,比如异常的公司业绩或市场波动。

扎尼尼的结论是,实力曲线表明公司通常彼此相互竞争,并与变得越来越不平等的行业结构竞争。对大多数公司而言,这种可能性让实力曲线成为一个重要的战略考虑因素。

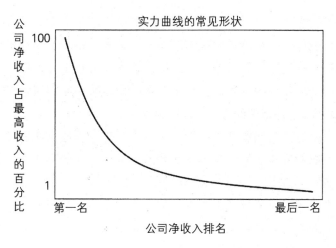

**图 4-1　实力曲线的常见形状**

## 产品生命周期分析

**产品生命周期模型**也许是最著名的行业演变模型，该模型建立在创新扩散理论和新理念接受模式的基础上。该模型认为行业会经历几个阶段：导入、成长、成熟和衰落。不同的阶段根据行业销售增长率的变化划分，往往遵循一条 S 型曲线，反应产品或服务最初被接纳以及长时间反复接纳后的累积结果。

　　服务生命周期可以用来作为战略制定的分析工具。研究显示，一个行业或一类产品的演变取决于一系列因素的互动，包括对手公司的竞争战略、客户行为的变化以及法律和社会影响等。图 4-2 显示的是对伴随公司从市场导入阶段到成长、成熟和最后的衰落阶段出现的变化的典型竞争反应。

　　产品或行业生命周期的导入或萌芽阶段的特点是高度不确定性。竞争者往往不确定瞄准哪个领域、如何瞄准。潜在顾客不了解新产品或新服务、它们的好处、在哪里购买或者要花多少钱购买。因此，萌芽阶段的标志是大量的试验。在成长环境下，不确定性降低，竞争加剧。在行业演变的这个阶段，竞争者的数量通常是最大的。因此，在成长阶段接近结束的时候，竞争者洗牌很常见。成熟的行业尽管在竞争方面最稳定，但在销售增长方面相对停滞。但是,产品开发可以在特定领域引发新的井喷式增长,技术突破可以改变市场发展的进程、打破竞争秩序,全球机遇可以打开进一步增长的通道。衰落的行业一般被认为没有吸引力,但明智的战略还是能够带来大量利润。我们会在第 7 章回到这些不同的情景,考察每个生命周期阶段的具体战略。

尽管产品生命周期概念可以作为一种了解扩散理论是如何随着时间的推移塑造行业的方式,但它没有什么预测价值。实证研究显示,行业成长并不总是遵循 S 型模式。在一些情况下,各个阶段非常简短。更重要的是,产品生命周期概念没有明确承认公司有可能通过加快创新步伐或重新定位产品等战略行动影响成长曲线的形状。因此,认为行业成长曲线理所当然的想法有可能变成自我实现的预言。

| 生命周期的阶段 | | | | |
|---|---|---|---|---|
| 条件 | 导入 | 成长 | 成熟 | 衰落 |
| 进入门槛 | 低 | 中到高 | 高:资本要求 | 对利基市场参与者低 |
| 退出门槛 | 低 | 逐渐增高 | 高:与规模相关联 | 高:与资产可兑换性负相关 |
| 供应商的实力 | 高 | 中 | 低 | 低 |
| 竞争 | 低:竞争者很少 | 迅速加剧;在洗牌*后稳定在中等水平 | 稳定在中到低 | 随着行业销售下降而上升 |
| 经验曲线效应 | 低 | 高 | 高,但不构成老牌公司的差异性来源 | 低 |
| 规模经济 | 很少 | 中,并逐渐增高 | 高 | 高,但价值下降 |
| 需求的价格弹性 | 缺乏弹性 | 在洗牌期间更有弹性 | 缺乏弹性 | 有弹性:购买者实力强 |
| 产品差异化 | 低 | 快速提高 | 高 | 低 |
| 单位成本 | 高:营销 | 高:固定资产 | 中到低 | 逐渐增高 |
| 现金流 | 低 | 高,但必要 | 高 | 从中到低 |
| 利润 | 非常低 | 逐渐升高,除了洗牌期间 | 从高到中 | 低 |

**图 4-2** 一家服务公司生命周期内各种条件的状况

* 洗牌指新进入者为了在快速成长的行业中获取利润而陷入激烈竞争的一段时期,其结果是很多行业先驱退出。

## 新模式

很多新行业是通过**技术标准**的某种融合而演变的。创立某个标准的公司和支持另一个标准的公司之间常常掀起标准或规格之争。对标准或规格共享的竞争十分重要，因为获得胜利的标准会给它的采用者争取到很大份额的未来利润。例如，手机技术和机顶盒标准之争确定了市场份额的胜利者。

微软公司的比尔·盖茨以着眼未来的战略决策者著称，他常以牺牲短视的竞争对手为代价获取成功。一个证明盖茨天才的例子是西雅图电脑产品公司的 DOS 操作系统销售事件。[7]1980 年，西雅图电脑产品公司一名 24 岁的程序员蒂姆·帕特森花了 4 个月时间编写出了 86–DOS 操作系统。与此同时，比尔·盖茨正在为微软寻找可以授权给 IBM 使用的操作系统，当时 IBM 拥有制造个人电脑的资源，但没有用来运行电脑的操作系统。盖茨花了区区 5 万美元买下了 DOS 系统。后来，西雅图电脑产品公司指控微软诈骗，因为微软没有表明 IBM 是它的客户；1986 年，微软赔偿给西雅图电脑产品公司 100 万美元了结了此事。同时，这次关键性的知识获取帮助微软占据了早期业内的软件支配地位。

在有些行业，标准之争是战略胜利的重要决定因素。对于这些行业，C. K. 普拉哈拉德提出了一个将行业演变描述为三个阶段的模型。[8]在第一个阶段，竞争大多集中在创意、产品概念、技术选择和能力库建设上。这个阶段的主要目标是更多地了解行业未来的潜力和决定未来成败的关键因素。在第二个阶段，竞争更多集中在建立可行的伙伴联盟上，这个联盟会支持某种标准，抵制竞争性规范。在这个阶段相互合作的公司可能在第三个阶段进行激烈的竞争——终端产品市场份额和利润之争。

随着竞争更加全球化，行业合并，技术更加普及，客户、供应商、竞争对手和伙伴之间的界限越来越模糊。在同一个市场参与竞争的公司越来越频繁地与其他公司合作。它们有时会互为客户或供应商。因为这种复杂的并行角色，准确地预测行业未来的结构变得极为困难，而且依靠简单、程式化的行业演变模型也变得非常危险。随着行业界限更具渗透性，相邻行业（向相同客户群提供不同产品或服务的行业，或使用同类技术和生产流程的行业）或相关行业（提供部件、技术或配套服务的行业）的结构变革越来越多地影响行业的未来前景。最后，变革有时只是一种经验作用。购买者对商品及其替代品越熟悉，通常会越挑剔，因此，他们对于产品改进的需求很可能越明确。

## 4.4   行业分析的方法

行业分析的方法通常基于关注整体客户市场中某个子集的战略细分，基于关注单个企业或其主要部门的竞争者分析，或者基于针对面临相似威胁和机遇的所有企业的战略集群分析。

## 细  分

**战略细分**是将行业或市场划分为相对同质化、重叠度最小、能够得益于独特竞争战略的细分市场的过程。战略细分与建立战略目标（瞄准特定细分市场）和战略定位（对企业进行定位，使其在细分市场获得竞争优势）相互关联，构成了一个包含六个步骤的过程（图 4-3）。战略细分是找出拥有长期、可持续成果的最佳前景的细分市场的过程。它通过分析资本投资强度、专有技术和专利、地理位置、关税和其他贸易壁垒等进入门槛，考察不同细分市场的长期可防卫性。

细分很复杂，因为行业或市场的划分方法有很多。最常用的细分变量是客户特征以及与产品或服务相关的变量。客户特征的描述项目既包括地域、客户公司规模、客户类型和客户生活方式，也包括个人描述性变量，比如年龄、收入或性别等。与产品或服务相关的细分框架根据用户类型、使用级别、所寻求利益、竞争的产品或服务、购买频率和忠诚度以及价格敏感度等变量对市场进行划分。

## 竞争者分析

因为行业结构和演变模式越来越复杂，传统的经营设想常常站不住

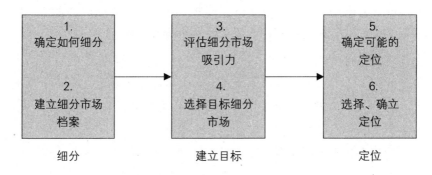

**图 4-3** 战略细分、建立目标和定位

脚。很多市场不再独特，它们的界限也不再分明；竞争主要不在于获取市场份额；客户和竞争对手的状况一直在改变；竞争同时发生在业务单元层面和企业层面。这些新的现实要求高管采取更广泛的战略观、提出新的问题。消费品公司的竞争是在业务单元层面，企业层面，还是二者皆有？公司是以独立实体的形式竞争，还是以包含其供应商在内的大家庭的形式竞争？当公司定义了其竞争，高管是否应该关注包含战略业务单元在内的公司业务组合？相对于独立业务，业务组合的竞争优势是什么？可以通过钱或者信息技术来保持可持续的竞争优势，哪个更重要？

如这些问题所示，竞争分析应该和行业演变驱动力分析搭配在一起。因此，不可能完全在战略业务单元层面或企业层面区分战略。多元化企业概念背后的主要原理是业务组合的好处胜于财务实力。相关业务的组合配置表明一系列资源得到了整合——这是超越业务单元层面的核心能力——而且具备发展可持续企业优势的潜力，这种优势必须和竞争因素一起放在业务单元层面考虑。

要分析直接竞争者，下面的五个关键问题很有用：

1. 谁是我们公司当前和近期的直接竞争者？
2. 他们的主要实力和弱点是什么？
3. 他们在过去表现得如何？
4. 他们在将来可能会如何表现？
5. 竞争者的行动会如何影响我们的行业和公司？

全面了解谁是公司的直接竞争者以及是什么推动了他们的竞争行为对于战略制定十分重要。例如，分析关键竞争者的主要实力和弱点以及他们过去的表现也许能让人联想到吸引人的竞争机会或即将来临的威胁。了解竞争者的行为方式有助于确定竞争者有多大可能制定重大战略举措或报复行动。评估竞争者的成功和失败经验有助于预测他们未来的表现。最后，分析竞争者的组织结构和文化可能会带来深刻的洞见；以成本为驱动、结构严密的竞争者不太可能通过以创新为驱动、以市场为导向的战略发起成功的挑战。

给特定的竞争者分配角色往往有助于分析竞争模式。在很多市场，可能找出一个**领导者**，一个或多个**挑战者**，以及众多**跟随者**和**利基市场参与者**。尽管给竞争者贴标签可能是过于简化的做法，会带来一定的危险，但这种分析可以让人深入了解行业的竞争动态。

领导者往往注重扩大整体需求，途径是吸引新用户、为产品或服务开发新用途、鼓励人们更多地使用现有产品和服务。维持市场份额对他们来说很重要，但他们也许不想积极地从直接竞争者手里争夺市场份额，因为这么做可能比扩展市场代价更大，或者因为他们想避免监管机构的审查。例如，可口可乐更关注开发海外的新市场，而不是从百事可乐手里争夺国内的市场份额。

挑战者通常集中关注一个单一的目标——领导者。有时他们会直接宣战，比如富士公司对柯达公司的挑战。有时他们会使用间接战略，例如，美国国际联合电脑公司先收购了众多较小的竞争者，才向更大的对手发起直接攻击。

跟随者和利基市场参与者竞争的是更小的战略目标。有些跟随者采用创新模仿战略，而有些跟随者决定有选择地在少数细分市场参与竞争或者通过提供更为有限的产品或服务参与竞争。利基市场参与者通常只关注市场中很小的一部分，方式是集中关注具体的终端用户和地域，或者提供特种产品或服务。

识别潜在竞争者更困难。应该考虑目前不在行业内但可能以相对较低的成本进入该行业的公司。还应该考虑那些如果处在行业内就会起到明显协同作用的公司。可以向前整合或向后整合的客户或供应商则构成了又一类潜在竞争者。

## 战略集群

很多行业拥有无数的竞争者，不可能一一进行分析。在这种情况下，使用**战略集群**的概念可以让竞争者分析更便于实施。战略集群指的是一批面对相似威胁和机遇的公司，它们所面对的威胁和机遇不同于同行业内的其他公司。战略集群内部的竞争往往比战略集群之间的竞争更激烈，因为同一个战略集群的成员关注相同的细分市场，它们的战略和资源也相似。例如，在快餐业，汉堡连锁店和其他汉堡连锁店的竞争往往比和炸鸡店或比萨店的竞争更直接。同样，在制药业，战略集群可以根据公司关注的疾病种类划分。分析战略集群有助于揭示竞争是如何在有相似战略焦点的竞争者之间演化的。战略集群可以用价格、产品线宽度、垂直整合程度以及其他区分行业内竞争者的变量进行划分。

## 4.5　分析产品－市场范围

可以用四种不同的分析技术深入了解公司的产品－市场范围所具备的竞争性吸引力：市场分析、增长矢量分析、差距分析和利润池分析。

## 市场分析

细分和竞争者分析有助于找出竞争机遇和威胁。要量化特定行业或细分市场的吸引力，战略制定者就要实施**市场分析**。市场分析也有助于更好地了解成功的关键要素和公司为了成功实现战略目标必须发展的核心能力。市场分析包含对以下几个方面的评估：（1）市场的实际规模和潜在规模；（2）市场和细分市场的增长；（3）市场和细分市场的盈利性；（4）基本成本结构和趋势；（5）当前和正在形成的分销系统；（6）监管问题的重要性；（7）技术变革。

## 增长矢量分析

公司可以通过提供更多的产品/技术/服务，开发更多消费品细分市场，扩大它在行业内的战略范围。公司实施的产品－市场组合的分组划定了公司的产品－市场范围（图 4-4）。当前市场范围内的增长称为集中化，通过进入相关消费品细分市场或新消费品细分市场而产生的增长称为市场开发，在相关产品或新产品上实现的增长是产品/技术开发。所服务的消费品细分市场和所提供的产品/技术都发生变革称为多元化，这在第 9 章有更详细的讨论。

在分析不同增长方向时，可以对关键竞争者进行类似的分析。这种组合分析能让高管确定增长的最初设想、业务的竞争地位和改进的潜力是否仍然合理，还能让高管深入了解竞争者的意图以及特定产品市场的演变方式。紧紧抓住核心能力、将增长集中在相关市场和产品上的公司比在很大范围内进行多元化经营的公司更成功。

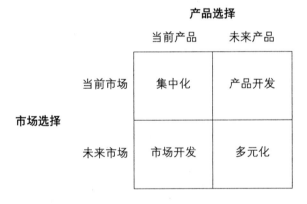

图 4-4 产品和市场组合分析

## 差距分析

绘制公司及其主要竞争者的增长矢量图往往能揭示市场中存在的差距——行业销售额低于其潜力值。**差距分析**是比较行业的市场潜力与所有竞争者的当前综合市场渗透力的过程，这样可以找出其他的增长途径。图4-5 描绘了这个过程。市场潜力和当前销售额水平之间的差距可能来源于：（1）产品线差距——没有用于特殊应用或用途的产品版本；（2）分销差距——忽略了不容易接近产品的客户细分市场；（3）使用差距——产品的应用不充分；（4）竞争差距——挤走产品投放能力弱、业绩有问题的竞争者的机会。

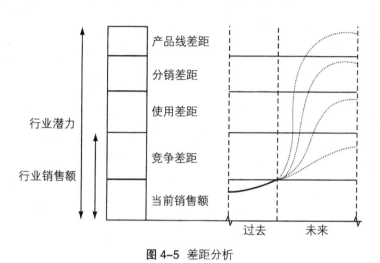

图 4-5 差距分析

## 利润池分析

行业的**利润池**是指行业价值链所有节点上产生的利润总额。[9] 要分析行业中盈利的公司以及它们的利润是在价值链的哪个阶段产生的，了解产业经济学很重要。盈利能力往往根据客户群、产品类别、地域和分销渠道而变化。此外，利润分配模式往往和收益集中模式有很大的差异。例如，在汽车业，汽车制造和分销产生的收入较高，但是汽车租赁、保险和汽车贷款等活动产生的利润最高。

"绘制"行业的利润池可以让我们对利润潜力有深入的了解，这一点很重要。它还能帮助高管理解行业如何演变、利润池为何形成现在的样子以及利润分配可能如何变化等问题。利润池的绘制包括四个步骤：（1）界定利润池的边界；（2）估算其整体规模；（3）将利润分配到价值链的各个环节上；（4）验证结果。

---

## 注　释

1. D. Abell and J. Hammond, 1979, *Strategic Market Planning: Problems and Analytical Approaches* (Englewood Cliffs, NJ: Prentice Hall).
2. M. E. Porter, 1980, *Competitive Strategy* (New York: Free Press).
3. A. S. Grove, 1996, *Only the Paranoid Survive* (New York: Doubleday).
4. M. E. Porter, March 2001, "Strategy and the Internet," *Harvard Business Review*, pp. 63–78.
5. This section is based on A. M. McGahan, October 2004, "How Industries Change," *Harvard Business Review*, pp. 87–94.
6. M. Zanini, November 2008, "Using 'Power Curves' to Assess Industry Dynamics," *The McKinsey Quarterly*.
7. M. Lindner, March 25, 2008, "The 10 Biggest Blunders Ever In Business," *Forbes*, http://www.msnbc.msn.com/id/23677510/
8. C. K. Prahalad, 1995, "Weak Signals Versus Strong Paradigms," *Journal of Marketing Research*, 32: iii–ix.
9. O. Gadiesh and J. L. Gilbert, May–June 1998, "Profit Pools: A Fresh Look at Strategy," *Harvard Business Review*, pp. 139–147; O. Gadiesh and J. L. Gilbert, May–June 1998, "How to Map Your Industry's Profit Pool," *Harvard Business Review*, pp. 149–162.

# 第5章
# 分析组织的战略资源基础

5.1 导　言

5.2　战略资源

5.3　全球供应链管理

5.4　变革力量

5.5　利益相关者分析

5.6　制定绿色企业战略

## 5.1  导　言

在确定公司能顺利实施何种战略时，评估战略资源和能力以及评估支持和反对变革的压力是非常关键的。一个组织的战略资源包括其有形资产，相对财务状况，市场地位、品牌和人员能力，以及具体的知识、能力、流程、技能和文化。

对公司内部战略环境的分析由两个主要部分组成：（1）列出可以用来创造竞争优势的当前资源和核心能力，并加以评估；（2）找出内部的变革压力和抗拒力量。

在本章，我们介绍有形资源、财务资源、人力资源和组织资产等公司战略资源基础，描述公司战略资源基础的分析技术。在第二部分，我们关注内部组织变革的动力和阻力，它们对特定战略选择实施的可行性有重大影响，我们还介绍了公司的生命周期模型。

## 5.2  战略资源

公司的战略资源基础由有形资源、财务资源、人力资源和组织资产构成。有形资产，比如尖端制造设备、工厂或重要客户附近的服务点等，可以在物质上影响公司的竞争力。财务实力，比如优秀的现金流、良好的资产负债表和财务记录等，是评估公司竞争地位、市场成功和未来投资能力的指标。公司的人力资源质量，比如有力的高层领导、有经验的经理人和训练有素、干劲十足的员工等，也许是公司最重要的战略资源。最后，战略组织资源是指企业掌控的具体能力、流程、技能和知识，包括企业的制造经验、品牌资产、创新性、相对成本位置以及环境变化时的适应能力和学习能力等品质。

要评估公司战略资源的相对价值，应该问四个具体问题：（1）某种资源有多大用处，是否有助于建立和维持竞争优势？（2）这个资源是否独特，其他竞争者是否有相似资源？如果竞争者有非常相似的资源或能力，或者竞争者能相对容易地获取这些资源或能力，它们的战略价值就被削弱了。（3）战略资源是否容易模仿？这一点和独特性相关。除了部分专利和商标，大多数战略资源最终是可以被复制的。关键问题是——以什么代价？对手复制的代价越高，战略资源的价值就越高。（4）公司是否有条件开发资源？拥有战略资源是一回事，能够开发它完全是另一回事。某种战略资源对一家公司来说没什么价值，但对另一家公司来说也许就是重要的战略资产。重点是资源是否可以用来获取竞争优势。

## 有形资产

公司的有形资产，比如尖端制造设备、工厂或重要客户附近的服务点等，可以在物质上影响公司的竞争力。对航空公司来说，飞机的平均机龄是一个重要问题。它会影响客户认知、航线安排的灵活性以及运营和维护成本。基础设施是电信公司的一个关键问题。它决定了公司服务的地域分布，限定了公司能够提供的客户服务类型。在零售业和房地产业，"地段，地段，还是地段"这句老话仍然适用。

有形资产不一定必须拥有。巧妙地利用外包、租赁、特许经营和合伙经营等方式可以通过相对较少的资源投入实现公司经营范围的大幅增加。

## 分析公司的财务资源基础

在企业层面，评估公司的财务业绩和位置涉及分析公司当前的和预测的收入报表以及部门或业务单元层面的现金流，另外，还要考虑企业层面的资产负债表。

通过**财务比率分析**可以快速全面地综览公司或业务单元当前或过去的盈利能力、流动性、杠杆和活动。盈利能力比率度量公司资源分配的优劣程度。流动性比率关注现金流的生成和公司偿还债务的能力。杠杆比率可以指示运营资金供给的改进潜力。活动比率度量生产力和效率。可以用这些比率（图 5-1）评估：（1）企业在行业中的地位；（2）特定战略目标的实现程度；（3）企业在面对收益和成本波动时的弱点；（4）当前或所提议战略的财务风险水平。

杜邦公式是用来分析公司或业务单元的资产回报率的，它将经营变量与财务业绩直接联系到一起。例如，如图 5-2 所示，资产回报率是用利润（表现为在销售额中所占的百分比）乘以资产周转率计算得出的。资产周转率是销售额与所使用资产总额的比率。对这些关系进行仔细分析后，就能提出关于战略效力和战略执行质量的突出问题。

| 比率 | | 定义 |
|---|---|---|
| **1. 盈利能力** | | |
| a. 毛利率 | （销售额 – 所售商品的成本）/ 销售额 | 可以用来支付运营费用并产生利润的利润总额 |
| b. 净利率 | 税后利润 / 销售额 | 销售回报 |
| c. 资产回报率 | 息税前利润 / 总资产 | 股东和债权人投资总额的回报 |
| d. 权益回报率 | 税后利润 / 总权益 | 股东对企业的投资的回报率 |
| **2. 流动性** | | |
| a. 流动比率 | 流动资产 / 流动负债 | 短期资产支付短期债权人债权的程度 |
| b. 速动比率 | （流动资产 – 存货）/ 流动负债 | 酸性测试比率；公司不必出售存货就能偿还短期债务的能力 |
| c. 存货对净流动资本比率 | 存货 /（流动资产 – 流动负债） | 公司流动资本被存货占用的程度 |
| **3. 杠杆** | | |
| a. 负债对资产比率 | 总负债 / 总资产 | 使用借入资金为公司运营供给资金的程度 |
| b. 负债对权益比率 | 总负债 / 总权益 | 债权人资金和股东资金的比率 |
| c. 长期负债对权益比率 | 长期负债 / 总权益 | 负债和权益之间的平衡 |
| **4. 活动** | | |
| a. 存货周转率 | 销售额 / 存货 | 被公司用来生成销售额的存货 |
| b. 固定资产周转率 | 销售额 / 固定资产 | 销售生产力和工厂利用率 |
| c. 平均收款率 | 应收账款 / 日均销售额 | 收取账款所需的平均时长 |

图 5-1  比率分析

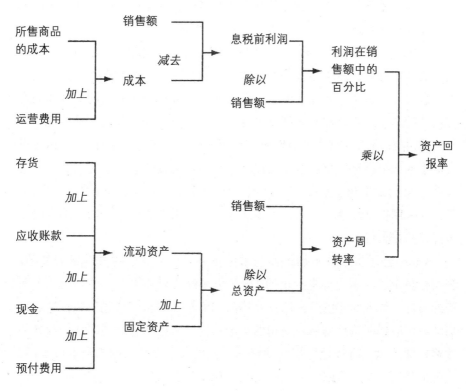

**图 5-2** 计算资产回报率的杜邦公式

　　人们普遍发现，基于会计的评价标准不足以显示业务单元的经济价值。与之相对，**股东价值分析**关注现金流的生成，这是股东财富的主要决定因素。该方法有助于回答下列问题：（1）当前战略计划是否创造了股东价值，如果是，创造了多少？（2）该业务单元的业绩与企业其他业务单元相比表现如何？（3）其他战略是否会比当前战略提高股东价值更多？在评估当前业绩时，基于会计的财务评价标准，比如投资回报率，已经被**经济附加值**（economic value added, EVA）和**市场附加值**（market value added, MVA）等更宽泛的股东价值指标取代。经济附加值是基于价值的财务业绩指标，关注的是经济价值的创造。与基于会计利润的传统指标不同，经济附加值赞成资本有两个组成部分：债务成本和权益成本。包括资产回报率和权益回报率在内的大多数传统评价标准关注债务成本，但忽略权益成本。经济附加值的前提是管理者在对所有资本成本进行评估之前无法得知经营是否真的在创造价值。

从数学角度看，经济附加值＝利润－资本成本×总资本，在这里，**利润**是税后营业利润，**资本成本**是加权债务和权益成本，**总资本**是账面价值加上有息债务。思考下面这个例子。高管的投资资本来自公司的资金和向贷方借取的资金。股东和贷方都要求资本获得回报。这个回报就是"资本成本"，包括权益成本（公司的投资）和债务成本（贷方的投资）。公司在投资产生的回报超过加权资本支出前不会产生任何真正意义上的利润。一旦投资产生的回报超过加权资本支出，资产就开始创造正经济附加值。但是，如果回报继续落后于加权资本成本，经济附加值就是负的，那么改变也许就势在必行了。

Varity 公司将经济附加值作为重振企业文化、重建财务健康的基础。公司把员工的注意力集中到负的 1.5 亿美元经济附加值上。公司设立了明确的目标，要在 5 年的时间内让经济附加值转负为正。这些目标包括通过启动一个股票回购计划修正公司的资本结构，考虑有高经济附加值前景的战略机遇，以及有效地管理流动资本。在投入了 20% 的内部资本成本后，经理们找到了具有吸引力的战略机遇，包括建设新的生产设备、通过合资进入亚洲市场、剥离门锁制动装置业务等。[1]

下面是经济附加值的另外两个好处：（1）它可以通过员工薪酬计划帮助协调员工和雇主的利益；（2）它可以作为单项竞争业绩指标市场附加值的基础。在基于经济附加值的激励计划下，通过有效地利用资金为赢得利润作出贡献的员工会得到奖励。在清楚其资金使用决策所带来的结果后，员工会用更挑剔的方式使用股东投资。市场附加值等于市场价值减去投入资本。因此，经济附加值可以用来作为资本预算、员工业绩评定、经营评估等各种内在功能的评价指标。相反，外部股东价值通过市场附加值评定，市场附加值相当于贴现的未来经济附加值。

尽管经济附加值的特点很吸引人，但几项独立研究得出的有关经济附加值与优秀公司业绩之间关系的结果喜忧参半。[2]《财富》杂志称，使用经济附加值指标的公司公布的年均回报率是 22%，没有使用这一指标的竞争

- 加入我们，可以得到定期的新书信息、电子读书报、活动信息、
  后浪小礼物、购书优惠券、作者签名书籍和海报、毛边书等等。

- 俱乐部将从每月新增会员中抽取 3 名赠送当月最新出版的书籍一本。

- 会员书评投稿如获纸媒发表将有机会获得后浪新书 1 本。

- 欢迎登陆 http://www.hinabook.com 和 www.pmovie.com 了解更多活动信息。

姓名 _____ □先生/□女士

Email _____ 生日_____年____月___日

固定电话 _____-_____ 手机 _____

单位 _____ 职业 _____

地址 _____

_____

QQ/MSN _____ 邮编 _____

您从哪本书得到这张卡片的? _____

您从哪里购得本书的? _____

您的阅读方向? _____

_____

您还希望我们出版或引进哪类书? _____

_____

您的意见或建议? _____

_____

拨打热线010-64072833-824,向客服
人员登记您的信息。

发短信至13911401220,我们将回电登
记您的信息。

将此信息登记表传真至:
010-64018116

登陆网站:www.hinabook.com,点击右
上角"注册",填写会员信息登记表。

邮寄至:北京市东城区朝阳门内大街137号 世界图书出版公司北京公司
后浪出版咨询(北京)有限责任公司 邮编:100010

者们的年均回报率是 13%。[3] 但是《华尔街日报》提到了一项华盛顿大学实施的研究,其结论是:"与经济附加值和其他'剩余收入'指标相比,每股收益仍然是更可靠的股票业绩指标。"[4] 另一项对 88 家公司研究的结论是,采用经济附加值的公司往往更重视财务指标而不是质量和客户服务。[5] 研究结果进一步显示,尽管采用经济附加值指标的公司最初在业绩上有所斩获,但这些进步往往在实施了经济附加值指标后不久就陷入了停滞。

尽管存在上述保留意见,但经济附加值确实在考虑债务和权益成本的基础上描绘了公司实力的真实成果。权益回报率、资产回报率、每股收益等工具评价了财务业绩,但忽略了资本成本中权益部分的成本。因此,可能出现利润为正、回报为正但经济附加值为负的情况。通过推动负债管理的经营方式,使用经济附加值指标的公司可以让资本效率和配置达到最优。例如,如果企业改善应收账款的收取和存货周转率,使其资产得到节省,那么经济附加值就会上升。

**成本分析**的目的是找出战略成本的驱动因素——即价值链上决定行业内长期竞争力的成本因素。战略成本的驱动因素包括产品设计、要素成本、规模、经营范围、产能利用率等变量。为了对战略制定有所帮助,成本分析关注具有战略重要性的成本和成本驱动因素,因为它们可能受到战略选择的影响。

**成本标杆**可以用来比较公司和竞争者的成本,以此评估公司的成本,或者比较公司和最优秀竞争者的业绩。分析过程包括五个步骤:(1)选择设立标杆的范围或经营行为;(2)确定关键业绩指标和实践;(3)确定最优秀的公司或关键竞争者;(4)收集成本和业绩数据;(5)对结果进行分析和解读。这个技术非常实用而且用途广泛。它可以直接比较价值链中不同任务的执行效率。但是,过于依赖标杆的指导是很危险的,因为标杆关注竞争公司战略设计之间的相似点而不是不同点,关注的是已被证实竞争优势基础而不是预期的竞争优势基础。

完整的公司财务资源评估应该包括**财务风险**分析。大多数财务模型是确定性的。也就是说,经理们为每个关键变量指定一个单独的估值。然而经理们在指定其中很多估值的时候已经意识到它们的真实价值存在很大的不确定性。所有这些不确定性可能掩盖高风险。因此，明确地将风险考虑在内很重要。将风险考虑在内需要确定对收益和成本影响最大的变量，这些收益和成本是评估不同风险情景的基础。一般会被考虑的变量是市场增长率、市场份额、价格趋势、资本成本和基本技术的使用寿命等。

## 人力资本：公司最有价值的资源

公司是由人经营的，同时也是为人经营的。尽管有些资源可以被复制，但构成组织或其直接利益相关者的人是独一无二的。因此，了解他们的关注重点、愿望和能力对公司战略定位和战略选择的确定非常关键。

通过在职培训和其他计划不断培养员工，对人力资本的增长至关重要。联邦快递本着对学无止境的追求培养公司内部的人才。公司用总开支的 3%开展培训——这个数字是普通公司的 6 倍。所有一线部门经理和后勤部门经理在工作第一年都要参加 11 周的强制培训。已经有超过 1 万名员工进过"领导学院"，参加为期 1 周的课程，学习公司文化和经营等内容。[6] 很多其他公司采用了类似的战略并从中获益。摩托罗拉的高管称，他们的公司每投入 1 美元到员工教育中，能够得到 33 美元的回报。

## 组织战略资源

公司的组织资源包括公司的知识和智力资本；在客户、合作伙伴、供应商和财经界中的声誉；具体的能力、流程和技能；以及企业文化。

知识和智力资本是竞争优势的主要驱动因素。公司的竞争优势来自公司传递给顾客的价值。公司只要一直比竞争对手更快、更有效地调动新知识，就能建立和维持竞争优势。意识到知识作为一种战略资产的重要性，斯堪迪亚、纳斯达克、雪佛龙和陶氏化学公司均设立了主管智力资本的总监级职位。

金融市场提供了更多的证据，证明作为战略资源的知识和智力资本越来越重要。尽管智力资本很难评估而且无法在资产负债表上表现出来，但公司的总市值越来越多地体现了这些资源的价值及管理这些资源的效力。

网景公司在被收购前，根据其股价拥有 40 亿美元的总市值，尽管公司当时的年销售额只有几百万美元。投资者给出的高股价是基于他们对该公司无形资产的评价——其知识库和管理质量。

在过去 10 年里，美国每年颁发的专利数量已经翻番了。专利越来越全球化。由于联合国世界知识产权组织新建立的国际专利制度，世界贸易组织，以及发明人越来越要求专刊在全球都受到保护，专利制度正在融合。一些标志性的法院裁决也为可以在美国获取专利的技术开拓了新领域。1980 年的一个案例打开了生物技术和与基因相关的科技发现的专利之门，1981 年的一个案例让软件有权获取专利，1998 年的一个案例催生了更多经营模式专利。

强有力的专利保护可能拥有极大的战略价值。[7] 例如，为了保护其知识产权、维持其在按单生产机制的制造和测试流程上的竞争优势，戴尔公司取得了 77 项专利，保护制造和测试流程的各个部分。这样的保护是值得的。IBM 在一起专利侵权诉讼中向微软公司收取了 3000 万美元。

在战略方面，专利被越来越多地用来获取额外的收益。专利授权帮助 IBM 建立了它的技术市场，并且增加了 IBM 的授权收益。越来越多的公司实施了"战略专利保护"——利用专利的应用建立新的技术殖民领地，即使有形产品还没有生产出来。

但是，公司智力资本中最大的组成部分是无法获得专利的。这部分是组织中的个人、团体和部门积累的关于客户、供应商、产品和流程的全部知识，是由过往经验、价值观、教育和真知灼见交织在一起组成的。组织随着不断地学习，会作出更好的决策。更好的决策又会改善业绩、增进学习。

知识如果得到管理和传递就会变成一种资产。**显性知识**是形式化的、客观的，可以编纂并储存在书本、档案和数据库中。有一个关于暴露知识产权导致重大战略失误的有趣故事，与施乐公司将内部信息卖给苹果公司相关。[8] 20 世纪 70 年代早期，施乐公司开发了足以改变世界的电脑技术，包括鼠标和图形用户界面。其中一个设备是被称为施乐 Alto 的个人台式电脑，施乐公司从未费心将其推入市场。十年后，包括史蒂夫·乔布斯在内的几名苹果公司员工到施乐 PARC 研发中心参观了 3 天，交换条件是施乐公司投资 100 万美元购买苹果还未公开发行的股票。这次颇具教育意义的实地考察值得这个门票钱，因为乔布斯将施乐的技术应用在苹果电脑上，到 2008 年已经把苹果打造成了一家价值 1100 亿美元的公司，这趟考察功不可没。

**隐性知识**或隐形知识是非形式化的、主观的。它通过经验获得，通过人际互动和合作传递。

一项关于施乐维修技术员如何提炼知识的研究说明了两种知识的差别。[9] 施乐公司的最初设想是技术员按照公司提供的明文规定的诊断指南维修公司的复印机。但是研究显示，技术员们常常在一起吃早餐，边吃边讨论工作。他们交换经验、提出问题、给出解决办法、形成答案、就复印机进行讨论，从而让彼此掌握他们所学的最新知识。因此，技术员用来维修施乐复印机的办法实际上既基于他们的正式培训，也基于他们的非正式交流。被认为基于显性知识的程序实际上是基于隐性的知识、经验和合作。[10]

## 品牌重要性

品牌是符合特定商品或服务特点的名称、符号或标识。品牌可以为商品和服务增加价值，通过正面联想创造商誉。品牌是提供给购物者的视觉速写，可以为公司提供竞争优势，简化和加速顾客的购买决定，并且让消费者在购买后放心。[11] 对消费者来说，品牌名称是对产品一致性和质量的首要提示。一旦被消费者认可和信任，品牌就会变成强有力的资产，它有助于公司创造收益，让公司寻求增长机会。

公司在客户、合作伙伴、供应商和监管机构中的声誉可以是强有力的战略资产。客户、分销商和制造商之间的物理距离带来了对品牌的需求。品牌提供了可靠性和质量的保证。在全球化的互联网经济中，它们建立信任、增强价值。如果不是出于对亚马逊、戴尔和易趣等公司的信任，消费者可能不愿意用信用卡在互联网上购买产品。因为消费者的信任是所有品牌价值的基础，拥有品牌的公司有努力维持这种信任的强大动力。

因此，**品牌**是帮助公司建立和维持客户忠诚度的战略资产。强势品牌有助于维持利润率、树立进入门槛。品牌对公司来说非常重要，因此必须不断培养、维持和保护。这样做的难度已经越来越大，代价越来越高。消费者越来越忙碌，越来越不专心，并且拥有比以往任何时候都更多的媒体选择。可口可乐、吉列和耐克等公司努力扩大规模，提高价格，刺激利润增长。另外，无法对品牌加以支持可能会招致巨大的灾难。搞错目标的广告宣传活动、质量的明显下降或者企业的丑闻可能迅速降低品牌价值和持有该品牌的公司的声誉。

雀巢公司依靠其公司名称和标志促进了很多新产品的销售。雀巢生产的产品种类众多，其中不少新产品被冠以知名的雀巢品牌名称。但是，使用公司名称也许不总是最有效的品牌战术。实地考察证实，冠以雀巢品牌名称的产品比公司的非雀巢品牌产品销量更高。雀巢的很多销量相对低得多的产品比冠以雀巢品牌的产品认知度低。[12] 该调查意味着，在雀巢这个案例中，利用品牌名称和／或标志促进销售是一个可行的战略。但是，这个方法不利的一面是，如果公司的品牌形象受损，公司名称也可能损害众多品种产品的价值。

使用单一公司品牌还可以让企业将旗下的产品进行组合，为自己打造全球化企业的形象，这可以提高品牌的地位和声望。[13] 一项全球消费者调查针对消费者对特定品牌的尊崇度进行了评定。结果显示，国际知名品牌的平均尊崇度得分高于本地知名品牌。这项研究进一步显示，打造国际品牌会带来知名度和差异性。

一些拥有多种产品的全球化企业有一种相反的思路，他们选择用不同的品牌名称推销产品。为了赢得市场份额，这些企业采用多品牌战术，这种战术认为可以从看似相互竞争的多种产品或服务中赢得更多市场份额。对消费者行为的研究显示，很少有消费者完全忠诚于某类产品中的某个特定品牌，他们会从众多信得过的优质品牌中进行挑选。[14]

品牌延伸是想要扩展经营范围、激发收益新来源的企业的又一项战术。MK 餐馆是一家东南亚公司，它采用品牌延伸的办法，推出了一个独立产品 MK 金牌餐馆，其针对的细分市场不同于公司现有的 MK 经典餐馆。MK 金牌餐馆瞄准更富裕的人群,这个人群希望餐馆提供高档的用餐环境。[15]

这些餐馆的意图是推出 MK 品牌的延伸产品,但服务更高端的客户群体。MK 把新店开在高档百货公司和购物中心,它们的投资得到了可观的回报。MK 经典餐馆月收入百万泰铢,而 MK 金牌的收入是它的 5 倍。

MK 利用同样的品牌延伸战略开设了 MK 潮流餐馆,目标是触及更年轻的人群。这个新系列的餐馆采用不同的装修,拥有专门针对年轻人群的独到之处,比如免费音乐下载吧。通过"潮流"和"金牌"品牌延伸,MK 得以打入不同的人群,拓宽了收益增长的机会。

打造自有品牌是一个正越来越受欢迎的品牌战略。如果自己制造商品而不是依靠外部供货商,零售商可以用自己的店铺品牌销售这些商品,目的通常是获得更多的利润。例如,在停止销售"味好美"调料、开始销售自己的低价自有品牌调料前,沃尔玛曾经销售"味好美"调料多年。[16] 这种转而销售自有品牌的行为并非孤立现象。自有品牌产品的销售额在美国百货业销售总额中所占的比例从 1994 年的 13.4% 上升到了 2009 年的 17%。

## 可口可乐的品牌意识

可口可乐相信,"……成功取决于我们维持现有产品品牌形象、有效打造新产品品牌形象以及品牌延伸的能力。"可口可乐的品牌价值估计超过 700 亿美元,靠的是多年的精心营销支持、强化消费者的品牌忠诚度以及利用品牌进入无糖饮料等不断增长的细分市场。可口可乐设法通过平面媒体、电视等传统渠道结合如冬奥会这样的重大赛事不断推广其品牌。它还采用较新的营销理念,比如利用 Facebook 和 iPhone 应用程序等,不断出现在消费者的眼前。可口可乐通过在高增长品种中的扩张发挥其品牌作用,比如推出芬达这样的果汁饮料以及健怡可乐和美汁源欧米茄 3 这样的维生素饮料。

## 核心能力

**核心能力**代表着能够使公司建立竞争优势的世界级能力。3M 公司开发了贴膜的核心能力。佳能公司拥有光学、成像和微处理器控制的核心能力。宝洁公司高超的营销能力让它能够比对手更快地利用不断变化的机遇。核心能力的开发已经成为建立长期战略优势的关键因素。因此，要评估战略资源和能力，必须评估公司拥有或正在开发的核心能力、它们是如何培养的以及如何才能发挥它们的作用。

核心能力在公司开发经营流程、合并智力资产的过程中逐渐演变。核心能力不仅仅是公司特别擅长做的事，它们是整套的技能或系统，能为顶级客户创造无人企及的高价值。要成为核心能力，这些技能或系统应该有助于提升顾客认知利益、使竞争者难以模仿并且可以跨市场利用。一个很好的范例是，本田公司在摩托车、摩托艇、割草机等多种产品中使用小型发动机技术。

核心能力应该集中用于价值创造，适应顾客要求的变化。瞄准一整套精心挑选的核心能力也有助于创新。例如，嘉信公司扩展其客户通信方式，将互联网、电话、分公司和理财顾问都纳入其中，在经纪业务中成功地发挥了核心能力的作用。

哈默尔和普拉哈拉德建议通过三个测试确定核心能力。第一，核心能力应该能让企业进入各类市场。第二，核心能力应该有助于差异化核心产品和服务。第三，核心能力应该很难被模仿，因为它们代表多种技能、技术和组织元素。[17]

实际经验显示，只有少数公司拥有开发较多核心能力的资源。因此，进行正确的挑选是关键。企业应该提出一个很重要的问题："哪些资源或能力是我们应该留在企业内部并将其发展成核心能力的，哪些是我们应该外包的？"例如，医药公司越来越多地将临床试验外包出去，以便将自身的资源集中于药物开发。通常，核心能力的开发应该关注能够适应新市场环境的长期平台，价值链中企业认为具有支配优势的独特资源，从长远看对客户很重要的元素，以及关键技能和知识而非产品。

## 5.3 全球供应链管理

在全球经济中，公司的采购方式一定是其整体企业战略的有机组成部分。全球竞争迫使公司放弃了在一个国家开发和制造某种产品、然后花时间一个国家接一个国家地推销这种产品的简单方式。如果公司采用这种方式，其全球竞争对手就会推出一种竞争性产品，而且他们会凭着全球经营范围更快地切入市场。

全球采购抓住了在全球范围内把工程、经营、采购和物流整合成公司供应链上游部分的好处。全球采购涉及确定地点、设备、产能、技术、运输模式、生产规划、公司对贸易监管的反应、当地政府要求、转移定价、税务和财务事务的决策。整合的好处包括改进存货控制、交付服务、质量和开发周期等。

## 全球供应链管理的重要性

供应链的管理过程涉及公司对供应商经营活动的协调，它们有助于公司商品或服务的生产和交付。这些供应商可以是提供商、分销商、运输商、仓储服务提供商和制成品、产品或服务零售商。供应链全球化程度正在加速，它的定义是公司在海外创造的价值的比率。2008年一项针对总部设在美国的公司的调查，根据受访者的回答，42%的制造活动和38%的最后组装已经达到临界点，80%的公司计划将其他职能挪至海外。[18] 全球化企业要在未来获取成功，显然需要掌握全球供应链管理的核心能力。

一体化全球供应链的建立和管理是一项艰难的挑战。埃森哲在2009年的一项调查发现，95%的高管怀疑公司是否拥有能充分支持其国际战略的全球经营模式。[19] 引起供应链断裂的最常见原因是脱销、库存超量、新产品失利、产品减价增多以及在工程和开发上耗费了过多的时间等。[20] 供应链运行不良的原因包括沟通不善、潜在的职能竖井、目光短浅、资源缺乏、组织界限定义模糊等。原材料和物流成本波动、供应链的安全和质量控制要求提高、需求模式出现剧烈变化等混合因素增加了全球供应链管理的复杂性。

很多行业内市场领头羊公司拥有精炼、灵活的供应链，拥有跨供应链的端对端可见性，与服务提供商签订了公平但灵活的合同，并且了解如何最好地监控和管理供应链风险。

## 复杂的全球供应链管理面临的挑战

供应链的传统用途基本上是为制造服务的采购和内向物流、船运以及履行订单的外向物流。但是，在新的全球竞争格局中，供应链专业人员把有效地规划供求、采购、生产和交付要求的能力视为供应链管理核心能力的核心组成部分。2009 年的一项对顶尖供应链专业人员的调查证明了供应链管理在战略制定中的作用：[21]

- 53%的受访者表示，他们有一名主管供应链所有职能的执行官，比如首席供应链执行官。
- 64%的受访者拥有负责战略和变革管理的官方供应链管理团队。

为了应对竞争压力、市场波动和全球化复杂程度的提高，公司制定了灵敏的供应链措施，实时应对客户和市场的独特需求。这些措施应对的是供应链专业人员面临的最大挑战：成本控制、可见性、风险管理和全球化。[22]

对成本控制的关注来自于不断上涨的物流、劳动力和商品成本。例如，从 2006 年到 2010 年，交通成本提高了超过 50%。而由于公司试图利用大宗货物船运带来的规模优势，存货持有成本又提高了超过 60%。另外，在这几年里，中国的劳动力成本平均每年提高 20%，这让五年前基于劳动力成本作出生产采购决策的公司开始重新思考它们的决策。[23]

可见性是供应链管理能力的另一个重大挑战。尽管连通比以往更容易，而且有更多信息可以提供，但在很多组织里，被有效获得、分析和提供给需要者的信息的比例却更小。最有效的举措关注的是利用技术建立和巩固延伸后的供应链。为了实现这个目标，公司着手使用先进模型工具，这些工具在横跨由分销中心、工厂、合同制造商、采购选项、物流路线和消费者需求构成的综合供应链网络的基础上考虑所有成本并且提供优化战略。

使用逆向物流过程已经成为公司提高可见性、降低整个供应链成本的重要方式。逆向物流包含产品的退回／更换、维修、翻新、再营销和处理。为了应付过多存货、退回产品、缺陷产品和召回产品，让产品沿供应链逆向收回，这个过程的成本可能是正向物流的 4～5 倍。[24] 公司还可以利用它们从逆向物流中得到的知识发现或防止产品质量和设计问题，更好地了解顾客的购买模式。

高管面临的第三个挑战是风险管理和风险缓解。由于全球化和互通程度越来越高，供应链的复杂程度以及遭受冲击和破坏的风险有所升高。要有效应对这些挑战，需要有一个强力的风险监控和缓解流程。

2007—2009 年全球经济衰退的影响显示了全球供应链核心能力的危险性和脆弱性。负面影响包括销量降低、供应波动性提高、供应商拖欠风险提高、与存货管理和回款困难相关的现金流吃紧等。为了缓解随之而来的动荡的影响，供应链经理简化销售和经营规划、收缩在全球的活动范围、降低产品复杂度，以此降低全球供应链的复杂程度。[25] 此外，他们增加了对风险分析工具的使用，这有助于他们通过纳入银行评级、流动性分析和营业额等因素，对供应商的财务可靠性进行细化评估。这样做可以减少重要客户和供应商破产带来的受损风险。

## 思科系统公司

思科系统公司是 IT 业内知名的排头兵。它拥有 IT 业内最复杂、评价最高的全球供应链，公司 90% 的制造过程由分散在世界各地的独立供应商实施。思科实施的风险管理系统是其全球采购战略的一部分，该系统评估的是不利事件的可能性和潜在影响。该系统拥有将政治、经济、社会、技术、环境和法律因素都考虑在内的"风险地图"。思科的专利模拟系统帮助公司将灾难性事件对公司供应链的影响量化。输入这个模拟系统的信息包括列出公司所在地可能受到的侵袭的破坏分析（比如火灾、水灾、地震等）、事件可能性（由精算表格提供）和可以预计的产能损失。

作为应急计划的一部分，思科确定供应品的其他来源和可能的替代品，也评估客户对替代品的接受意愿。思科还使用一个名为"自动测试"的 IT 系统，这个每周 7 天、每天 24 小时运行的系统让思科能够分享全球各地供应商的信息、监控全球各地供应商的流程。该系统从现场获取实时信息，为思科打开了一扇观察全球供应商生产经营业绩的窗户。

2008 年中国四川发生 7.9 级大地震的时候，思科供应链的灵活性经受了考验。虽然地震带来了重大损失，但思科还是能迅速应对，确保延伸供应链的安全，确定公司的风险程度，与合作伙伴一起把客户出货的影响降到最低。

## 高效供应链的管理战略

跨境交易、外包和市场全球化的增加使供应链管理更加复杂。很多公司不再是单一供应链的成员，它们从属于复杂的供应链网络。人们对快速交付和可靠产品的需求不断增加，这给企业带来了更大的挑战，企业越来越需要更优秀的供应链措施。

供应链的可靠性和灵敏性是管理全球供应链的关键目标。可靠性是指长期保持一贯无故障表现的能力。灵敏性是指有效地应对意外挑战的能力。这种可靠性和灵敏性可以从最优秀的公司在以下六个方面的一贯行为中体现出来：[26]

- 由外至内的关注视角——组织是"由需求驱动的"。
- 嵌入式创新——指注入公司经营行为中的工程学思路，其中采购、制造、物流和研发之间有紧密合作的关系。
- 延伸的供应链——随着由供应商、合同制造商和第三方物流提供商组成的网络的长足发展，供应链上的所有节点都围绕一个共同目标取得了协调一致。
- 平衡的指标——提供能让内部参与者进行平衡、客观、可信对话的数据。
- 态度——把供应链当作一种内在跨职能准则和一种各个组成部分必须团结合作才能团队获胜的信念。
- 供应链人才——指招募合适的人员、匹配技能与任务以及提供全面培训的能力。

这些行为相互配合,构成一个整体解决方案。公司为整个供应链的所有成员提供适当的可见性和工具,以便在发生需求变化时加以应对。这种方案的好处是订单承诺更准确、交货周期缩短、存货水平降低。

苹果公司的一个例子可以说明创新作为供应链战略的效力。通过与整个供应链分享知识产权,苹果公司改变了软件和消费者信息服务的规则。iPhone 的成功,结合苹果软件应用商店的启动,让苹果公司更有能力以超低的存货水平实现巨额的销售增长。

高效的全球供应链可以极大地影响公司业绩。业绩评估集团在一项有将近 1000 个基准指标的研究中发现,业绩"最佳"的公司与同行中业绩中等的公司相比,供应链成本低 22%,原材料采购成本低 50%。此外,这些公司与同行相比,存货总天数少 55% ~ 70%,订单管理成本低 70% ~ 80%,交货周期短 2.5 倍,按时交货率高 10% ~ 20%。[27]

## 战略供应链模型

对供应链流程进行组织和标准化的最常用模型是供应链运作参考(Supply Chain Operational Reference, SCOR)模型和全球供应链论坛(Global Supply Chain Forum, GSCF)模型。

供应链运作参考模型规定了一系列流程模板,经理们可以将其分解成一系列更细致的任务。在第一个细分层次,经理们把供应链领域内的流程分为采购、生产、交货、退货、计划或支持流程。第二个层次包括一系列可以用来构建特定供应链的可配置流程模板(比如,"按单生产")。第三个层次的流程规定输入任务和输出任务(流程相互依赖)、经营指标和任务执行的最佳措施。

全球供应链论坛模型关注的是合作技巧,该模型阐明了成员公司之间的关系,让它们可以整合所有的行动。该模型列出的关系包括客户关系管理、客户服务管理、需求管理、订单履行、制造流程管理、供应商关系管理、产品开发、商品化和退货管理。

供应链运作参考模型的重点是提供高效的产品流管理,而全球供应链论坛模型的重点是提供让整个供应链关系保持稳定的结构。尽管基本流程结构相似，但供应链运作参考模型包含一个整体指标框架，这是全球供应链论坛模型没有的。指标的好处在于提供了一个标准检测工具，可以给出流程图和最佳措施，让战略目标得以分解，为因果分析奠定基础。主要的缺点是收集数据过程中不可避免的复杂性可能导致错误，使分析结果出现重大差异。

## 供应链技术托管

在"软件即服务"或按需服务模型的基础上，外包技术托管正在全球范围内获得认可。这些平台又被称为云计算，它们利用供应链分析技术和商务智能技术帮助经理们更快更好地制定决策。具体而言，它们能改进外向型流程，比如运输管理、供应链可见性、合作预测、存货优化和供需同步等。

商务智能是指分析原始经营数据、帮助公司制定决策的电脑软件应用。应用分析关注揭示隐藏的关系、找出问题的根本原因、了解数据之间的关系。其分析结果能让人了解某个特定的经营状况为什么会出现。

"商务智能即服务"一般会输入普通格式的经营数据，按照一定方式对数据进行整理，使用适当的数据模型，生成网络用户界面，该界面可以在整个供应链上建立和发送标准化报告和概况。其分析结果能实现供应链的端对端可见，提高更贴近实时信息采取行动的能力。

## 英特尔的供应链创新

英特尔公司在 2009 年推出了 Atom 处理器。这种新型处理器能耗低，是为新型移动互联网设备和低成本的简化个人电脑设计的。关键问题是传统的英特尔芯片售价约为 100 美元，供应链成本约为 5.5 美元，占收益的 5.5%，而 Atom 的售价仅为 20 美元。新型芯片的低售价是无法负担 5.5 美元的供应链成本的。对 Atom 而言，供应链成本需要降低到 1 美元以下。使挑战更为艰巨的是，由于电脑芯片很小，没有多少降低分销成本的机会。

解决办法是转而使用按单生产模式，缩短周期。从历史上看，英特尔的订单履行周期为 9 周。在周期的头 7 周，客户会更改超过 90% 的原始订单。这些变化给英特尔增加了大量库存,同时工厂花费大量时间优化、再优化生产计划。因此,新供应链的设计目标是一次性规划,然后执行和销售。芯片每周生产 2 个班次,每个班次 4 天,无需浪费时间重新制定生产计划。在原始订单下达后两周内交货,避免增加库存。

新的按单生产模式最初将每个芯片的供应链成本降低到 1.4 美元,到 2010 年降低到 1 美元。由于采取按单生产措施,生产周期时间缩短了 62%,从客户下达订单到交货的周转时间提升了 25%。另外,由于用在重新规划上的工时比原来少了,英特尔可以用于应对客户更改订单的反应时间增加了300%。

## 结成战略联盟以打造核心能力

由于全球性产业和全球采购需求的发展,战略联盟已经成为很多企业全球战略的基本元素。战略联盟是指两个或多个公司合作,一起实现能为彼此带来效益的战略目标。战略联盟通常是为了在公司之间建立和维持长期的契约关系,让它们与外部竞争者更有力地竞争。建立联盟是为了使联盟伙伴分担风险、分享资源、获取知识、获取进入市场的能力。

公司组成战略联盟有四个主要动因。第一个动因是联合资源,以便开发新业务或减少投资。为了参与全球市场,公司需要战略联盟帮忙支付高额的本地固定成本。实际上,这也许意味着公司不会投资建立海外销售团队,而是利用联盟伙伴的销售团队,作为交换,公司会在已经建立了销售团队的国家用自己的销售团队推销联盟伙伴的产品。第二个动因是与拥有优质竞争优势的伙伴分摊成本,以此消除风险或将风险降至最低。第三个动因是向联盟的其他成员学习。第四个动因是通过与主要竞争者结盟改变竞争格局。

## 星空联盟

航空公司意识到进入新地区需要很高的固定成本,于是建立了战略联盟,以便进入新市场,提供新服务。航空业的战略联盟有三种类型:代码共享、联合行动和延伸整合。

星空联盟始建于 1997 年，目标是建立一种新型航空经营模式，参与全球旅行市场的竞争。联盟最初的伙伴包括加拿大航空公司、德国汉莎航空公司、北欧航空公司、泰国航空公司和美国联合航空公司。联盟为成员的顾客带来了好处，因为联盟提供了更广泛的旅行选择、简化了联盟网络内航班和售票的协调。联盟还为成员公司带来了好处，因为联盟增加了国际机场的出让权、加强了辅助设施。联盟扩大了技术共享，为其客户增加了飞行常客奖励。2010 年，在航空公司联盟中，星空联盟在每日航班、飞抵目的地和国家以及成员公司数量等方面都处于领先地位。星空联盟现在拥有 26 个成员公司，3993 架飞机，在 175 个国家提供服务。联盟每天有 19,700 架次的飞机起飞，每年运送超过 6 亿人次的旅客。

在供应链成员之间的交易中，通过战略联盟进行合作是建设基本核心能力的一种途径，也是解决包括产品创新缺乏、时间和成本超限、生产力低、质量差、客户满意度低等一系列问题的一种潜在解决办法。以下三种供应链模式有助于促进这种合作：模块式、集成式和开放创新式。

模块式供应链不存在垂直整合。它们的特点是关系网络，不是频繁、密切的互动，但足以让其维持外包关系。在模块式生产网络中，专业化公司根据不断变化的市场需求按照不同的配置组合在一起，由此产生灵活性。这种模式似乎最适合较为年轻、较为不稳定的行业内的公司，在这些行业中，哪种产品和流程结构会成为标准还不确定，因此需要企业不断创新。

在相对成熟的行业中，拥有成熟产品和流程的公司会建立集成式供应链，鼓励供应商分享创新成果、建立信任关系。

在开放创新模式中，公司同意提供市场营销、产品开发和产品分销渠道，以此从别人那里获取新技术、新创意和新产品。例如，苹果 iPhone 的开放式结构鼓励成千上万的外部软件开发者为 iPhone 编写补充应用程序，这大大增强了 iPhone 的价值，帮助 iPhone 成为一款明星产品。

一项对 40 家总部位于美国、欧洲和亚洲的公司的研究发现，绝大多数高管认同持续创新是其组织参与竞争的必需条件。他们进一步认为，公司必须放眼公司界限之外，与客户、研究公司、商业伙伴和大学合作，寻求创新方面的帮助。[28]

因为和客户的密切互动、从供应商到客户的知识传递机制到位，外包伙伴有巨大的创新潜力，管理这些组织机制对推动知识流动是必不可少的。例如，宝洁公司建立了一个业务开发团队，负责寻求和管理外部关系。公司利用供应商的知识开发新产品和改进产品。一个成功的案例是宝洁借助巴斯夫公司的专业化学知识开发了三聚氰胺海绵，它是"清洁先生"魔术擦的有效成分。同样，宝洁的"清洁先生"汽车干洗清洁剂利用了合作伙伴罗地亚公司开发的一款聚合物。

## 5.4　变革力量

### 内部变革力量

我们在第 3 章讨论过来自公司外部环境的变革力量。战略变革的第二组驱动力来自组织内部或组织的直接利益相关者。提高变革压力的驱动力包括财务业绩令人失望、出现新老板或新任高管、当前战略对增长有所限制、缺乏关键资源、内部文化变革等。

因为可能削弱公司适应和制定新路线的能力，内部阻力值得战略制定者密切关注。组织的变革阻力可以以四种形式出现：（1）结构、组织僵化；（2）封闭心态，体现在对过时经营理念和战略的支持；（3）不易改变的文化，反映在不利于变革的价值观、行为和技能；（4）不符合当前战略要求的适得其反的变革动力。[29] 四种阻力模式代表了非常不同的战略挑战。在大多数公司，包括技术在内的内部结构和系统可以相对较快地转变。让封闭的思想转变为对变革的需求或者改变企业文化要难得多。修订适得其反的变革尤其困难，因为它通常涉及改变其他三种形式的阻力——必须重新考虑结构和系统，必须改变心态，必须学习新行为和技能。

### 公司生命周期变革力量

组织变革阻力的形式和力量很大程度上取决于公司的历史、业绩和文化。然而一些模式还是可以预见到的。公司会经历整个生命周期。在创始人或创始团队组织创业的时候，这个周期就开始了。此时公司会确定愿景或目标，制定初始发展方向，配置将愿景转变为现实所必需的资源。在早期阶段，创始人和公司的身份不容易区分。

随着公司的成长，需要更正式的系统来管理更多种类的职能。组织结构从不正式到更正式的转变可能激发或阻碍战略变革。这条通往组织成熟的道路被称为"从创业者到管理者"的转变，它构成了一个让很多公司觉得似曾相识的困境：如何在向更注重控制的组织结构转变的同时保持进取精神。

增长使得组织学习成为获取持续成功的必要条件。管理流程的演变，比如权力下放、工作协调、组织部门之间的合作等，可能越来越大地影响公司应对环境和内部挑战的效力。在比较年轻的公司，内部运营环境往往比老牌公司具有更大的不确定性。这种不确定性会激励进取精神和创新，但也常常导致快速增长的公司缺乏控制，这可能让公司丧失战略重点。

发展中的公司和老牌公司都会面对寻找增长管理战略的挑战。对一些发展中公司而言，无控制的增长是一个大问题。它们发现，在设法应对快速增长的同时，成功掩盖了很多发展问题。比如，滋生领导困境、失去重点、沟通更加困难、技能发展落后、压力明显等。在老牌公司，加快增长的压力可能歪曲战略思考。在进行收购或市场扩张的时候考虑不周，冒险尝试未经验证的技术，偏离发展核心技能的道路，频繁要求更多的进取思维，这些都是更加成熟的公司所经历的挑战。

## 战略变革力量

公司有效应对变革的能力越来越重要，因此有必要用战略视角看待这个问题。如我们所见，有很多内部因素可以降低公司对变革的接受力。有时结构僵化、缺乏足够的资源或坚持运行不良的流程会阻碍变革。但最常见的变革阻力可以追溯到文化因素上。

早期支持用战略来分析结构、系统和风格等组织因素的互动性质的观点之一是所谓的 7-S 模型，该模型是麦肯锡公司开发的。[30] 其中心思想是组织的效力来源于多种因素的互动，战略只是其中一个因素。

该模型包含七个不同的变量：战略、结构、系统、共同价值观、技能、员工和风格。从目的上看，它的设计是非等级制的；在它描绘的情景中，哪个因素是变革的驱动力或变革的最大障碍是不明确的。不同的变量是相互联系的——一个发生变化会使另一个也发生变化；换言之，一个领域内的进展一定会伴随着另一个领域内的进展，从而带来具有实质意义的变革。因此，该模型认为，如果组织问题的解决办法仅涉及一个或其中少数几个变量，那么它们注定会失败。所以，强调"结构性"解决办法（"让我们改组吧"）而忽视战略、系统和所有其他变量，可能会适得其反。风格、技能和超然目标——企业建立基础的主要价值观——是可以观察到的，甚至是可以衡量的，在给组织带来根本变革的过程中至少与战略和结构一样重要。因此，协调变革实施的关键是评估每个因素的潜在影响，把模型里的不同变量向希望的方向调整，然后果断地在各个层面采取行动。

## 5.5　利益相关者分析

在评估公司的战略立场时，重要的一点是要确定组织内外的关键利益相关者、他们在完成组织任务过程中的作用以及他们给这个过程带来的价值。外部利益相关者——关键客户、供应商、联盟伙伴和监管机构——对公司的战略选择有很大的影响。公司的内部利益相关者——所有者、董事会、首席执行官、高管、经理和员工——是战略的制定者和实施者。

在确定公司目标和战略的时候，高管必须清楚公司利益相关者的合法权利。每个利益方都有合理的理由预计公司会满足他们的要求，他们也常常这样要求。通常，股东要求得到有竞争力的投资回报，员工寻求工作的满足感，客户希望物有所值，供应商寻求可靠的买家，政府希望企业遵纪守法，工会寻求会员福利，竞争者希望公平竞争，当地社区希望公司成为负责任的公民，大众希望公司的存在能改善人们的生活质量。

利益相关者的普遍要求体现在对每个公司的成千上万个具体要求中——高工资、纯净的空气、工作保障、产品质量、社区服务、税务、职业健康和安全法规、公平就业机会法规、产品多样化、广泛的市场、就业机会、公司发展、投资保障、高投资回报率和很多其他的要求。尽管大多数要求，也许是全部要求，代表着有利的结果，但不可能用同等的关注度满足这些要求。必须根据公司对它们的相对关注度安排优先次序。这种关注度来源于公司在进行战略决策制定时使用的标准。

不同的利益相关者在影响企业运营的重要问题上往往立场不同。他们会设法影响立法者，让立法者投票赞成他们支持的立场。奥巴马在工会的支持下当选总统，工会则试图影响奥巴马总统，以此作为对他们支持的回报，这个范例很好地说明了企业是如何被利益相关者的影响力影响的。

在美国，最具争议的劳资立法议题是关于一项法案，该法案要求废除雇主要求通过不记名投票承认工会的权利。一旦公司有超过 50%符合条件的职工加入工会，公司就必须承认工会并与之议价。工人领袖说雇主过去通常是在工作现场采取不记名投票，强迫和威胁工人抵制工会。雇主反驳说，工人常常在同伴的强迫下加入工会，不记名投票是确定工人真实意愿的唯一途径。

众议院在 2007 年通过了这项法案，但在共和党的阻挠下，法案没能在参议院通过。布什总统对该法案投了否决票，但奥巴马将其作为自己施政纲领的一部分。随着奥巴马在 2009 年当选总统，工会希望他能支持该法案，但他们没能在 2010 年迎来该法案的通过。[31]

## 5.6　制定绿色企业战略

企业的不同利益相关者会积极鼓励公司改进行动、保护生态，积极鼓励公司减少生产流程的污染、提供环保产品，他们很少会为某项政令如此积极地联合在一起。企业的反应一直是直接且乐于合作的。弗雷斯特研究公司在 2009 年发现，84%的公司在积极追求 "绿色"战略，包括对环境和社会负责的计划。公司加入绿色行动的关键驱动因素是能源效率、政府法规和不断升高的消费者呼声。

成为绿色公司的普遍方式包括将可持续性作为经营战略的一种核心能力，在创新实践中包含绿色原则，在制定重大决策时纳入绿色原则，以及将可持续性与企业品牌营销结合在一起。

很多公司选择将环境可持续性提升到战略计划核心组成部分的层次。

2005 年,通用电气制定了一个推行绿色技术的绿色举措。到 2006 年,通用电气的"绿色创想"计划共包含 80 种新产品和服务,给通用电气节省了 1 亿美元的成本。

2007 年,迈克尔·戴尔宣布他承诺带领戴尔公司成为"地球上最绿色的科技公司"。到 2008 年,公司的碳强度在《财富》500 强公司中是最低的,比最接近的竞争者低了一半多。

惠普公司宣布其承诺成为绿色公司,它拥有精心制定的目标,比如到 2010 年,让各类能耗以及产品和服务的温室气体排放水平比 2005 年低 25%,将服务器能效提高 50%,以及提高其电子产品的回收率和再利用率。

## 投资者重视内部绿色举措

在不同领域经营的公司正设法提高可持续性,减少企业经营对环境造成的负面影响。[32] 这么做有双重目的:减少环境足迹能提升公司形象、吸引绿色消费者;更高的经营可持续性能节省资源。由于公司对绿色理念的应用千差万别,所以结果也大不相同。但是,如下面的例子所示,结果往往对公司非常有益。

安泰公司承诺实施对生态有利的经营活动。安泰通过制定"远程办公"计划控制其碳足迹,该计划要求公司员工在家工作。安泰相信,该计划会让员工的行车里程总计减少 6500 万英里,节省超过 200 万加仑汽油,每年阻止 23,000 吨二氧化碳排放。

联邦快递通过实施更高效的服务实现通往绿色之路。公司投资可再生能源技术,用于其经营和船运设备。联邦快递的运货车中,超过 50% 的车辆由混合动力引擎发动。这些货车每年为联邦快递减少 15 万加仑燃油使用量和 1521 吨二氧化碳排放。

另一个很好的例子是,沃尔玛对进入 4100 家美国门店的一切事物进行削减、回收或再利用,以此消除浪费。沃尔玛推行可回收和生物可降解包装,把可堆肥的商品放入箱中分解转化为盖土。其他做法包括只使用 LED 灯,提高所有门店内供热和空调设备的效率。由于在夏天让建筑变凉的成本比在冬天让建筑变热的成本更高,所以所有沃尔玛门店的屋顶现在都被漆成了白色，以便更好地反射太阳光。

2007 年，吉百利·史威士公司启动了"由紫变绿"计划，在其网站上明确说明了它的绿色目标。它的目标包括，到 2020 年，碳排放绝对净值减少 50%，其中至少有 30% 来自公司的内部行动，每吨产品的包装减少 10%，将 60% 的包装换成生物可降解和环境可持续型材料，二级包装 100% 使用可回收材料，要求所有"缺水"厂区制定节水计划。到 2010 年，吉百利在实现目标的路途上已经有所进展。例如，其生态复活节彩蛋使用的塑料比原来减少了 75%，从而使塑料的年使用量降低了 202 吨。

丰田公司创造了 2010 普锐斯新款车型。其二氧化碳排放量比同等级别的柴油车型或汽油车型低 37%。为了实现改进，丰田对产品设计的每个步骤进行评估，为这款车设计出很多创新环保特色，比如轻型车设计（驱动部件轻 20%）和回收塑料。

公司还可以通过在组织内部实施变革让自己变得"更绿色"，无需因为改变供应链而增加成本。常见措施包括纸张回收或节约、老旧设备翻新和回收、服务器合并、服务器虚拟化、制定熄灯政策、将老旧设备更新成能效更高的款式等。[33]

很多公司都享受到了这个办法带来的好处。例如：

- UPS 重新制定了货车的行车线路，避免左拐，因为左拐会让货车引擎空转，浪费时间、金钱和燃料，而且 UPS 借此让线路里程减少了 2800 万英里。
- 通过在晚间和周末不使用的时候（43% 的时间）关掉电脑，各类公司每年每个系统可以节省 150 美元。
- 市值 16 亿美元的核燃料公司 USEC 通过在高能效的虚拟环境中运行其服务器，减少了 40% 的电力消耗。
- 自从取消了三明治的包装盒，将其更换为柔软的单层三明治包装纸，麦当劳每年节约了 3200 吨纸张和卡纸。

## 政府要求企业遵守绿色法规

有些国家的法规要求某些公司遵守特定的绿色法令。例如：

- 1980 年的《综合环境响应、补偿和义务法案》也被称为环保署"超级基金"法案，该法案规定美国境内的公司有义务处理其固体和液体废物，有时在废物处理几十年后仍需负责。

- 1991 年颁布的《第 12780 号总统令》利用美国政府的购买力迫使供应商表现得更绿色。这道命令要求所有联邦机构尽可能购买回收材料制造的产品、支持参与废物利用计划的供应商，从而迫使政府供应商认识到生产投入和最终产品的长期环境影响。

- 2007 年，中国开始《电子信息产品污染控制管理办法》第一阶段的实施，该办法的目的是减少电子电气产品中有毒有害物质的使用。出口商运输的货物中禁止含有铅、汞、镉、六价铬、多溴联苯和多溴二苯醚等物质。将产品出口至中国的公司必须确保其供应链符合这些规定，否则会面临沉重的违规处罚。

## 客户支持外部绿色举措

采取外部绿色战略包含分析公司的整个价值链从而比符合规范更进一步，减少能源使用，或推销生态无害产品。目标是让公司的利益相关者参与到有助于环境保护的协同计划中来。

一旦公司定义了绿色意味着什么并且围绕这个愿景制定流程和生产产品，重要的一点是要拥有吸引消费者注意的营销战略。2008 年的一项对 6000 名全球消费者的调查发现，87% 的人认为为改善环境作出贡献是他们的"义务"，如果品牌支持他们信奉的目标，55% 的人愿意付更多的钱购买这些品牌。[34] 反过来，零售商和制造商也要求产品和供应链更绿色。因此，企业要用支持其绿色信誉的方式制定和沟通营销战略。[35]

宝洁公司利用其外部绿色战略发现洗衣消耗的能源中有 80% 用在了给水加热上。宝洁公司计算得出，美国消费者如果用冷水而不是热水洗衣服，每年可以节省大约 63 美元。于是它们推出了汰渍冷水洗衣液，这是汰渍品牌的一个延伸产品，它被定位成一款能让顾客节省能耗的产品。营销还能打消消费者对产品效力的疑虑。宝洁公司专门设计了一个网站，消费者能在上面计算他们使用该产品所能节省的能耗量。汰渍冷水洗衣液在推出的第一年就带来了 20 亿美元的销售额，证明这个方法获得了成功。

## 营销使社会了解企业在可持续性方面的努力

公司将它们的环保状况融入沟通信息之中，以此提高组织的声誉以及吸引和告知客户、伙伴和投资者。

可口可乐向公众发布新闻，公布其在支持回收方面所做的努力，并宣布启动支持回收的"请归还"营销计划，以此让利益相关者了解公司的环保立场。2009 年，可口可乐开设了全球最大的"旧瓶生新瓶"再生工厂，保证百分之百回收其饮料瓶和罐头盒，确保包装的可持续性。该工厂每年生产 1 亿磅的食品级 PET 再生塑料，相当于 20 亿个 20 盎司重的塑料瓶。另外，该工厂将在 10 年里减少 100 万吨的二氧化碳排放。

企业可以用可持续性报告讨论绿色行动、重点战略和进展。例如，强生公司的可持续性报告为环保专设了一个单独部分。环保部分包括如何利用设计方案将产品包装的大小和重量降到最低，如何利用设计方案增加包装中的可回收成分等。公司还在报告中强调了它的水管理战略、合规问题、碳排放、减少浪费和臭氧消耗计划。

## 注 释

1. V. A. Rice, 1996, "Why EVA Works for Varity," *Chief Executive*, 110: 40–44.
2. K. Lehn and A. K. Makhija, 1996, "EVA & MVA: As Performance Measures and Signals for Strategic Change," *Strategy & Leadership*, 24(3): 34–41.
3. S. Tully, 1999, "The EVA Advantage," *Fortune*, 139(6): 210.
4. J. B. White, April 10, 1997, "Value-Based Pay Systems Are Gaining Popularity," *The Wall Street Journal*, p. B8.
5. J. L. Dodd and J. Johns, 1999, "EVA Reconsidered," *Business and Economic Review*, 45(3): 13–18.
6. J. Byrne, A. Reinhardt, and R. D. Hof, October 4, 1999, "The Search for the Young and Gifted: Why Talent Counts," *BusinessWeek*.
7. J. A. Pearce II, 2006. "How Companies Can Preserve Market Dominance after Patents Expire," *Long Range Planning*, 39(1): 71–87.
8. M. Lindner, March 25, 2008, "The 10 Biggest Blunders Ever in Business," *Forbes*, http://www.msnbc.msn.com/id/23677510/
9. J. S. Brown and P. Duguid, 2000, "Balancing Act: How to Capture Knowledge Without Killing It," *Harvard Business Review*, 78: 73–80.
10. R. Cross and L. Baird, 2000, "Technology Is Not Enough: Improving Performance by Building Organizational Memory," *Sloan Management Review*, 41: 69–78.

11. D. Haigh, October 6, 2008, "Brand Values on the Line," *Brand Strategy*, pp. 52–53.

12. M. Banutu-Gomez, P. Coyle, S. Ebenhoech, K. Fallucca, C. Minetti, and M. Sarin, 2009, "International Branding Effectiveness: The Global Image of Nestlé's Brand Name and Employee Perceptions of Strategies and Brands," *Journal of Global Business Issues*, 3(2): 17–24.

13. J. K. Johansson and I. A. Ronkainen, 2005. "The Esteem of Global Brands," *Journal of Brand Management*, 12(5): 339–354.

14. G. R. Foxall and V. K. James, 2003. "The Behavioral Ecology of Brand Choice: How and What Do Consumers Maximize?" *Psychology and Marketing*, 20(9): 811–836.

15. P. Itthiopassagul, P. Patterson, and B. Piyathasanan, 2009. "An Emerging South-East Asian Brand: MK Restaurants," *Australasian Marketing Journal*, 17(3): 175–181.

16. J. Jannarone, February 6, 2010, "Wal-Mart Spices Up Private Label," *Wall Street Journal*.

17. C. K. Prahalad and G. Hamel, May–June 1990, "The Core Competence of the Corporation," *Harvard Business Review*, pp. 79–93.

18. S. Cohen, R. Geissbauer, A. Bhandari, and M. D'heur, 2008, "Global Supply Chain Trends 2008–2010: Driving Global Supply Chain Flexibility through Innovation," *Sixth Annual Survey by PTRM Management Consultants*, pp. 1–24.

19. *Accenture 2009 Global Consumer Satisfaction Survey*, www.accenture.com/Global/Consulting

20. M. Meyers and M. Cheung, 2008, "Sharing Global Supply Chain Knowledge," *MIT Sloan Management Review*, 49(4): 67–73.

21. C. C. Poirier, F. J. Quinn, and M. L. Swink, 2009, "7th Annual Global Supply Chain Survey: Progress Despite the Downturn," *Supply Chain Management Review*, pp. 26–33.

22. K. Butner, 2010, "The Smarter Supply Chain of the Future," *Strategy & Leadership*, 38(1): 22–31.

23. M. Hopkins, 2010, "Your Next Supply Chain," *MIT Sloan Management Review*, 51(2): 17–24.

24. D. Blanchard, 2009. "Moving Ahead by Mastering the Reverse Supply Chain," *Industry Week*, 258(6): 58–59.

25. J. A. Pearce II and S. C. Michael, 2006, "Strategies to Prevent Economic Recession from Causing Business Failure," *Business Horizons*, 49(3): 201–209.

26. K. O'Marah and D. Hofman, 2009, "The Top 25 Supply Chains," *Supply Chain Management Review*, 13(7): 12.

27. A. Eisman, 2008, "Achieving a High-Performance Supply Chain: Sharing Information with Partners," *Business Intelligence Journal*, 13(2): 29.

28. C. J. Linder, S. Jarvenpaa, and H. T. Davenport, 2003, "Toward an Innovation Sourcing Strategy," *MIT Sloan Management Review*, 44(4): 43–49.

29. P. Strebel, 1994, "Choosing the Right Change Path," *California Management Review*, 36: 30.

30. R. H. Waterman, Jr., T. J. Peters, and J. R. Phillips, June 1980, "Structure Is Not Organization," *Business Horizons*, pp. 14–26.

31. "Unions seek payback for helping Obama," *The Associated Press*, November 10, 2008, http://www.msnbc.msn.com/id/27649167/

32. J. A. Pearce II, 2009, "The Profit-Making Allure of Product Reconstruction," *MIT-Sloan Management Review*, 50(3): 59–65.

33. J. A. Pearce II, October 20, 2008, "In With the Old: Reconstructed Products Offer a Promising Market for Many Companies," *The Wall Street Journal*, p. R8.

34. R. Kauffeld, A. Malholtra and S. Higgins, December 21, 2009, "Green Is a Strategy," *Strategy-Business.com*, http://www.strategybusiness.com/article/00013?gko=e5d36.

35. With the rise of green marketing claims, there are instances of deliberate miscommunication in advertising. Known as "greenwashing," it is the act of misleading consumers regarding the company's environmental practices or the environmental benefits of the product. For example, Mobil Chemical added a small amount of starch to their bags and claimed that the bags were biodegradable. A court case against Mobile forced it to withdraw the claims.

# 第 6 章
# 分析组织的战略资源基础

6.1 导　言

6.2 基　础

6.3 制定竞争战略

6.4 波特通用业务单元战略

6.5 价值信条

6.6 设计可盈利的商业模式

## 6.1 导　言

　　业务单元战略涉及为特定行业或细分市场的业务建立可盈利的竞争定位。业务单元战略有时也被称为竞争战略，主要关注公司应该如何在给定的竞争背景中参与竞争。相反，企业整体战略关注的是确定企业可以在哪些市场顺利参与竞争，以及企业作为母公司如何才能给战略业务单元增加价值。

　　决定如何在特定市场参与竞争对企业来说是一个复杂的问题。最佳战略取决于很多因素，包括行业的性质，公司的使命、长期目标和阶段目标，公司的当前定位和核心能力，以及主要竞争对手的战略选择。

　　我们从分析业务单元层面战略思维背后的逻辑开始。先解答一个基本问题：是什么决定了业务单元层面的相对盈利能力？我们会观察公司参与竞争的行业的相对重要性以及公司在行业内的竞争定位，找出决定可持续竞争优势的驱动因素。这种逻辑会自然而然提出一系列通用战略选择——即界定业务单元层面的主要竞争维度的战略方案。最具吸引力的通用战略和它应该采取的形式取决于具体的机会和挑战。接下来，本章解决如何评估战略挑战的问题。我们介绍了多种用于制定和评估战略方案的技术。最后一部分解答的问题是如何设计可盈利的经营模式。

## 6.2　基　础

### 业务单元层面的战略逻辑

　　业务单元的相对盈利能力背后有哪些因素？产品优势、成本、营销和分销效力以及其他因素有多大的重要性？行业的性质有多大的重要性？

尽管不能用简单的答案回答这些问题，而且不同战略选择的吸引力取决于对竞争状况的分析，但我们对在业务单元层面获取竞争成功的驱动因素还是有不少的了解。

首先，我们观察到，从最宽泛的层面看，企业的成功可以用两个因素来解释：企业参与竞争的行业的吸引力和企业在行业内的相对定位。例如，在早期软件业，对新产品的需求似乎永远无法满足，这确保行业的领跑者以及很多规模较小的竞争对手都能得到大笔利润。但是，正如百威史无前例的业绩所展现的那样，在竞争激烈的啤酒业，相对定位是决定盈利能力远为重要的因素。

## 行业有多重要？

在一项对四位数标准行业分类代码分类行业的经营业绩的综合研究中，学术研究回答了下面这个问题：行业有多重要？研究者发现，行业、细分行业和企业集团的经营利润总方差分别为 32%、4% 和 19%，剩余的方差分布于其他影响力不那么大的势力中。这些结果为这样一个结论提供了支持：行业特征是盈利潜力的重要决定因素。行业在盈利能力总方差中直接占据了 36% 的份额。[1]

## 相对定位

相互竞争的公司的相对盈利能力取决于其**竞争定位**的性质（例如，它们建立相对于竞争对手的可持续竞争优势的能力）。可持续竞争定位有两种一般形式：一种竞争优势基于较低交货成本，一种竞争优势基于使其产品或服务与竞争对手差异化和获得已发生成本的溢价的能力。

最低的成本或差异性在各种因素中是否最有效，取决于公司对**竞争范围**的选择。竞争战略的范围包括产品和顾客细分市场数量、公司参与竞争的地域数量、公司垂直整合的程度，以及必须把公司定位和所投资的相关业务协调到什么程度等。

有关范围的决策和如何建立竞争优势的决策建立在对客户看重什么、

公司相较于竞争对手拥有什么能力和机遇的细致了解的基础上。在这个意义上，战略体现了公司的配置以及不同元素是如何相互关联的。如果公司更好地了解客户的需求，如果公司学会用比竞争对手更低的成本满足这些客户需求，或者公司用独特方式创造了买方价值，让自己能够收取溢价，这时，竞争优势就出现了。

### 市场份额的重要性

作为业务单元层面的战略目标，市场份额的相对重要性一直备受争议。一些分析家称盈利能力应该是首要战略目标，他们认为对市场份额的追逐使高管误入了歧途。[2] 很多失败的公司曾经拥有很高的市场份额，比如 A&P 在百货销售市场、英特尔在内存产品市场、WordPerfect 在文字处理软件市场。因此，高管必须问问自己：我们是要实现数量增长，还是要实现价值增长？

## 6.3　制定竞争战略

### 关键挑战

经理们在制定业务单元层面的竞争战略时要面对四个挑战：（1）分析竞争环境；（2）预测关键竞争者的行动；（3）生成战略选择；（4）从中进行选择。

第一个挑战，"分析竞争环境"，解决两个问题：我们现在和未来与谁竞争？我们有哪些相对实力可以作为建立可持续竞争优势的基础？回答这两个问题需要分析远期外部环境、行业环境和内部能力。第二个挑战，"预测关键竞争者的行动"，集中于了解竞争者对不同战略举措作出反应的可能性。行业领导者的表现往往和挑战者或跟随者不同。一份详细的竞争者分析有助于了解竞争者作出反应的可能性以及原因。第三个挑战，"生成战略选择"，要求平衡机遇和限制，制定多样化的战略选择，包括从防御到先发制人等各种举措。第四个挑战，"从中进行选择"，要求分析不同战略选择的长期影响，以此作为最终选择的基础。

## 什么是竞争优势?

公司如果成功地设计和实施了竞争者目前没有使用的价值创造战略,就具备了**竞争优势**。这个竞争优势如果是当前或新竞争者无法模仿或取代的,就具备了**可持续性**。

竞争优势往往是由组合在一起的实力带来的。公司寻求在价值链的不同节点上开发能力和优势,用各种办法增加价值。例如,西南航空公司只需 15 分钟的地面周转时间就能让飞机重新起飞,这在行业里是最快的,这就是西南航空公司的竞争优势,每年能为公司节省 1.75 亿美元的资本支出,并且使公司能够每天给飞机安排更多的飞行班次,使得公司具备了差异性。使用价值分析有助于公司关注具备竞争优势的领域,将不具备竞争优势的职能外包出去。为了增强成本方面的领先优势,塔科贝尔快餐公司将很多食品制备的工作外包出去,从而降低了价格、减少了员工,并且节省了 40%的厨房空间。

对高管而言,了解公司竞争优势的性质和来源是很重要的。他们还应该确保中层经理们了解企业的竞争优势。因为经理们对竞争优势的了解能够让这些优势得到更有效的发掘,提升公司业绩。因此,建立竞争优势的根源在于在整个组织内确定、实施、加强和灌输那些能在利益相关者中提高公司声誉的领导特质。因此,注重组织学习,注重建立、维持和激励一支技能熟练、知识渊博的员工队伍,也许是高管在快速变化的经营环境中打造竞争优势的最佳方式。

## 三个圈里的竞争优势

公司必须建立独特的竞争优势才能实现增长并长期保持盈利,这个说法有相当大的吸引力,也得到了一些传闻的证明。但是,很多战略制定者很难清晰地说出公司的竞争优势是什么以及这种竞争优势与竞争对手的区别。乔尔·厄本尼和詹姆斯·戴维斯设计了一个既聪明实用又简单的工具帮助实施这种评估,称为"三圈分析"。[3]

制定战略的高管团队应该在分析之初深入思考购买产品或服务的顾客重视什么以及为什么重视。例如，顾客可能重视快速的服务，因为他们希望用即时库存系统将库存成本降至最低。

接下来，战略制定者应该画三个圈，如图 6-1 所示。第一个圈（见右上）代表团队对以下问题的一致意见：最重要的客户或客户区隔需要或希望从产品或服务中得到什么。

厄本尼和戴维斯注意到，即使在最成熟的行业里，顾客也不会在与公司的对话中清楚表达自己的所有需求。例如，宝洁公司发明速易洁的时候，顾客并没有这方面的需求，然而该产品对公司近年来在家庭保洁产品上两位数的增长率贡献良多。速易洁的出现源自宝洁对家庭清洁难题的细致观察。因此，在对竞争优势进行初级阶段的分析时，顾客没有表达出来的需求可能经常成为增长机遇。

第二个圈代表团队对以下问题的看法：客户如何认知公司提供的产品或服务（见左上）。两个圈重叠的程度表明公司提供的产品或服务在多大程度上满足了客户的需求。

第三个圈代表战略制定者对以下问题的看法：客户如何认知公司的竞争者提供的产品或服务。

三个圈内的每个区域都很重要，但 A、B、C 区对建立竞争优势而言是必不可少的。规划团队应该针对各区提出如下问题：

- 对 A 区：我们的优势有多大，可持续性如何？它们是否建立在独特的能力基础上？
- 对 B 区：我们是否在相似区域有效地满足了客户需求？
- 对 C 区：我们怎样才能反击竞争者的优势？

根据厄本尼和戴维斯的解释，团队应该形成对公司竞争优势的假设，然后通过询问顾客来测试这些假设。这个过程可能带来令人吃惊的深入认识，比如在 E 区存在多大的增长机遇。另一个深入认识也许是公司或其竞争者创造的哪些价值是顾客不需要的（D 区、F 区或 G 区）。例如，捷利康公司发现，公司的经理们认为某个促销计划是公司价值定位的必要组成部分，但只有取消这个耗时的计划，公司的一个最重要的分销商才愿意和公司做更多的交易。

但最大的意外经常是，公司以为会很大的 A 区在顾客眼里往往非常小。

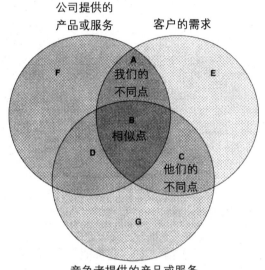

图 6-1　竞争优势分析

## 价值链分析

从竞争角度看，**价值**是顾客为了购买企业提供的产品或服务愿意向企业支付的认知效益。顾客从产品差异性、产品成本和公司满足其需求的能力中获取价值。因此，创造价值的活动是构成竞争优势的独立组成部分。

**价值链**是经营过程的模式。它将价值创造过程描绘成一系列活动，以原材料加工开始，以向终端客户销售产品或提供服务结束。**价值链分析**涉及研究整个活动链条上为产品或服务带来差异性的成本和元素，研究决定竞争优势的当前和潜在来源的节点。

价值链将公司的经营过程分为若干组成部分，每个组成部分都是能够增加价值的活动：有助于产品的有形创造的基本活动以及有助于基本活动和有助于彼此的支持性活动，如图 6-2 所示。嘉信公司成功地利用其在支

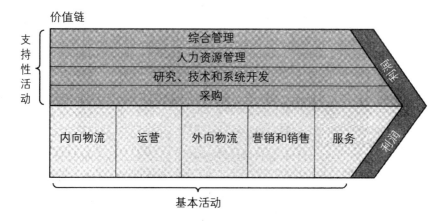

**图 6-2 价值链**

资料来源:John A. Pearce II and Richard B. Robinson, Jr. 2011, *Strategic Management: Formulation, Implementation, and Control*, 12th ed. (Chicago, IL: R.D. Irwin, Inc.), p.146; based on Michael Porter, On Competition, 1998. Harvard Business School Press.

持性活动中的专业知识在基本活动中创造价值。公司为其经纪服务提供了很多分销渠道(基本活动),并且掌握着广泛的信息技术和经纪系统的专业知识(支持性活动)。嘉信利用其 IT 知识为经纪服务提供了两条新的分销渠道——互联网上的"电子嘉信理财系统"和"电话通"按键式电话经纪服务——两者都通过提供低成本的服务创造价值。[4]

一旦界定了公司的基本活动、支持性活动和活动类型,价值链分析就会把资产和运营成本分配到所有创造价值的活动上。企业往往用作业成本会计(基于活动的成本会计)确定自己是否存在竞争优势。

如果公司提供的某种东西是独一无二的,而且对购买者而言其价值不仅仅是低价,那么公司就具备了区别于竞争者的**差异性**。戴尔的销售、按单生产和在几天之内将电脑运送给客户的能力是其价值链上的一个独特的差异性源头。意大利休闲服装公司贝纳通对传统外包制造和分销网络进行了重新配置,获得了差异性。[5]公司的高管推断,可以直接监督整个供应链上的关键经营流程,以此提高公司的灵活性。如果某些特定活动降低了购买者的成本,或者提高了购买者的满意度,顾客是愿意支付溢价的。使基本活动具备差异性以提高购买者满意度的源头包括按单生产的制造流程、准时有效的货品交付、对顾客服务要求的即时反应以及高质量等。

重要的一点是要确定单项基本活动和支持性活动创造的超出其成本的价值。价值链的不同组成部分代表潜在的利润来源，因此也划定了利润池的界限。[6]价值链分析说明了耐克和锐步在产品设计（支持性活动）以及营销和销售（基本活动）中的核心能力是如何为顾客创造价值的。这个结论使耐克将几乎所有其他活动都外包了出去。第二个案例是，千禧制药公司在完成了详细的价值链分析后，选择将战略重点从行业上游的药物研发转为下游的药物制造，以此提高其盈利能力。之所以有这个战略，是因为公司更清楚地认识了整个医药价值链，而且公司刚刚意识到自己具备更好地挖掘不同利润池的能力。[7]

分析竞争者、客户和供应商的价值链可以帮助公司关注到下游客户的需求或上游供应商的弱点，以此增加价值。[8]陶氏化学公司原来向下游橡胶手套制造商销售化学制品，现在自己制造手套，从手套制造商那里夺取了价值。巴斯夫公司增加价值的方式是利用自己在喷漆流程中的核心能力为汽车制造商提供车门喷漆服务，而不只是把漆卖给汽车制造商。

企业还能通过与客户和供应商合作提高速度、削减成本、增强终端客户对价值的认识，用价值链分析设计自己对不断改变的上游和下游市场条件的反应。当电子数据集成系统、战略联盟、即时生产、电子市场和网络公司等公司之间的联系模糊了众多组织的界限的时候，这一点尤其突出。

把价值链分析作为价值链中不同成员的共享过程可以让整体成本降至最低，优化公司的价值创造。例如，戴尔与其供应商共享客户信息，这改善了供应商对需求的预测能力，结果为戴尔及其供应商降低了库存和物流成本。家得宝和通用电气在其价值链之间建立了联盟，为各自降低了直接和间接成本。家得宝的店面数据和通用电气的电子商务系统被一个网络应用软件连接在一起，使家得宝可以把货物直接从通用电气运送给顾客。价值链的相互连接使家得宝卖出了更多通用电气的产品，同时降低了自己库房的存货。另外，通用电气可以利用来自家得宝的实时需求信息调整电器产品的生产速度。

随着信息技术和互联网的进步，公司可以监控很多行为和节点上的价值创造。区分价值链的有形组成部分和虚拟组成部分有助于监控的实施。**有形价值链**是指使用原材料和劳动力生产有形产品。**虚拟价值链**是指公司内显而易见的有形活动背后的信息流。福特汽车公司的工程团队利用虚拟工作平台的实时合作，优化了汽车的实体设计流程。甲骨文公司利用互联网直接测试和分销它们的软件产品，以此为客户增加虚拟价值，它们在这方面是领跑者。

## 6.4　波特通用业务单元战略

### 差异化还是低成本？

我们之前曾经区分过两种通用的竞争战略姿态：低成本和差异化。之所以称为"通用"，是因为它们基本上适用于任何企业和任何行业。但是，不同通用战略的相对吸引力与竞争范围的选择相关。如果公司选择相对宽阔的目标市场（例如沃尔玛），低成本战略的目标就是成本领先。这样的战略通过规模经济，累积的采购和制造知识（经验效应），对低研发、营销和管理费用的普遍呼声，积极大胆地利用降低成本的机会。成本领先者对产品和服务的要价普遍低于竞争对手，它们的目标主要是通过吸引预算敏感型客户占据大量的市场份额。它们的低价是潜在竞争者的进入门槛。只要维持相对成本优势，成本领先者就能维持市场里的防御地位。

低成本战略的基础是对低成本的聚焦，范围较窄。任何一种聚焦战略都可以选出一个规模较小、定义明确、不同于其他市场的利基市场——一个特定的客户群体或地域。在成本聚焦的时候，企业只以尽可能低的成本实施直接与服务这个利基市场相关的活动。

西南航空公司因其成本聚焦战略而声名远播。西南航空的航班收费低，但在航空业拥有最高的利润率，公司在20世纪90年代增长了4048%。它的低成本、廉价战略在美国国内市场取得了巨大的成功。

成本聚焦战略的基础范围较窄，拥有一个规模较小、定义明确的利基市场。西南航空集中关注通航密度高的短程航线，全天候提供密集的航班。由于消除了包括美国各大机场在内的"枢纽"航线带来的成本，公司的效率得到了提高。西南航空在美国国内限制了其运营的州和城市的数量，它瞄准二级机场，因为它们的成本结构较低。

西南航空完全不同的运营结构让它能比其他更老牌的航空公司收取更低的费用。平均飞行时间为 1 小时的普通航班不分配座位；空乘服务只包括饮料和零食，公司也不提供向其他航空公司转运行李的服务。

西南航空的飞行队伍包括 284 架波音 737 飞机，每天执行 3510 次飞行。只有一种机型使得效率更高，地面周转更容易。所有西南航空的 737 飞机使用同样的设备，因此降低了培训和维护成本。最后，平均 20 分钟的地面周转时间不到行业平均时间的一半，体现了西南航空的高资产使用率，这样的资产使用率为公司降低了 25% 的运营费用。

2007—2009 年的经济衰退让很多公司放弃了增长战略，转而采用为期多年的成本降低战略，因为这种战略可以提高生存几率。由于成功地削减了成本，2008 年，盖普公司虽然收益降低，但利润增加，其市场份额增加了 27%。盖普节约的成本源自它降低了库存水平，出售了非核心资产，比如所持有的房地产。

同样，面临收益的巨幅减少，戴尔在 2008 年也采取了削减成本的措施，包括当年共计 11,000 名员工的大批裁员和一份出售其全球制造设备的激进方案。

尽管很多公司发现有可能通过一整年削减成本维持一定的利润水平，但激进地削减成本的公司最终必须要找出增加其收益的办法。电路城公司和无线电小屋公司在 2008 年削减了成本，提高了利润率，但最终由于收益的巨幅减少而被拖垮。2008 年 11 月，电路城申请破产，并在第二天宣布将关闭 155 家零售店。无线电小屋在这一年损失了 50% 的市值。

差异化战略姿态同样可以和范围决策绑定在一起。差异化战略瞄准广阔、巨大的市场，寻求在整个行业内建立独特性。华特迪士尼制作公司和耐克公司属于此类战略的典范。大规模的差异化可以通过产品设计、品牌形象、技术、分销、服务或这些元素的组合获得。最后，和成本聚焦一

| | | 战略优势 | |
|---|---|---|---|
| | | 独特性 | 低成本 |
| 目标细分行业 | 所有 / 很多 | **差异化** | **成本领先** |
| | 精选 / 很少 | **聚焦差异化** | **聚焦成本领先** |

**图 6-3** 通用战略

资料来源:Based on Michael E. Porter, 1998, *Competitive Strategy: Techniques for Analyzing Industries and Competitors* (New York: The Free Press).

样，差异化聚焦战略的目标是定义明确的细分市场，瞄准愿意为附加价值掏钱的客户，如图 6-3 所示。

## 成功的必要条件

低成本和差异化这两条通用途径在本质上是不同的。达到成本领先需要通过不断改进制造、流程优化和其他削减成本的战略，全力将成本降至最低。必须在价值创造过程的各个方面——在产品和服务设计、采购做法和分销中——利用规模和范围效应。另外，达到和维持成本的领先地位需要严密的控制和支持成本聚焦原则的组织结构和激励体系。

差异化需要的方式完全不同。在这里，关注的焦点是附加价值。差异化有多重目标。首要目标是提供某种有价值而且独一无二的东西，重新定义顾客作出购买决策的原则。这样做，公司也是在寻求树立模仿障碍。差异化战略常常被误解；"把产品喷涂成绿色"不是差异化。差异化是一种战略选择，即为顾客提供低价以外的有价值的东西。让产品或服务具备差异性的一种方法是增加功能性。但是，很多其他差异化方法也行得通，有时还更有效。提高产品质量和耐久性的研发（美泰克公司）是差异化战略的可行元素。投资品牌资产（可口可乐）和开辟新的分销方式（雅芳化妆品公司）是差异化战略的其他可行元素。

相当多的证据表明，最成功的差异化战略包含多重差异性源头。更高质量的原材料、独特的产品设计、更可靠的制造加工、优良的营销和分销计划以及更快速的服务都有助于公司使其产品区别于竞争对手的产品。使用不止一种差异性源头能让竞争者更难以进行有效的模仿。除了使用多重源头，整合附加价值的不同维度——功能性、经济和心理价值——是至关重要的。因此有效的差异化要求对增加多少价值、在哪里增加这种价值、如何与顾客沟通这种附加价值作出明确的决策。顾客必须愿意支付相对于差异化成本的溢价，这一点对公司很重要。因此，成功的差异化要求公司完全理解顾客重视什么、顾客认为满足不同需求和愿望相对而言有多重要以及顾客愿意付多少钱。

## 风　险

每个通用战略姿态都有独特的风险。成本领先者必须关注可能使规模经济的过往投资或所积累的知识无效的技术变革。在越来越全球化的经济中，依赖成本领先的公司在面对来自世界其他地区、可以利用更低要素成本的新进入者时尤其不堪一击。具备差异性的公司面临的最大挑战是**模仿**。模仿缩窄了实际的和认知的差异。如果出现这种情况，购买者可能会改变他们对差异性构成成分的看法，随后改变忠诚度和偏好。

每个通用战略姿态的目标都是建立可持续性。对成本领先者而言，可持续性要求不断提高效率，寻找更便宜的供应源，以及设法降低制造和分销成本。对具备差异性的公司而言，可持续性要求公司为其独特性的各维度树立进入门槛，使用多重差异性源头，以及给顾客创造转换成本。从组织上看，差异化战略要求企业拥有强大的协调力，在研发、产品制造和营销以及价值创造和创造力的激励因素之间进行协调。

### 对波特通用战略的批判

大多数对波特框架效力的研究表明，通用战略不一定总是可行。当低成本是行业标准的时候，低成本战略就不那么有效。此外，有证据表明，高管拒绝波特的通用战略，支持结合了成本领先、差异化和满足顾客需求的灵活性等多个因素的战略。[9]

反对波特通用战略的最普遍观点是，低成本生产和差异化并不是相互排斥的，当它们共存于公司的战略中时，能带来持久的盈利能力。[10]成本领先战略的前提源自行业结构，差异化的前提源自顾客品味。由于这两个因素是独立的，因此任何时候都应该考虑同时实施成本领先和差异化战略的机会。

事实上，差异化能使公司获得低成本定位。例如，让产品具备差异性的开支可以通过创造忠诚度来增加需求，这会减少产品的价格弹性。此类举措还可以拓宽产品的吸引力，让公司能在价格既定的情况下提高市场份额，增加销量。差异化一开始会提高单位成本。但是，如果成本因学习型经济、规模经济和范围经济而下降，从长远看公司是可以降低单位成本的。反过来，低成本生产所节省出来的费用可以让公司增加营销、服务和产品强化等方面的开支，从而建立差异性。

最后，全面质量管理框架中存在同时提高质量和降低成本的可能性。高质量和高生产力是互补的，而低质量总是伴随着更高的成本。

实施单一的战略是有危险的。卡特彼勒公司的差异性来自制造最高质量的土方设备。但是，公司对于精确性和耐久性过于专注，致使其价格被强调效率和经济的日本公司削减了30%。另外，与实施混合战略相比，公司如果实施特定战略，竞争者更容易模仿。例如，纯粹的成本领先战略可能加速市场向商品市场转变，在这种情况下，所有竞争者都不会获益。

有证据显示纯粹实施通用战略无法在高度竞争环境下维持竞争优势，因此另一个问题出现了。当竞争环境迅速变化时，成功的组织必须维持灵活性。在高度竞争的市场中实施通用战略只会给公司带来暂时的竞争优势，其可持续性取决于客户需求、公司资源和能力以及隔离机制存在与否等因素的组合作用。

## 6.5 价值信条

迈克尔·特里西和弗雷德·维尔斯马创造了**价值信条**这个术语，用来描述公司为客户创造价值的不同途径（图6-4）。具体而言，他们确定了三种通用战略：产品领先、运营卓越和亲近顾客。[11]

## 产品领先

　　追求产品领先的公司不断制造尖端产品和服务。这样的公司以创新为驱动力，不断提供更多的价值和更好的解决方案，以此抬高对竞争对手的阻碍。

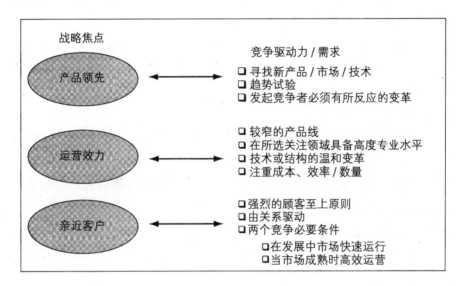

**图 6-4** 价值信条

资料来源：Based on M. Treacy and F. Wiersema, "Customer Intimacy and Other Value Disciplines," *Harvard Business Review*, January–February 1993, pp.84–93.

　　产品领先信条基于下面四个原则：

1. 鼓励创新。通过小型特别工作组，推动鼓励试验的心态、对成功进行奖励的薪酬体系和不断的产品创新。

2. 风险导向的管理风格。产品领先的公司必须是创新者，必须认识到新事业的内在风险（和回报）。

3. 认识到公司现在的成功和未来的预期取决于产品设计人才以及为他们提供支持的人员。

4. 认识到需要在新产品的使用和效益方面教育和引领市场。

使用产品领先作为战略基石的公司包括英特尔、苹果和耐克等。

## 运营卓越

第二种价值信条是运营卓越，这种战略途径的目标是更好的生产和交付机制。沃尔玛、美国航空公司、联邦快递和喜达屋酒店与度假村国际集团都是追求运营卓越的公司。

喜达屋是全球最大的连锁酒店之一，在 80 个国家拥有 742 家酒店，包括喜来登、威斯汀、福朋、瑞吉等著名品牌。在经历了很长一段时间的业绩欠佳后，公司决定把业绩不佳的酒店翻新得时尚新颖，集中注意力把已有的所有业务做得更好。

公司最大的变化在喜来登连锁酒店，酒店花费 7.5 亿美元进行了翻新。这种翻新是为了恢复酒店在可靠性、价值和一贯性方面的声誉。翻新摒弃了拉尔夫·劳伦风格的花朵图案床品，人体工程学的办公椅和双线电话等设施成为标准配置。

喜达屋福朋品牌下的很多酒店也进行了翻新，酒店的原始结构有 80% 被拆除。每个房间进行了重新设计和装饰。酒店开设了 24 小时运行的健身设施。设在户外服务区的奥运尺寸的热水泳池成为标准配置。酒店还扩大了商务中心，将舞厅和会议室纳入其中，可以容纳各种规模的团体。管理层扩大了用餐选择，从餐厅到酒吧，应有尽有。客房走廊和大堂更加明亮，并且引人注目地重新设计成精细的地中海风格。墙纸边界、壁灯照明和艺术性标志的加入让酒店面目一新。

喜达屋对运营卓越的关注立刻取得了成功。改变之后，在北美地区，喜达屋每间客房的平均收益连续 4 个季度领先万豪和希尔顿，运营收入提高了 26%。

## 亲近顾客

基于亲近客户的战略注重建立顾客的忠诚度。诺德斯特龙和家得宝不断调整产品和服务，适应不断变化的顾客需求。亲近顾客可能要花费很高的代价，但来自忠诚客户的长期效益可以带来慷慨的回报。

由于世界上绝大多数的公司现在都声称把顾客关心的问题放在首位，因此很难想象公司如何通过亲近顾客让自己脱颖而出。家得宝给出了成功公司的优秀范例。家得宝利用亲近顾客的方案将竞争者边缘化。公司的计划始于"服务绩效方案"，该方案强调改变每天的运营，为购物者提供更舒适的店铺环境。家得宝增加了非高峰时段的备货，在深夜或闭店后才进行货物出入库，而且这种做法并没有让他们的运营时间达到每天 24 小时。

新备货方式的主要好处是员工可以把注意力集中在顾客服务和销售上。在该方案之前，销售人员把 40% 的时间花在顾客身上，把 60% 的时间花在与工作相关的其他职责上。在实施了亲近顾客的方案后，销售人员可以把 70% 的时间花在顾客身上，完成销售任务，把 30% 的时间花在其他职责上。

家得宝还实施了另外两个亲近顾客的方案。第一个是为店面支持系统安装了 Linux 信息系统。有了这个新系统，顾客可以在家里通过互联网下订单，在商店内完成购买程序。这样顾客就可以直接到店面取货，因为他们已经完成了货物的购买程序。第二个方案是在店面教授家居装饰课程。当专业人员教顾客如何购买和安装适当的材料和建筑设备时，公司就增强了与顾客的亲近度。这些课程使家得宝既卖出了产品，又得到了顾客的反馈。

每个价值信条需要一套不同的能力，而且有各自实现成功所需要的条件

| 战略聚焦 / 价值信条 | 工作环境 | 员工能力 |
|---|---|---|
| 亲近顾客 | 价值驱动、动态、挑战、非正式、以服务为导向、定性、员工如同顾客、"不惜一切代价" | 建立关系、聆听、快速解决问题、独立行动、主动性、合作、注重质量 |
| 运营卓越 | 可预测、可测定、分等级、成本意识、基于团队、正式 | 流程控制、不断改进、团队合作、分析、了解财务 / 运营 |
| 产品领先 | 试验性、注重学习、技术性、非正式、快速、资源丰富 | 信息共享、创造力、团队合作解决问题、突破性思维、艺术性、有远见 |

**图 6-5** 不同价值信条需要不同的能力

资料来源：Based on M. Treacy and F. Wiersema, "Customer Intimacy and Other Value Disciplines," *Harvard Business Review*, January–February 1993, pp.84–93.

(图 6-5)。大多数公司设法在三个价值信条中的一个上做到非常擅长，在另外两个上做到具有竞争力。明确选择一个价值信条，就这个信条集中可供资源使公司与其直接竞争者拉开差距，能让公司的战略聚焦更加集中。

## 6.6   设计可盈利的商业模式 [12]

设计能够盈利的商业模式是制定业务单元战略的关键组成部分。建立有效的模式需要清楚地了解公司如何产生利润以及公司获取长期成功必须采取的战略行动。

艾德里安·斯莱沃兹基和戴维·莫里森找出了 22 种用独特方式产生利润的商业模式。他们以这些模式为范例，相信还有其他模式存在或可以存在。他们还证实，在一些情况下，盈利能力取决于两个或多个商业模式的相互作用。

我们的商业模式是什么？我们如何盈利？斯莱沃兹基和莫里森说这是高管问出的两个最具建设性的问题。经典的战略法则建议："赢得市场份额，利润就会随之而来。"这个办法一度对很多行业都有效。但是，由于全球化和技术的飞速进步导致的竞争乱局，认为市场份额和盈利能力之间存在密切关联这个一度流行的观念在很多行业里都失效了。

企业怎样才能赚取长久的利润？要分析下面的问题才能找出答案：在该行业里，公司能在哪里赚取利润？应该如何设计商业模式才能让公司盈利？斯莱沃兹基和莫里森描述了下列盈利商业模式，以此回答上述问题：

1. *客户开发/客户解决方案盈利模式*。使用这种商业模式的公司会找出改善客户经济情况的方法和投资于让客户改善其流程的办法，以此盈利。

2. *产品金字塔盈利模式*。该模式在客户对多样化、风格、颜色和价格等产品特性有强烈偏好的市场中非常有效。通过提供系列产品，公司可以建立所谓的产品金字塔。在金字塔底部是低价位、大批量的产品，在金字塔顶端是高价位、小批量的产品。利润主要集中在金字塔的顶端，但金字塔底部是战略防火墙（例如，阻挡竞争者进入的强势、低价的品牌），可以保护顶端的利润。消费品公司和汽车公司会使用这种模式。

3. 多种成分系统盈利模式。一些企业的生产／营销系统包含不同的组成部分，这些组成部分的盈利水平有很大的差异，这是这些企业的特点。例如，在酒店业，客房租金的盈利能力和酒吧运营的盈利能力之间存在很大差异。在这种情况下，通常有用的做法是使最高盈利部分的使用率最大化，以此让整个系统的盈利能力最大化。

4. 配电盘盈利模式。一些市场的运行靠的是将多个销售者和多个购买者联系起来。配电盘盈利模式会建立一个高价值的中介，通过一个点或"配电盘"将多个沟通渠道集中起来，从而减少双方的交易成本。随着交易量的增加，利润也会增加。

5. 速度盈利模式。有时速度是盈利能力的关键。这种商业模式利用的是先行者的优势。要维持这种模式，必须不断创新。

6. 明星产品盈利模式。在有些行业，盈利能力是靠少数成功的产品驱动的。这种商业模式在电影制片厂、医药公司和软件公司中很典型，这些行业的研发和启动成本很高，产品周期有限。在这种环境中，集中资源投资少数项目比投资多种产品的回报更高。

7. 利润乘数模式。这种商业模式从同样的产品、形象、商标或服务上反复收获利润。想想迈克尔·乔丹公司用这位伟大的篮球传奇人物创造的价值。对于拥有强势消费品品牌的企业来说，这种模式可以是强有力的助推器。

8. 创业者盈利模式。小也可以美丽。这种商业模式强调公司可能存在规模不经济的问题。出现这些问题的公司对自己的利润水平已经满意，它们拥有正规、繁复的体系，距离客户非常遥远。随着其开支增加以及与客户的关联性减少，这些公司很容易被与客户保持直接接触的创业者击败。

9. 专业化盈利模式。这种商业模式强调通过不断的专业化实现增长。咨询公司成功地使用了这种模式。

10. 基础产品盈利模式。实施这种模式的公司之所以盈利，是因为已经建立起来的用户群不断购买公司同品牌的消耗性产品或后续产品。基础产品的利润提供了每年有保证的连续收入。范例包括剃须刀和刀片、软件和升级软件、复印机和硒鼓、照相机和胶卷等。

11. 行业标准盈利模式。这是基础产品盈利模式的一个变种。当基础产品模式成为支配行业内竞争行为的实际标准时，就适合采用这种模式，比如甲骨文公司的情况就是如此。

## 注　释

1. A. M. McGahan and M. E. Porter, 1997, "How Much Does Industry Matter, Really?" *Strategic Management Journal*, 18: 15–30.

2. A. J. Slywotzky and D. J. Morrison, with B. Andelman, 1997, *The Profit Zone; How Strategic Business Design Will Lead You To Tomorrow's Profits* (New York: Times Books).

3. J. E. Urbany and J. H. Davis, 2007, "Strategic Insight in Three Circles," *Harvard Business Review*, 85(11): 28–30.

4. J. Webb and C. Gile, 2001, "Reversing the Value Chain," *The Journal of Business Strategy*, 22(2): 13–17.

5. A. Camuffo, P. Romano and A. Vinelli, 2001, "Back to the Future: Benetton Transforms Its Global Network," *Sloan Management Review*, 43: 46–52.

6. O. Gadiesh and J. L. Gilbert, 1998, "Profit Pools: A Fresh Look at Strategy," *Harvard Business Review*, 76(3): 139–147.

7. D. Champion, 2001, "Mastering the Value Chain," *Harvard Business Review*, 79(6): 109–115.

8. F. Budde, B. R. Elliott, G. Farha, C. R. Palmer, and R. Steffen, 2000, "The Chemistry of Knowledge," *The McKinsey Quarterly* 4: 98–107.

9. R. B. Robinson, Jr. and J. A. Pearce II, 1988, "Planned Patterns of Strategic Behavior and Their Relationship to Business-Unit Performance," *Strategic Management Journal*, 9(1): 43–60; A. I. Murray, 1988, "A Contingency View of Porter's Generic Strategies," *Academy of Management Review*, 13(3): 390–400.

10. C. W. L. Hill, 1988, "Differentiation versus Low Cost or Differentiation and Low Cost: A Contingency Framework," *Academy of Management Review*, 13(3): 401–412.

11. M. Treacy and F. Wiersema, January–February 1993, "Customer Intimacy and Other Value Disciplines," *Harvard Business Review*, pp. 84–93.

12. A. J. Slywotzki, et al., op. cit., 1997.

# 第 7 章
# 业务单元战略：背景和特殊维度

7.1　导　言

7.2　新兴、成长、成熟和衰落的行业

7.3　分散、放松管制、高度竞争和基于互联网的行业

7.4　业务单元战略：特殊维度

## 7.1 导　言

通用战略有助于确定可以建立和发挥竞争优势的主要框架。但是，要预测不同选择的相对效力，战略制定者要考虑实施战略的背景。我们在本章探讨六种行业设定，看看如何进行这种分析。首先，我们探讨与新兴、成长、成熟和衰落等行业演变阶段相关的三种背景。接下来，我们讨论构成独特战略挑战的四种行业环境：分散、放松管制、高度竞争和基于互联网的行业。由于高度竞争越来越成为很多行业中业务层面竞争的特点，因此接下来我们讨论动态变化的行业中企业获得成功的两个关键特性：速度和创新。

## 7.2　新兴、成长、成熟和衰落的行业

### 新兴行业的战略

新生行业或细分行业的兴起方式多种多样。技术突破可以开创全新的行业或改革旧行业，就像蜂窝技术的出现给电话行业带来的变化。有时宏观环境的变化也会催生新行业，比如太阳能和互联网技术。

从战略视角看，新行业会带来新的机遇。它们的技术往往还不成熟。这意味着竞争者会积极努力地改进现有设计和流程或用新一代技术实现飞跃。随后可能发生标准之战。在这样的行业，进入门槛较低，供应商关系发展不足，分销渠道才刚刚形成，成本往往很高而且无法预测。

在新兴市场，掌握时机可能是决定战略成功的关键。第一家推出新产品或服务的公司往往拥有**先行者优势**。先行者有机会塑造顾客的预期，定义市场的竞争规则。在高科技行业，先行者有时可以制定所有后继产品的

标准。微软就用 Windows 操作系统实现了这一点。一般而言，先行者有相对短暂的机会让自己成为技术、成本或服务方面的行业领头羊。

在新兴市场占据战略领先地位可能是降低风险的有效途径。领先机遇除了在时机掌握、进入方式和类似情况下的经验的基础上塑造行业结构的能力，还包括通过卓越的技术、质量或客户知识控制产品和流程开发的能力，利用与供应商和分销商的现有关系的能力，以及利用接近早期忠诚核心客户群体的能力。

## 成长行业的战略

成长带来了众多机遇。竞争者往往注重扩大市场份额。随着时间的推移，购买者越来越见多识广，能够更好地区分相互竞争的产品和服务。因此，更多的市场细分往往伴随着向成熟市场的过渡。由于单位利润缩水、新产品和新应用更难以寻获，成本控制成为一项重要的战略元素。在拥有全球化潜力的行业中，国际市场越来越重要。随着第二波全球竞争者开始参与竞争，竞争的全球化也带来了新的不确定性。

在早期成长阶段，公司往往会增加更多的产品、样式、尺寸和特色，吸引细分程度越来越高的市场。在靠近成长阶段末期的时候，成本成为优先考虑的问题。另外，流程创新成为成本控制的一个重要维度，供应商和分销商关系的重新定义也是如此。最后，横向整合作为巩固公司市场地位或提高公司跻身国际市场能力的办法，变得更具吸引力。

此时进入市场参与竞争的公司往往被贴上跟随者的标签，它们拥有的优势不同于早期市场领先者。后来的进入者有机会评估不同的技术、延迟投资有风险的项目或工厂产能、模仿或超越优质的产品或卓越的技术。跟随者还会进入已经经过验证的细分市场，而不是冒风险把潜在的市场需求发展成为源源不断的收益流。

考虑进入成长行业的公司还必须面对的战略决策，是通过内部发展进入，还是通过收购进入。通过内部发展进入新兴细分市场或行业涉及建立新的业务，而且往往是在一个有些不熟悉的竞争环境中。这个过程也很可能耗时长、代价高。开发新产品、流程、合作伙伴和系统要花时间，还要求进行大量的学习。出于这些原因，公司越来越求助于与现有竞争参与者进行**合资**、**联盟**和**收购**，以此作为入侵新产品细分市场的战略。

在制定进入新市场的决策过程中，必须分析两大问题：（1）进入的结构性门槛是什么？（2）市场内现有的企业会如何应对新进入者的入侵？最重要的结构性障碍包括必需的投资水平、使用生产或分销设施的能力以及产能过剩的威胁等。

潜在的报复行动更难以分析。如果有可能实施报复，市场内的现有参与者会抵制新参与者。如果增长速度慢、产品或服务没有高度差异化、固定成本高、产能充足，抵制新参与者的情况更可能发生在成熟市场；对现有参与者而言，这样的市场有很高的战略价值。但是，鉴于竞争者的抵制可能出现在行业生命周期的任何阶段，对新市场的寻找应该关注发展有些不均衡的行业，这些行业内的参与者可能反应起来很慢，新进入该行业的企业可能影响行业结构，进入这些行业的收益超过成本，包括应对现有参与者可能的报复的成本。

### 成熟和衰落行业的战略

当行业已经成熟并且面临衰落威胁的时候，谨慎选择差异化和低成本定位之间的平衡点以及决定在多个细分行业还是在单个细分行业内参与竞争是非常重要的。增长往往会掩盖战略错误，让公司存活下来；低增长环境或无增长的环境就远远没有这么仁慈了。

在行业成长漫长的成熟期，公司完成下面的事项就能赚取丰厚的利润：（1）集中关注提供更高增长或更高回报机会的细分市场；（2）进行产品和流程创新，以达到更大的差异化、降低成本或恢复细分市场的增长；（3）实施流水线生产和交付，削减成本；（4）逐步"收割"业务，准备向更有前途的产品或行业进行战略转变。

在平衡这些机遇的过程中，成熟和衰落行业包含公司应该避免的一些战略隐患：（1）对公司在行业内的地位过于乐观；（2）没有在广泛竞争途径和集中竞争途径之间进行选择，缺乏战略清晰度；（3）投入过多，回报太少——所谓的"现金陷阱"；（4）为了应对短期业绩压力，用市场份额换盈利能力；（5）不愿意进行价格竞争；（6）抵制行业结构变革或新实践；（7）与改进现有产品相比，过于重视新产品开发；（8）持有过多的产能。[1]

退出决策通常极难作出，部分原因是退出可能在市场内遭遇反对。可能的退出门槛包括政府限制、劳动者和退休金方面的义务以及对其他各方的合同义务。即使业务可以部分或整体出售，也必须解决一系列问题。例如，如果公司是更大企业的一个战略业务单元，退出对客户、供应商和分销商关系的负面影响可能引起整个企业结构的震动。在这种情况下，成本分摊可能导致企业其他部分成本提高，劳动关系可能变得紧张，从而削弱企业的整体战略前景。

## 行业演变和职能重点

在细分行业获取成功的条件随着时间的推移而不断改变。约翰·皮尔斯二世和R.B.罗宾逊二世这两位教授的研究发现，战略制定者将这些不断变化的条件作为确定和评估公司实力和弱点的基础。图7-1描述了行业演变的四个阶段和通常在每个阶段与经营成功相关的职能能力的变化。[2]它至少表明了在进行战略评估时尤其值得深入思考的维度。

产品市场的初期发展往往伴随着销售的低增长、注重研发、产品技术快速变革、运营亏损，以及对充足资源甚至暂时歇业的需要以维持无法盈利的运营。在这个新兴阶段取得成功往往需要拥有技术能力，在新市场上占据先机，以及能够建立广泛认知的营销优势。

快速成长会带来新竞争者，并重置成功必需的实力。品牌认知、产品差异化以及支持大笔营销费用和价格竞争的财务资源成为关键性的实力。

当行业经历了洗牌阶段、进入成熟阶段时，销售继续增长，但速度降低。细分行业的数量增加，但产品设计的技术变革大幅减慢。因此，竞争往往更加激烈，推广或定价优势以及差异化成为关键性的内在实力。随着众多竞争者试图更高效地提供产品，流程设计的技术变革速度加快。尽管研发在新兴阶段很关键，但现在高效生产才是至关重要的。

| 行业演变阶段 | | | | |
|---|---|---|---|---|
| | 导入 | 成长 | 成熟 | 衰落 |
| **职能** | | | | |
| 营销 | 建立客户广泛认知和获得客户认同的资源/技能;分销优势 | 建立产品认知度、寻找利基市场、降低价格、巩固密切的分销关系、发展新渠道的能力 | 迅速向新市场推广产品和维护现有市场的技能;定价灵活性;产品差异化和维持客户忠诚度的技能 | 高效进入精选渠道和市场的低成本方式;牢固的客户忠诚度或信赖度;有力的公司形象 |
| 生产、运营 | 有效扩大产能、限制设计方案数量、建立标准的能力 | 增加系列产品、集中生产或降低成本的能力;提高产品质量的能力;周期性分包的能力 | 改进产品和降低成本的能力;共享或降低产能的能力;有利的供应商关系;分包 | 削减产品线的能力;生产、地点或分销的成本优势;简化的存货控制;分包或大批量生产 |
| 财务 | 支持高净现金溢出和初始损耗的资源;有效使用杠杆的能力 | 为迅速扩张提供资金、拥有净现金流出但增加利润的能力;支持产品改进的资源 | 产生和再分配增加的净现金流入的能力;有效的成本控制体系 | 重新利用不需要的设备或将其变现的能力;设备的成本优势;控制系统的准确性;精简的管理控制 |
| 人事 | 拥有配置和培训新管理人员的灵活性;拥有具备新产品或新市场关键技能的员工 | 拥有添加技能人才的能力;干劲十足、忠诚的员工队伍 | 低成本裁员、提高效率的能力 | 裁员和重新分配人员的能力;成本优势 |
| 工程和研发 | 实施工程变革、解决产品和流程中技术缺陷的能力 | 保证质量和新特点的技能;开始开发后续产品的能力 | 降低成本、开发系列产品、产品差异化的能力 | 支持其他成熟区域或使产品满足独特客户需求的能力 |
| 关键职能领域和战略焦点恢复 | 工程:市场渗透;市场份额 | 销售:客户忠诚度;市场份额 | 生产效率;后继产品 | 财务;最大限度的投资 |

**图7-1** 行业演变的阶段和经营战略的职能重点

资料来源:From Pearce, J. A. II, and R. B. Robinson, Jr., 2011, *Strategic Management: Strategy Formulation, Implementation, and Control*, 12th ed. (Chicago, IL: R. D. Irwin, Inc.,), Exhibit 8.7, P.228.

当行业进入衰落阶段,实力主要来自成本优势、良好的供应商和客户关系以及财务控制。如果企业服务的市场逐渐萎缩,竞争者选择离场,那么竞争优势可能在这个阶段继续存在。

## 7.3 分散、放松管制、高度竞争和基于互联网的行业

### 分散型行业的战略

分散型行业是指在其中没有一家公司或一小拨公司拥有足够大的市场份额,可以严重影响行业结构或产出的行业。很多经济领域享有这个特点,包括零售业、物流业、专业服务和小型制造业。当进入和退出门槛较低的时候,分散似乎是最常见的;很少形成规模或范围经济;成本结构让合并缺乏吸引力;产品或服务高度分散或需要定制;必须进行近距离的本地控制。

在分散型市场茁壮成长需要有创意的战略制定。实施根据产品、客户、订单/服务类型或地域创造性地细分市场的聚焦战略,再结合"廉价"的姿态,可能是有效的做法。有时,规模和范围经济被隐藏了,等待新的技术突破,或者由于市场参与者的注意力在别处,规模和范围经济没有得到充分的认识。在这种情况下,有创意的战略能够释放这些隐藏的优势资源,大幅改变行业的动态格局。

### 放松管制行业的战略

放松管制已经重塑了很多行业。当人为限制被取消、新市场参与者被允许进入时,就会涌现出一些有趣的竞争动态。最重要的动态和把握战略举措的时机有关。美国的经验表明,放松管制的环境往往会经历两次剧烈的变化:一次是在市场开放的时候,一次是在大约 5 年后。[3]

1975 年,解除管制在美国成为一个重大议题,当时美国证券交易委员会取消了经纪业、废除了固定佣金,这个举措对若干个行业产生了深远的影响,包括航空、卡车货运、铁路、银行和电信等。在每个行业,出现了一些或多或少有些相似的模式:

1. 在市场开放后,大批新进入者立刻涌入——大多数在相对较短的时间内失败。

2. 随着新进入者——它们通常基于更低的成本运营——破坏了对所有竞争者的行业定价,行业利润率迅速降低。

3. 细分市场盈利能力的格局大幅改变。由于过多竞争者的进入,曾经有吸引力的细分市场变得不再有吸引力,而从战略角度看,之前不具吸引力的细分市场突然变得更加吸引人了。

4. 最佳和最差市场参与者之间盈利能力的差异大幅扩大,说明竞争者之间素质的差距更大了。

5. 随后会发生两波并购潮。第一波主要是合并实力较弱的市场参与者,第二波发生在更大的市场参与者之间,目标是获得市场的统治地位。

6. 在合并后,只有少数市场参与者仍是经营范围广泛的竞争者;大多数被迫缩小关注焦点,只关注更细分的行业中的特定细分市场或产品。

美国能源市场解除管制时的一些实例很好地说明了竞争者是如何面对损失和机遇的。1996 年,美国能源业解除管制,导致加利福尼亚州的很多电力公司陷入经济困难。2001 年,加利福尼亚州最大的私有公用事业公司——太平洋煤气和电力公司(Pacific Gas and Electric, PG&E),披露了90 亿美元的债务,申请破产。有两个原因可以解释这个一度领先的电力零售公司的破产。第一,太平洋煤气和电力公司承受的数十亿美元债务无法转嫁给客户。公用事业公司,包括太平洋煤气和电力公司在内,被迫向批发商支付高额的费用。但是,由于实施了解除管制措施,它们不能向客户收取更高的零售价。第二,解除管制的法规不允许公司在该州其他地区建设发电机。因此,电力不得不经历长途传输,这让公司在传输线路上产生了额外的成本。

太平洋煤气和电力公司申请破产保护,它们称政府监管机构没能迅速解决危机,导致了多次停电,让该州损失了数十亿美元。太平洋煤气和电力公司把案件诉至法院,希望抹去 90 亿美元债务中公司欠批发商的债务,并且试图扭转不允许公司增加零售费率的规定。

解除管制给公司带来了众多挑战。有四种不同的战略姿态被证明能够成功地应对解除管制带来的混乱: (1) 经营范围广泛的分销商,在很大的地域范围内供应种类众多的产品和服务; (2) 低成本进入者,可以发展成利基市场参与者; (3) 聚焦细分市场的参与者,强调公司为特定、忠实的客户群体提供附加价值; (4) 公用事业公司,注重建立可供更小竞争者使用的规模经济。[4]

经营范围广泛的分销公司如果了解低成本新贵们掀起的狂潮而带来的挑战,会采取早期定价措施、取消产品或细分市场之间的交叉补贴、保存在恶化环境下进行持久战的资源。例如,在解除管制后,美国电话电报公司迅速给高通话量商务用户降价,以对抗美国世界通信国际公司和斯普林特通信公司来势汹汹的营销活动。公司还裁掉了大约 20% 的员工,以便能和新进入者的成本结构匹敌。另外,公司为了节省资金,减少了新市场的开发和未雨绸缪的采购。

低成本进入者在解除管制的环境中通常是变化的催化剂。但是,很少有这样的进入者能仅凭低成本就成功地获得持久的地位。随着时间的推移,大部分幸存者通常会变成专业化或利基市场参与者。它们必须作出关键性的战略选择,决定要瞄准的细分市场——与经营范围广泛的竞争者在其核心市场较量也许不是最佳选择,并决定它们通往专业化或利基市场地位的迁移路线。

聚焦细分市场的参与者从一开始就瞄准有附加价值的细分市场。它们的后劲往往取决于在客户关系上的实力。因此,聚焦细分市场的参与者面临的主要战略挑战包括: (1) 找出加强客户关系的新途径(例如,通过建立客户信息系统和数据库); (2) 利用细分市场的力量进入相关细分市场或产品类别; (3) 升级产品和服务,锁定现有客户。

公用事业公司是解除管制环境中的第四类战略集群。它们的盈利战略是通过在很多公司之间分摊成本,为低成本进入者提供规模经济。例如,德励财富公司向中小型交易者提供即时全球政府债券和外汇报价,让它们能够更有效地与规模更大的竞争对手竞争。

公用事业公司对行业演变来说是必不可少的，但相互竞争的公用事业公司之间的洗牌往往不可避免。不同航空公司订票系统之间的战争就是一个很好的例子。最后，最多只有少数公司能够存活下来，其中一个很可能会成为行业标准。

## 新解除管制行业的定价

解除管制往往会让现有市场参与者惊慌失措，实行自杀式的削价。一个普遍但未经验证的观点是垄断企业的效率低下，它们对产品和服务的定价过高。但是，实际经验显示，不利于老牌企业的情况往往被夸大了。当新竞争者进入时，市场要求降价，这可能源自于效率和竞争效应。但是，新企业效率低下是与生俱来的，共享市场降低了规模和范围的效率。

现有市场参与者应该在解除管制的规定生效后利用下面四种因素适当地调整价格：[5]

1. **竞争者的价格**。现有市场参与者不要试图与新竞争者给出的最低价格较量，而是应该计划与相关性最高的竞争者较量。例如，拥有知名品牌的竞争者往往有把现有市场参与者的顾客引诱走的良机，因此在价格上应该与之相当或更胜一筹。

2. **改变费率**。有些顾客一有机会就会离开现有市场参与者。他们的理由各异，或者是对服务、价格、产品特性和人际互动不满意，或者存在一种认为新的就意味着更好的预期。但是，在受管制的市场，大多数顾客将产品或服务视为商品，很少有人会考虑换一个新的提供商，除非新提供商能提供一些额外的好处。因此，尽管现有市场参与者需要下调价格，以便保持竞争力以及不让价格差距大到让顾客更换提供商，但它们没有必要为了保留大量客户变成价格的领头羊。

3. **顾客价值**。不是所有顾客对于现有市场参与者的价值都一样。有些顾客愿意支付更高的溢价，他们是用更高的成本争取来的，企业通过交叉销售方案可以从他们那里获得更多的收益。一些顾客由于对价格极端敏感,可能因为很小的利润损失就会变节,与这些易变的顾客不同,高利润客户往往对价格没那么敏感,他们更关注质量和服务。对有这些偏好的顾客降低价格,不仅成本高,而且收效甚微。

4. 服务成本。新竞争者往往没有准备好对服务进行有效定价,即让定价在具有竞争力的同时还能盈利。现有市场参与者的情况要好得多,因为它们了解自己服务的真正成本。因此,现有市场参与者不会把价格降低到无法维持的水平,它们可以调整利润率,同时避免由于担心将客户丢失给无法维持最初定价结构的竞争者而实施赤字经营。

## 高度竞争行业的战略

高度竞争行业的特点是激烈的竞争。成功战略的基础往往是对竞争者采取突袭(比如,在最意料不到的时候推出产品),随后在竞争者设法恢复竞争局面的时候不断向前。因此,高度竞争战略旨在用快速、创新的变化扰乱市场,使公司获得胜于竞争者的优势。该战略的目标是中和之前的竞争优势,建立失衡的细分行业。[6]

高度竞争环境内的激烈竞争往往会导致产品生命周期缩短、新技术涌现、意料之外的市场参与者参与竞争、现有市场参与者重新定位,以及市场中出现巨大变化。个人电脑、微处理器和软件都经常经历高度竞争效应。电信业也有很多相关的例子。一般说来,高度竞争战略包含为保留当前客户和争取新客户而提供的大量服务(例如,本地呼叫、远距离呼叫、国际互联网接入、甚至电视传输等)。

在高度竞争的市场中,成功的公司能够操纵竞争条件,为自己创造优势,破坏别人享有的优势。在不断变化的动态环境中,保持盈利的企业拥有三个主要特质:速度和创新、出色的短期战略聚焦,以及市场意识。

速度和创新是在高度竞争环境中获取成功的首要条件。公司关注的重点是赢得暂时的优势，获取短期盈利能力，随后在竞争对手采取有效反应之前迅速转变战略焦点。关键是，高度竞争性的公司要能够迅速创新，在创新后同样迅速地生产、推销和分销产品。这样，它们就能迅速改变行业动态，比竞争者更快地获取市场份额。没有速度，公司就会处于极度的劣势，因为竞争者会抢先利用市场机会，这会让公司失去重要的市场份额。

高度竞争环境中成功公司的第二个特点是出色的短期战略聚焦。有能力利用竞争并将其转变为长期承诺的公司能够发现高度竞争市场的有利可图之处。

在高度竞争环境中获取成功的最后一个条件是强烈的市场意识。公司必须有能力了解消费品市场，生产高影响力的产品，提供高标准的客户支持。强烈的顾客至上思想使公司在为产品寻找新市场或之前没有开发过的市场的时候能够确定客户的需求。一旦确定了客户的需求，公司就能通过对质量的重新定义赢得暂时的市场份额。

可持续竞争优势的传统概念认为可以通过细分市场和低于中等水平的竞争取得长期盈利能力。但是，战略制定者现在意识到另一个必要条件：从长远看，只有在竞争被进入门槛限制的时候，才可能实现持久的盈利。当前经营环境的证据表明，取决于以上条件的商业模式的成功率大幅降低，主要原因是高度竞争。竞争优势不断被侵蚀和再造，公司试图打破现状，获得胜于更大竞争者的暂时盈利优势，这已经成为很多行业的特点。

## 极端竞争下的竞争反应

随着全球化加剧、技术进步和经济自由化，竞争的变化速度加快。其结果包括：无差异的成熟行业内出现高度竞争，造成利润缩水；占据市场份额支配地位的公司承受更小、更灵活而且往往更具创新性的竞争者的压迫，支配地位因此而动摇；行业内的领先者受到威胁，利基市场参与者艰难挣扎，行业缩水。

极端竞争的这种特点使休厄特和维格里提出了六种措施，老牌公司可以考虑用这些措施回击竞争者新鲜、大胆、创新的行动：[7]

1. 重组战略，恢复其重要性。如果每天的业绩压力很高，如果变革速度太快，使可能的结果的数量与规划这些结果时的想法相悖，那么，可以对战略规划作短期的改变。因此，建议企业高管要求战略业务单元经理在进行战略规划时采取组合式观点，提高对极端机会的反应能力。

2. 实施过渡经济。在试图平衡利润率和市场份额的过程中，规划者应该意识到建立低成本定位的重要性，这样可以腾出资金进行创新，这将有助于抵挡咄咄逼人的竞争者。

3. 用分化对抗聚合。尽管规模优势会让一些大公司倾向于市场聚合，但其他公司会通过分化建立差异化价值定位，以此寻找赢得高利润的小机会。

4. 寻找新需求和新增长。高度竞争不排除使用传统战略。尤其是在与依赖内在增长的公司进行竞争时，即使新进入者设法加快创新和组织变革的速度，仍可以通过并购、授权、合资和战略联盟成功地实现外部增长。

5. 运用组合行动提高速度和灵活性。鼓励战略经理和规划者将组织资产当作资源，这能让公司推出新产品和服务、通过创新降低成本、为全球各类市场建立价格竞争力提供基础。这种资源观优于在极端竞争中重视市场反应能力和创新的固定契约方式。

6. 预计战略风险。战略制定者需要注意，极端竞争的特点是企业的收益和股价不稳定。休厄特和维格里提出要特别警惕四种风险，在极端竞争环境下需要特别关注这些风险：

   - 价值定位风险，如果竞争者推出低价产品或服务，要警惕其负面后果；
   - 成本曲线风险，如果竞争者有能力成为低成本提供商，要警惕其负面后果；

- 不良行为风险，如果发生价格战，要警惕其负面后果；
- 坏赌注风险，要警惕过于乐观的设想带来的负面后果。

## 基于互联网的行业的战略规划

企业会使用下面两条途径中的一条进入基于互联网的行业：纯粹的网络公司，所有业务都在线经营；进行虚实结合的经营，拥有实体，同时用互联网扩大经营范围和补充经营活动。

纯粹的网络公司面临的障碍是客户无法在作出决定之前查看产品。这个问题可以通过虚拟店面略微抵消，而且往往由于互联网企业每周 7 天、每天 24 小时"开放"的便利得到了平衡。纯粹的网络公司能够通过互联网与客户直接互动，可以利用这种能力方便地收集关于客户和竞争者的信息，从而让价格保持竞争力。

在基于互联网的行业开办公司的时候，必须考虑一系列启动成本。最重要的一点是公司在建立客户群的时候有极高的营销成本，大多数互联网公司不具备可以将产品送抵消费者的现成分销配送系统。

由于没有零售店，纯粹的网络公司通常设法成为服务广泛市场的"效率机器"或成为瞄准狭小市场的"利基市场领导者"，以此建立竞争优势。[8]效率机器的特点是营销成本高、网站新颖、采购和执行流程效率高。因此，它们必须从经营一开始就产生很高的收益流。这个模式在低利润 / 大容量的行业最具竞争力。

亚马逊是"效率机器"的一个很好范例。亚马逊最开始是一家虚拟书店，在运营第一年获得了大约 500 万美元的收益。在最初的几年里，亚马逊的关注焦点是进行再投资，快速提高销售额。随后公司设法变得更为高效，2003 年，它迎来了第一个盈利的年份。

相反，利基市场参与者在数量上更有限，因为它们的经营模式是围绕销售高价产品或服务建立起来的，包括高端珠宝和旅行服务等。最成功的利基市场参与者对传统的直销模式进行调整，使其可以成功地发挥互联网优势。由于大多数利基市场领导者规模很小，不足以发动大型营销活动，需要依靠有针对性的在线和直邮活动推动客户前往它们的网站或查看它们的目录。

## 虚实结合

虚实结合模式是纯粹网络模式和传统实体模式的混合产物，在纯粹网络模式中，所有经营活动都在线进行；在传统实体模式中，所有经营活动通过实体店铺进行。据估计，在所有在线收益中，虚实结合模式的收益占52%。[9]这种战略的优势是公司的实体部分拥有能够为竞争优势建立基础的战略资源，比如成熟的品牌、传统的分销渠道和供应商关系等。

在纯粹网络模式中，技术是增长的第一驱动力，使很多公司为了居于领先地位在这个领域投入巨资。虚实结合的公司不用那么依赖技术取得竞争地位，这让它们可以分散投资，开发一系列实力。它们还能选择通过线上和店铺两种方式提供产品，或者只通过一种方式提供产品，比如在处理清仓商品时的通常做法，这样就能更有效地分配资源。客户也能受益，因为他们可以选择最舒适的方式与公司互动。例如，相对于必须寄回产品，客户可以把产品直接退回店铺；客户有机会在店铺里察看产品，如果没有喜欢的尺码或颜色，可以随后在线订购。

## 客户服务

客户服务适用于互联网行业的所有三种商业模式。纯粹的网络公司，比如全球最大的休闲旅行中介 Expedia.com，可以将互联网作为差异性的源头或作为它们的核心能力。由于没有存货需要管理，没有实体设施需要维护，公司可以实施高效的运营。

未来的电子商务战略预计会从现在对线上销售的关注转向对越来越多的客户互动的关注。从聚焦销售驱动到聚焦服务驱动的转变，将使不是典型互联网用户的公司能够利用它们的能力满足客户的需求。在客户服务至上的新型电子商务模式中，战略包括营销、销售、客户决策支持和零售伙伴等组成部分。[10]戴尔建立了一个系统，对客户进行分组，比如家庭客户和小型商务客户,以便为他们配置适合的产品线。只要客户处于正确的分组,戴尔就能根据他们在多媒体或基本文字处理等功能中的电脑操作引导他们找到合适的产品线。

其他公司也设法利用它们的在线能力为客户提供支持、提高效率。特种金属产品制造商 Metalco 利用互联网让客户询价和提出要求、接收报价、下订单、完成制造和结算流程。该系统的目标是实现 Metalco 和客户之间的流程自动化,从而提高效率、减少错误、提升客户忠诚度。该系统与关注利基市场的营销驱动方式是一致的。Metalco 通过改进客户服务使自己的产品具备了差异性。

## 竞争优越性

有证据显示,虚实结合模式与实体模式的利润业绩之间没有多少差异,而在基于互联网的行业中,虚实结合的公司看起来具备超越纯粹网络公司的优势。顾客喜欢虚实结合的模式,因为这为他们提供了选择——在互联网上进行交易或在实体店进行交易。[11] 研究显示,对于传统店铺,单单互联网方式的出现就是一个重大的营销优势。公司战略有必要含有电子商务元素,因为互联网让顾客更便于接触公司的产品和服务。[12]

## 基于互联网的商业模式

互联网供应链商业模式。互联网企业可以通过供应链销售的途径进行区分,包括直销渠道、中介渠道或市场渠道。在直销渠道中,产品和服务提供商在互联网商业交易中直接和客户打交道。在中介渠道中,门户网站建立消费者群体,起到将网络流量引向产品和服务提供商网站的作用。在市场渠道中,市场庄家建立客户群体或产品和服务供应商群体,促成购买者和供应商之间的安全商业交易。

收益商业模式。收益商业模式通过货物或服务的直接交易实现销售,在该模式中,企业通过购买产品再将其销售给消费者产生附加价值,或者通过生产模式——即公司制造、定制并向消费者销售产品——产生附加价值。公司还可以向网站访客提供免费的内容或服务,然后给希望接触这些访客的企业做广告,以此获得收益。

企业对企业模式和企业对消费者模式。互联网企业可以根据它们所服务的市场进行区分,不论市场是企业对消费者(B2C)模式还是企业对企业(B2B)模式。B2C 模式是指直接向客户推销和提供服务,而 B2B 模式是指向其他企业推销和提供产品和服务。

## 互联网企业的存货和订单执行

互联网使企业可以通过直接发运将销售流程与库存管理和订单执行分开。互联网直接发运是指互联网企业接收客户订单,然后利用供应商软件将客户订单通过互联网发送给供应商,接着供应商使用互联网企业的标识和标签按照订单把商品打包好并运送给客户。互联网企业得到的好处是节省了仓库空间,降低了库存持有成本,赢得了时间,可以将时间用于其他经营职能。

直接发运方式最适合一些较为年轻的企业,它们的产品规模大、利润低,多样化水平较高,需求不确定性水平也较高。[13] 研究还发现,根据这些指导原则制定库存和订单执行决策的企业不太可能破产,这表明企业的库存和订单执行决策是和经济业绩相关的。

eBags.com 是一家互联网企业,由于产品种类多、需求确定性低而使用直接发运模式。这家公司出售 8000 种不同的箱包,包括背包、手袋和行李箱等。提供品种多样的箱包对企业的经营很重要,但在实体库存中持有如此多的商品带来的库存持有和处理成本会高得难以承受。因此,eBags 采用了直接发运方式。eBags 做广告推销箱包,但实际上持有这些箱包的是 eBags 的供应商,直到 eBags 下达订单,要求供应商将箱包发运给客户。这个战术让 eBags 既能比与之竞争的小型箱包专营店提供更多种类的箱包,同时还几乎可以做到零库存。

## 互联网企业的定价

互联网为公司提供了利用适应性定价、精确定价、细分市场定价和退货政策定价的机会。

适应性定价。互联网上的定价赋予基于互联网的企业一个超越传统企业的优势,它们可以直接使用网上信息,包括客户行为和市场供求信息等,这能让公司更明智地定价并且更快速地更改定价。例如,互联网企业Tickets.com根据消费者供求信息调整音乐会的票价,每场音乐会的收益比传统票务公司多45%;另外,"热销"产品(比如音乐会票)在互联网上的定价可以高出17%~45%,因为互联网增加了找到愿意支付高票价的买家的机会。[14]

精确定价。如果产品具有定价无差异区间,即在某个价格范围内的小幅变化不会对消费者产生什么影响,那么进行精确定价是有可能的,这个区间的范围对某些健康消费产品可以高达17%,对金融产品则可能低至2%。[15]要实现更高的定价精确度,可以先根据客户反应对区间内的定价变化进行测试和评估,然后再向整体人群改变定价。

细分市场定价。由于可以获得数据,企业还可以实施细分市场定价,即根据其所处的细分市场为消费者制定最优价格。可以通过追踪消费者的网络浏览行为或通过在客户电脑上安装cookies来确定消费者的细分市场。这些追踪方式可以提供与消费者的保留价格、偏好价格、期望价格和价格敏感度相关的消费者差异信息。[16]实证研究显示,使用细分市场定价带来的收益高于向所有消费者收取同样价格的定价模式。[17]

退货政策定价。退货政策也对企业的定价战略乃至企业的盈利能力有影响,因此考虑最优的退货政策是很重要的。研究显示,在线公司应该结合更高的价格推出慷慨的退货政策。[18]在退货率下降的时候,退货政策对企业有利,所以如果在产品选择过程中能够改进产品质量或客户支持,客户更可能留下产品,而不是将其退回。

## 7.4　业务单元战略:特殊维度

## 速　度

创新、生产、分销和诸多其他领域的速度正在越来越多的行业中成为成功的关键因素,特别是以过渡性或习惯性高度竞争为特点的行业。[19]结合全球化趋势,迅速增加的互联网商务应用已经将速度提升为战略重点。B2C 和 B2B 互联网连接的空前增长让速度在一些市场变得几乎和质量以及顾客至上的思想一样重要。然而在成功的关键因素中,它是最新的一个,也是人们了解最少的一个。

在竞争环境中,速度是指公司应对当前或预期业务需求的进展速度。速度是根据公司在以下活动中的反应时间测定的,包括满足客户期望、创新和将新产品或服务商品化、改变战略以便从新兴市场和技术实践中获益、不断升级转型流程以便提高客户满意度和财务回报等。

回应行业挑战以提高客户反应力的企业是“超速驾车者”,它们在快节奏运营的基础上制定战略。它们的加速变革活动变成了行业进展的标杆。超速驾车者改变环境,以便将自己的核心能力转变成竞争优势。因此,竞争格局的变化对它们有利。对于越来越多的企业,它们的公众形象和表现出来的速度成了同义词:AAA 公司提供快速道路救援服务,戴尔公司提供快速电脑组装服务,达美乐公司提供比萨饼快送服务、CyberGate 公司提供快速互联网接入服务。对这些高知名度公司的战略的一项评估提供了三条重要的深刻见解:(1) 独特和可辨认的压力源可以产生让公司加快速度的需求;(2) 对速度的重视为公司提出了成本、文化和变革流程方面的新要求;(3) 有若干种加速企业运营速度的实施方式。

图 7-2 呈现的是约翰·皮尔斯二世开发的引导高管加快公司速度的模型。它提醒我们,促使公司提升速度的压力既可以来自外部,也可以来自内部。企业可以在进行投资前先设想一个反应姿态,等待竞争者的速度提升,或者可以冒险采取先发制人的“改进措施”,期望以此获得回报。

## 加速的压力

快速几乎在处处都受欢迎。几乎每个产品细分市场的客户都希望需求能立刻得到满足,他们回报给行动迅速的公司市场份额的增长。速度导向型公司的员工享有工作灵活性,同时为了维持这种战略,他们的个人责任也有所提升,因此他们回报给雇主在竞争环境中非常珍贵的忠诚和承诺。

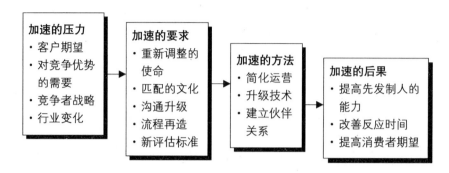

**图 7-2** 加快速度的模型

资料来源:Reprinted from *Organizational Dynamics*, 2002, 30 (3), John A. Pearce II, "Speed Merchants," pp.1–16. Copyright © 2002, with permission from Elsevier Science.

供应商为了能和行动迅速的公司合作,愿意承担额外成本和责任,因为行动迅速的公司肯定能够战胜采取经过时间考验而不是时间意识的经营方式的竞争对手。

加速的压力来自客户的期望,来自加快速度的竞争者,当公司设法建立了新的竞争优势时,来自公司自身,也来自行业变化导致的重点调整。这些加速的压力似乎常常融合成一股完整的力量。但是,不同的压力源可以用专门针对性的公司战略有效地应对。因此,战略规划者对特定压力源的正确预期或认识有助于确保他们对速度的投资能够产生最大回报。

经验显示,加速的压力有四个主要源头:

1. **客户**。客户需要回应。过去 20 年的消费者质量行动已经凭借对快速获得优质产品和服务的强调取得了胜利。

2. **建立新竞争优势基础的需要**。提升产品创新、开发、生产和分销的速度已经与企业成功建立新的竞争优势和重要的成本效益密切相关。

3. **竞争压力**。有竞争力的生存能力往往要求加快速度。当面对激烈的竞争压力时,速度是公司使其产品或服务差异化的少数选择之一。

4. **行业变化**。在以产品生命周期短暂为特点的行业中,速度对生存尤其重要。全球化竞争、越来越快的技术进步和不断变化的客户需求

共同作用,使产品生命周期变得更短,从而带来更快速地开发产品
的需要。

## 加速的要求

作为一种战略武器,加速措施要求组织的各个方面都关注工作完成的
速度。高管必须在组织内打造一种"快速"文化。速度导向和精心制定的
自由投资带来的灵敏性为改变和加快企业战略进程提供了先决性的竞争手
段。具体而言,企业必须针对以下事项采取行动:重新调整企业使命、建
立与速度相匹配的文化、升级企业内部沟通、关注业务流程再造,以及采
用新的业绩评估标准。

**重新调整企业使命**　在为速度导向型公司制定长期愿景时,董事会和
高管要为与提升整个组织的速度相关的共享期望、规划和业绩评估提供
基础。

**建立与速度相匹配的文化**　公司可以打造有利于提升速度的组织文
化,采用评估系统来奖励能提高组织速度的各级人员,以此实现加速。包
括全面质量管理、标杆学习、时间竞争、外包和伙伴关系等在内的变革管
理技术,每个都可以发挥作用,让组织关注提升整体速度的所有层面。

**升级沟通**　速度的提升要求大幅升级沟通方式,实现清晰、及时的沟
通。各个方面越来越期望在客户、制造商、供应商和服务提供商之间实现
即时沟通。

**关注业务流程再造**　实施业务流程再造是为了重新组织公司,消除在
员工和客户之间制造距离的障碍。它涉及从根本上重新思考和设计流程,
让顾客至上的思想渗透到经营活动的各个阶段。对员工配置进行评估,确
定他们如何才能最好地发挥作用。提升员工的作用而不裁员是流程业务再
造的真正意图。

**采用新业绩评估标准**　事实证明,在评定公司的速度投资在业绩提升
上的进展时,一套特定的评估标准是很重要的。评估标准包括销售量、创
新率、客户满意度、作业时间、成本控制以及创新支持、学习性和主动性
等营销特性。

## 加速的方法

作为一种竞争优势,速度的提升始于企业的内部分析,企业以此确定哪里需要速度,哪里无需速度。随后公司设法快速地消除"速度差距"。企业主要采用三种方式:简化运营、升级技术和建立伙伴关系。

**简化运营**　很多公司进入新市场时,竞争信息的水平往往贴着不足以支持投资的标签。但是,其中大多数公司没有忽视质量,它们采取了新的战略方案。由于能更快地从市场获得执行后的快速反馈并且用空前的速度加以调整,成功的创新不再需要在刚刚推出阶段达到完美无瑕的程度。

**升级技术**　使用最新的信息技术能够实现加速,因此公司能更快地铺开新产品信息。注重速度的 IT 业有一个共同目标,即将制造商和零售商连接起来,以增强信息共享、简化和加速产品分销。接下来,渠道的缩短能加快产品上架的速度,在不花费太多库存成本的情况下满足顾客。反过来,技术使公司了解顾客的购买模式,以便公司更好地预测他们的偏好。

**建立伙伴关系**　事实证明,分摊经营负担可以缩短提高市场反应能力所需的时间。福特汽车公司与通用汽车公司和戴姆勒 – 克莱斯勒公司的合作就是一个最佳范例。这三家大型汽车制造商联合建立了一个互联网门户网站,将它们的采购组织与 3 万家原材料供应商联系起来。这些网上沟通还提高了汽车公司在供应链各个阶段回应客户咨询的速度。

来自经营实践的证据表明,速度作为成功的关键因素正渐渐成为业务单元战略的第一要素。加快速度满足客户需求的公司目标越来越无法自由选择,越来越多地变成了财务生存的必要条件。幸运的是,企业可以系统化地评估加速带给它们的变革压力和要求。用来实施升级的方法越来越快地建立,而且公司成功实现加速的记录也为它们提供了支持。

## 创新以赢得或维持优势

创新是发明创造的初始商品化,是通过生产和销售新产品、新服务或新流程实现的。因为每种产品都有趋于平缓和最终衰落的生命周期,创造能够填充公司收益流的新产品对于维持成功的经营模式至关重要。

创新能够以变革和建立新产业的突破性形式出现。例如,索尼公司的研发活动在 2010 年催生了多种以三维 (3D) 视觉体验为焦点的产品。索尼希望利用影院 3D 电影的成功,尝试在电视、电脑、摄像机和相关设备上为消费者提供相同的体验,从而带来家庭观看的创新。索尼的新款 Bravia 液晶电视机、蓝光光盘产品和 PS3 游戏机使消费者在家中就能体验 3D 影像。

追求突破创新的公司的目标是生产出能够变革一个行业或建立一个新行业的破坏性产品。2010 年,微软 Office 推出了一款免费网络版办公软件。该软件存储在微软的服务器上,通过网络传输给终端用户。这个概念被称为云计算,它有悖于微软传统的商业模式。云计算是指计算任务会被指派给远端而不是台式电脑、手提电脑或公司自己的服务器。微软的传统做法是将软件程序卖给消费者,软件直接存储在消费者的电脑上。这种新的商业模式要求微软在初次售出软件包后为顾客提供更高水平的支持。这种创新可以被视为自毁行为,但微软选择将其作为应对下一次软件重大创新的机遇。2009 年,全球云计算服务的销售额上升到 560 亿美元,预计 2013 年将升至 1500 亿美元。[20] 如果没有成功地开发相关产品和服务参与该市场的竞争,微软就会面临风险,可能无法摆脱在生命周期中处于平缓或衰落阶段的产品。

突破性创新可能需要大量的研发投资和耐心。很多公司发现投入财力和时间进行这些突破创新的开发是很困难的。因此,很多公司采用节省成本的方式进行创新,设法将相关风险降至最低。例如,如果两个或多个公司希望分摊创新可能产生的投资成本,可以利用合资的办法节省成本。Hulu.com 是通用电气旗下美国全国广播公司与新闻集团的合资企业,提供在线流媒体网络电视服务,服务由广告业务支撑,让消费者可以在自己的电脑上通过各种各样的网络观看电视节目。[21] 该服务让两家公司都能涉足不断变化的家庭娱乐业。Hulu.com 在 2009 年获得了 2 亿美元的收益,它让参与合资的公司有机会共享一个产品,这个产品可以看成消费者观看电视节目的方式上的创新,而与此同时只用承担部分投资风险。

创新外包可以用来减少创新失败的风险。美国企业在电子产品零售市场采取了这种战略，2009 年的一项调查发现，服务业的所有创新中有 90% 是外包产生的。[22] 知名品牌已经将创新外包作为其增长战略的重要组成部分。例如，2010 年，宝洁公司的新产品创意有一半来自外部资源。[23] 企业可以通过把设计这个关键方面外包而不是将自己的资金投入更多的研发活动中来减轻它们的风险系数。

## 通过创新创造价值

价值创造很大程度上取决于创新，持久的盈利性增长需要的不仅仅是进行明智的收购或者通过摆脱不盈利的业务或裁员来谨慎地"做减法"。很多公司意识到需要从核心业务中产生更多价值，更加有效地利用核心能力。这些战略举措反过来又会提升对创新的需求。[24]

创新对大多数公司而言是一个重大的战略挑战。克莱顿·克里斯滕森创造了**破坏性创新**和**维持性创新**的概念来描述"创新者的困境"——拥有知名产品的成功公司如何才能避免被拥有更新、更便宜产品的竞争者挤走，而且竞争者的产品假以时日会变得更好，会成为严重的威胁。[25]

克里斯滕森发现，当前的行业领导者和竞争者大多数从事的是维持性创新——这种创新关注的是制造"更好"的产品。有些维持性创新比较简单，是一年一年递增式的改进；有些维持性创新比较激烈，是突破性的技术，比如从模拟到数字化和从数字化到光纤的转变。尽管它们代表切实的技术进步，然而它们的作用是将更好的产品推入市场，这些产品可以出售给行业领先者所服务的顶尖客户，带来更高的利润。

新进入者和挑战者有更大的自由从事破坏性创新——其推出的产品也许不及现有产品那么优秀，因此对当前客户不具吸引力，但这些产品很简单，往往更加经济实惠。这些新进入者会发现自己被要求不高、服务水平不高的细分市场所接受，稍后它们就会用改进的产品建立竞争主流客户的立足点。克里斯滕森之所以将这种创新称为破坏性创新，不是因为它界定了技术突破，而是因为它打破了已经确立的竞争基础。

电脑硬件业有很多破坏性创新的范例。微型电脑的推出扰乱了大型计算机业。个人电脑扰乱了微型电脑的销售。无线手提装置,比如黑莓手机和掌上先锋掌上电脑,扰乱了笔记本电脑市场。

尽管行业领导者可以挺过破坏性袭击生存下来并且维持领导地位,但有有力证据表明,唯一能做到这一点的办法是建立独立的单元。原因是独立的实体需要建立商业模式的自由,这种商业模式会转变成破坏式的新经营方式,最终导致母公司商业模式的终结。当微型电脑扰乱大型计算机市场时,IBM 出手晚了,但凭借在明尼苏达州罗切斯特市建立了一个独立的业务单元得以幸存。后来,当个人电脑扰乱微型电脑市场时,IBM 又在佛罗里达州建立了独立的业务单元。这种对商业模式的调整帮助 IBM 成为自 20 世纪 60 年代以来幸存下来的唯一一家大型电脑公司。

通用电气公司以自我革新能力闻名。在过去 30 年的每个重大转型期,通用电气都取得了成功,它靠的是建立或收购新的破坏性业务单元和出售或关闭已经接近经济周期末期的业务单元。它绝不尝试改变现有业务单元的商业模式并以此"追赶"破坏性创新带来的新竞争基础。

维持性创新可以让公司生存很多年;从长远看,只瞄准当前客户可能是有害的。为了启动新增长业务,非顾客往往是最需要了解的顾客。发现他们为什么不是顾客,能够激励创新、刺激增长。

如果现有市场参与者关注的是利润而不是增长,可能阻碍创新,从而抑制增长。[26] 在华尔街要求产生稳定回报的压力下,上市公司面临尤其巨大的挑战。投资人和行业分析师可能希望公司的利润增长更多来自盈利能力,而公司的高管往往更希望利润来自不断增加的收益。但是,经验证据显示,公司的利润不论来自盈利能力提高还是来自收益增长,如果都是以彼此为代价,那么越是如此,公司的战略越可能存在内在缺陷。[27] 投资人和高管关注的重点不同,这说明了为什么私人公司常常有更好的长期投资机会并且寻求破坏性创新,其需要很长的时间进行开发和趋于成熟,还可能在开发的早期阶段带来短期的损失。

很多公司没有建立创新文化,因为建立创新文化超越了传统的战略规划实践。战略规划往往过于关注现有的或密切相关的产品和服务,而不是关注推动未来需求的机遇。相反,创新是用创意思维预测、评估和满足潜在客户需求的产物。有时创新以技术为基础，但它往往源于企业对显性或隐性客户需求的认知。创新可以发生在客户或公司价值链的任何一个节点，从原材料采购一直到提供附加价值的售后服务。

尽管很多企业追求创新，但明尼苏达矿业及制造公司（3M）之所以在将近 100 年中一直保持不败，是因为它的商业模式是基于一种促进创新产品生产的文化。3M 以报事贴、思高洁防污剂和透明胶带闻名于世，3M 的业务细分市场包括工业、运输、制图和安全、医疗保健、消费和办公、电子和通信以及特殊材料等。

3M 公司作为创新者取得了前所未有的成功，它的方法值得更广泛的思考。从根本上看，是六个条件驱动了 3M 的创新：

1. 支持从研发到客户销售和客户支持的创新。

2. 设法预测和分析未来趋势，了解未来。3M 制定了一个名为"先见之明"的计划，在其中，行业专家考察技术变革的远期和外部环境以及其他趋势，找出新的市场机遇，这些机遇被称为"绿地"。

3. 建立延伸目标。这个驱动力对 3M 很重要，因为它是促进增长的评估标准。延伸目标的例子之一是新产品的销售目标。这个目标是：40% 的销售额要来自最近 4 年推出的产品。另外，10% 的销售额要来自当年推出的产品。

4. 让员工能够实现目标。在 3M，这是通过有 40 年历史的"15% 定律"实现的。它让 3M 的研究人员有机会把自己 15% 的时间用在一切有创意的想法或项目上，无需管理层的批准。

5. 支持覆盖整个公司的广泛网络。这个驱动力要求在公司内分享发现。3M 的企业政策规定技术属于公司，这意味着研究结果将由公司所有六个业务细分市场共享。

6. 认可和奖励创新人员。3M 实施了一项创新计划，通过由同事提名的奖励计划和企业"名人堂"奖励创新人员。

打造创新文化耗时费力。尽管没有打造创新环境的通用模式，但我们审视成功的公司，可以发现某些共同特点。首先，企业需要有高层对创新的承诺。创新承诺明显地体现在最高管理者的态度上,通过把他们的理念传达给从创新中获益的组织各级人员来体现,创新承诺也明显地体现在最高管理者发起和引导新产品活动的意愿上。

第二,企业需要一个长期聚焦。"季度目标",即对下季度业绩先入为主的想法,是创新最常见的绊脚石之一。创新是对未来的投资,不是解决当前收入或利润问题的救急任务。

第三,企业需要有灵活的组织结构。刻板的组织结构加上复杂的批准程序或官僚作风的拖延和瓶颈,使创新在这样的环境中很少能兴盛活跃。

第四,企业需要在规划和控制上松紧结合。把所有直接成本、间接成本、管理成本和其他成本都放在正在开发的项目上等于宣告该项目的死亡。很少有创新想法能够立刻转化成可以覆盖所有成本或满足常规回报要求的商业化投资项目。

最后,要建立创新环境,企业需要有适当的激励体系。很多公司的奖励体系是针对现有业务的,考虑短期业绩多过长期创新和市场开发的目标。只有企业鼓励承担风险、接受偶尔的失败创新,而且经理们既要对利用机遇负责也要对错失机遇负责,创新才能兴盛活跃。

**创新与业绩的关系**　有关研发、创新和财务业绩之间关系的证据并不一致。博思艾伦咨询公司在 2006 年进行的"全球创新 1000 强"研究发现,研发费用和财务成功的评价指标之间没有明显的统计关系。[28] 研究找出了全球 1000 家研发费用最多的上市公司。研发费用高度集中,前 20 名公司的研发费用共计 1160 亿美元,占 1000 家公司总研发费用的 28%。前 20 名公司的研发费用对销售额比率的中间值是其余公司的 1.8 倍,但没有获得相应的财务收益。

波士顿咨询集团的"创新 2006"全球调查包括 1070 名高管,他们代表了 63 个国家和所有主要行业。与博思艾伦咨询公司的研究相反,波士顿咨询集团的研究发现创新会转化成优异的长期股票市场业绩。调查受访者认定的 25 家最创新公司在 1999 年到 2005 年之间拥有年均 14.3% 的回报率中间值,比标准普尔全球 1200 指数公司的回报率中间值高出整整 300 个基点。[29] 魔立特集团出版的《创新的奖励》(*The Innovation Premium*)

一书同样表明，公司对创新和内在增长的有效关注与未来股东回报之间存在强烈的正相关。[30]

## 创新框架

公司的创新途径因不同的产品－市场战略而各异。低成本领先者往往把创新焦点集中在生产和交付的新流程和新步骤上，而具备差异性的公司主要进行产品创新。

行业"先行者"也从产品和技术创新中获益，而行业"跟随者"最能从服务和供应链升级的创新中获益，行业落后者需要关注有助于保证低成本的运营流程创新。[31]

强调创新的企业通常会采取组合式方式开展一系列能够推动公司战略目标的研发项目。企业用能实现其风险和增长目标的方式将关注核心进步、当前品牌逻辑延伸以及新增长措施的项目组合在一起。增量创新和突破对企业来说很重要，因为增量创新延伸了当前的收益流，而当前的收益流来自之前的创新，突破则建立了新的产品生命周期，这会给企业带来强大的竞争优势。[32]

## 苹果公司的创新产品

苹果公司也许是世界上最具创新意识的公司。在《商业周刊》对全球高管的一项调查中，苹果在 2005 年以来的创新公司排名中一直位居第一。[33]苹果之所以位居第一，是因为 46% 的受访者认为苹果提供的产品最具创新意识。

苹果提供创新产品和服务的历史由来已久。最著名的是 iPod，它是音乐行业的重大突破。iPod 和 iTunes 音乐商店改变了消费者聆听和购买音乐和电影的方式。[34] 和 iPod 一样，iPhone 改变了手机业。iPhone 的革命性触屏设计让它在竞争中独树一帜。苹果在 2010 年又推出了 iPad，这款个人平板电脑在销售上取得了惊人的成功。

除了足以改变市场的产品创新，苹果成功地改进了流程，建立了创新服务。通过改进供应链流程,苹果大幅降低了平均库存水平。1997 年,苹果的库存周转时间是 54 天,接近行业最差水平,从那时起,苹果一直对供应链流程进行改进,它们的库存周转时间已经降低到只差一天就能成为行业效率的排头兵。[35]

## 使外部伙伴成为整体创新战略的一部分

从历史上看,重视创新的公司会维持较多的专利组合,以便支撑增长、阻止竞争者。但是,日立公司采取的办法更具选择性,只有在能清晰地界定专利能为公司提供的价值时才会申请专利。这个做法的一个结果是日立提交的专利申请数量在过去的 20 年中持续下降,但日立通过专利授权获得的收入翻了一倍多。[36]

创新企业从研发投入中获取价值的另一个途径是让人免费使用专利技术。IBM 每年靠专利授权赚取的收入超过 10 亿美元,但它允许人们免费使用已经获得专利但被认为对公司的整体成功不那么关键的技术,因此其他技术公司可以建立与 IBM 的产品配套的系统,从而建立能够轻松适应 IBM 核心产品的用户环境。

企业充分发挥研发投资的作用的第三个途径是与有兴趣参与高风险、高回报事业的公司合作。例如,美国电话电报公司是 iPhone 的独家服务提供商,与美国电话电报公司的合资项目让苹果公司受益。协议条款规定两家公司共同分担创新的成本和风险。这个合资项目的结果是:苹果能够专心提供世界顶级的手机,而美国电话电报公司可以作为服务提供商专心利用专业技术处理客户的服务要求。

## 宝洁公司

宝洁公司在 2002 年启动了一个名为"联系和发展"的战略意图计划。其目的是使公司从对技术实施高度保密和保护转变为公开寻找伙伴为业务问题开发尖端解决方案。这个创新战略的目标是公司开发的所有创新项目中至少有 50% 来自外部企业的合作,宝洁公司全力以赴实施该战略,在这项计划启动后的 8 年时间里收益翻了一倍。[37]

此外，宝洁公司拥有一个名为"未来事业部"的致力于投资突破性技术的团队，一个为创新投资提供高出预算的补充资金的基金，以及一个与工程师合作关注破坏性技术的培训团队。宝洁公司承诺拿出销售额的 4% 用于创新项目。[38] 公司设法拿出两倍于竞争者的开支用于创新，这帮助公司建立了由 23 个每个至少价值 10 亿美元的品牌和 20 个每个至少价值 5 亿美元的品牌组成的产品组合。这些品牌带来的利润大约占宝洁公司全部利润的 90%，在 2009 年总计超过 46 亿美元。[39]

超过 50% 的宝洁产品利用了至少一个与外部伙伴合作开发的部件。这种合作带来了利润，因为宝洁公司几乎所有的内在增长都来自新品牌或改良产品。宝洁公司仅仅使用了 10% 的专利，但每年花费数百万美元更新其他 90% 的专利，公司希望这些技术晚些时候能够得到使用或者用来阻挡竞争者。[40] 2004 年，宝洁公司与高乐氏公司合作开发了保鲜袋，让当时宝洁公司持有的一项未使用的保鲜膜专利获得了最大化收益。高乐氏公司的 Glad 品牌过于强势，不适合推出新产品，于是两家公司共同建立了一家合资企业，充分利用各自的实力，让两家公司都赚得盆满钵满。[41]

2010 年，宝洁公司努力通过创新使产品更具环境可持续性。公司将产品瞄准"可持续主流市场"，组成这个市场的消费者关注可持续性的提升，但不愿牺牲产品的价值或特性。公司估计这个细分市场占全球市场的 75%，15% 的"小众"消费者愿意为了提升可持续性放弃其他两个因素中的一个，而 10% 的"维持基本生活"的消费者不会作出任何基于可持续性因素的决定。

从 2007 年到 2010 年，宝洁公司在全球共售出了价值 131 亿美元的可持续消费产品，占公司这些年收益总额的 17%。

## 创新和盈利能力

创新很难，2010 年一项针对高管的调查中，50% 的受访者证实了这一点，他们在调查中表示对公司在创新计划上的投资回报不满意，原因是开发时间长、存在不利于公司文化的风险、很难选择正确的产品进行商业化以及公司内部缺乏协作等。[42]

　　研究显示,高管对公司使用创新逐利的能力缺乏信心。在弗雷斯特研究公司的一项研究中,来自制造企业的受访者中有 67%认为自己比竞争者更具创新意识,但只有 7%的受访者认定自己非常成功地实现了他们的创新业绩目标。[43] 在波士顿咨询集团的"创新"调查中,受访者质疑他们研发开支的效力;48%的被调查者不满意公司的创新投资带来的财务回报。

　　惠普公司和公司执行委员会公司 (Corporate Executive Board Company) 发起了一项针对《财富》50 强公司增长记录的研究,该研究使创新转化成盈利业绩成功率不高的原因浮出水面。其结论是,对大公司增长最大的抑制因素是"创新流程管理不善"。[44]

　　另一个对创新成功率不高的解释是企业缺乏评价指标或无法有效地实施评价指标。结合"创新 2006"调查,波士顿咨询集团邀请了一批资深高管完成了一项有关创新评价指标和衡量的单独调查。[45] 在 269 名受访者中,63%的人表示他们的公司会跟踪 5 个或更少的指标。只有 47%的人表示他们偶尔使用执行后指标,而 8%的人表示他们完全不使用任何指标。所有公司中足有一半的公司没有密切跟踪创新流程的效率。不足一半的受访者表示,即便跟踪,他们的公司也总是将创新评价指标与员工激励直接挂钩。

　　研发投资无法带来成功产品和财务收益主要有三个原因:未能开发真正创新的产品;一旦创新产品进入市场,未能成功将其商品化;未能对创新产品进行及时营销。很多项目在开发时就被放弃了:一种估计是125~150 个新举措中才能有一个实现市场成功。[46] 其他报告给出了不同的数据,但所有的研究都显示,创新成功带来的盈利能力不大:

- 85%的新产品创意没能成功进入市场,在进入市场的新产品创意中,有 50% ~ 70%以失败告终。[47]
- 一项全球研究调查了 360 家工业企业,这些企业共推出了 576 个新型工业产品,整体成功率为 60%。[48]
- 新推出产品的失败率往往达到 50%或更高。[49]
- 让产品推迟上市可能带来极大的损失。麦肯锡公司发现,一个产品如果推迟 6 个月上市，可能损失该产品生命周期中 33% 的潜在利润。[50]

**通过创新提升业绩的建议**　通过对有关创新投资对公司财务业绩影响的研究的整体评估，我们得出六个给战略经理的建议：

1. 战略和创新之间达成计划协同性。如果为了达成特定的战略目标而创新，公司成功的几率会增加。[51]

2. 存在新机遇和竞争优势的领域为公司提供了从创新中盈利的最佳机会。必须在创新决策中考虑所提供的产品和服务、所服务的客户、所使用的流程以及核心价值。[52]

3. 经营系统创新带来的利润可以相当于产品开发带来的利润。[53] 仅仅依靠新产品的企业可能排斥加强经营系统所需的投资，这让它们在面对加强营销、信息和财务系统领域内经营流程的竞争者时非常脆弱。广泛的创新带来的好处包括建设支持产品创新的系统性基础设施、建立阻挡潜在竞争者的进入门槛以及产生职能和流程上的其他创新机遇等。

4. 为了增加成功的可能性、降低创新的风险，要着眼于公司的内部环境。开放式的经营模式让组织能够通过归纳外部概念来利用更多创意，让组织能够在组织的运营和与其他公司的业务中更有效地利用公司资产，获取更大价值。[54]

5. 联盟和企业风险投资计划让企业分摊探索性投资带来的风险。[55] 企业的风险投资提供了获得补充性和战略性知识产权、额外的财务资源以及技能的机会，从而提供了应对创新挑战的可靠、切实的近期解决方案。[56]

6. 让客户尽早且经常参与创新流程。通过合作开发，客户帮助公司定义产品的要求、部件和材料，在创新流程中起到积极的作用。[57] 这能够帮助公司从现有客户中征求新产品概念、寻求最受欢迎的创意、在开始最终开发和生产前询问客户购买新产品的意愿，以此避免会造成重大损失的产品失利。[58] 合作开发在测试创新产品和为相对较小的异质细分市场开发产品时尤其有效。

# 注　释

1. M. E. Porter, 1980, *Competitive Strategy: Techniques for Analyzing Industries and Competitors* (New York: The Free Press), Chapters 11 and 12.
2. J. A. Pearce II and R. B. Robinson, Jr., 2011, *Formulation, Implementation, and Control of Competitive Strategy*, 12th ed. (Chicago, IL: Irwin/McGraw-Hill), Chapter 5.
3. J. E. Bleeke, September–October 1990, "Strategic Choices for Newly Opened Markets," *Harvard Business Review*.
4. Bleeke, op. cit., 1990.
5. A. Florissen, B. Maurer, B. Schmidt, and T. Vahlenkamp, 2001, "The Race to the Bottom," *The McKinsey Quarterly*, 3: 98–107.
6. R. A. D'Aveni, 1999, "Strategic Supremacy through Disruption and Dominance," *Sloan Management Review*, 40(3): 127–135.
7. W. I. Huyett and S. P. Viguerie, 2005, "Extreme Competition," *McKinsey Quarterly*, 1: 47–57.
8. E. Kim, D. Nam, and J. L. Stimpert, 2004, "Testing the Applicability of Porter's Generic Strategies in the Digital Age: A Study of Korean Cyber Malls," *Journal of Business Strategies*, 21(1): 19–45.
9. C. Grosso, J. McPherson, and C. Shi, 2005, "Retailing: What's Working Online," *The McKinsey Quarterly*, 3: 18–20.
10. R. T. Grenci and C. A. Watts, 2007, "Maximizing Customer Value Via Mass Customized E-consumer Services," *Business Horizons*, 50(2): 123.
11. M. Ko and N. Roztocki, 2009, "Investigating the Impact of Firm Strategy-Click-and-Brick, Brick-and-Mortar, and Pure-Click-on Financial Performance," *Journal of Information Technology Theory and Application*, 10(2): 4–17.
12. F. Bernstein, J. Song, and X. Zheng, 2008, " 'Bricks-and-Mortar' vs. 'Click-and-Mortar': An Equilibrium Analysis," *European Journal of Operational Research*, 187(3): 671.
13. T. Randall, S. Netessine, and N. Rudi, 2006, "An Empirical Examination of the Decision to Invest in Fulfillment Capabilities: A Study of Internet Retailers," *Management Science*, 52(4): 567–580.
14. W. Baker, M. Marn, and C. Zawada, 2001. "Price Smarter on the Net," *Harvard Business Review*, 79(2): 122–127.
15. Ibid.
16. A. Dixit, T. Whipple, G. Zinkhan, and E. Gailey, 2008. "A Taxonomy of Information Technology-Enhanced Pricing Strategies," *Journal of Business Research*, 61(4): 275–283.
17. H. Kurata and C. M. Bonifield, 2007, "How Customisation of Pricing and Item Availability Information Can Improve E-commerce Performance," *Journal of Revenue and Pricing Management*, 5(4): 305–314.
18. Y. Ruiliang, 2009, "Product Categories, Returns Policy and Pricing Strategy for E-Marketers," *The Journal of Product and Brand Management*, 18(6): 452–460.
19. J. A. Pearce II, 2002, "Speed Merchants," *Organizational Dynamics*, 30(3): 1–16.
20. D. Bass, February 17, 2010. "Microsoft Risks Margins as Office Unit Fights Google (Update3)," *Business Week (Online)*.
21. M. Vella, March 14, 2008, "How Hulu's Design Gets It Right," *Business Week (Online)*.
22. J. C. Linder, S. Jarvenpaa, and T. H. Davenport, 2003, "Toward an Innovation Sourcing Strategy," *MIT Sloan Management Review*, 44(4): 43.
23. P. Engardio and B. Einhorn, March 21, 2005, "Outsourcing Innovation," *Business Week (Online)*, http://www.businessweek.com/magazine/content/05_12/b3925601.htm.
24. C. A. de Kluyver, July 1988, "Innovation: The Strategic Thrust of the Nineties," *A Cresap Insight*.
25. C. M. Christensen and M. Raynor, 1997, *The Innovator's Dilemma: When New Technologies Cause Great Firms to Fail* (Boston, MA: Harvard Business School Press).
26. C. M. Christensen and M. Raynor, 2003, *The Innovator's Solution: Creating and Sustaining Successful Growth* (Boston, MA: Harvard Business School Press).
27. D. Dodd and K. Favaro, 2006, "Managing the Right Tension," *Harvard Business Review*, 84(12): 62–74.
28. R. Bordia, K. Denhoff, and B. Jaruzelski, 2006, "Smart Spenders: The Booz Allen Hamilton Global Innovation 1000," *Strategy + Business*, 45: 46–61.
29. J. P. Andrew, July 19, 2006, "Innovation 2006," *BCG Senior Management Survey*, pp. 1–30.
30. R. S. Jonash, 2005, "Driving Sustainable Growth and Innovation: Pathways to High-

Performance Leadership," *Handbook of Business Strategy*, 6(1): 197–202.

31. E. McDonough, M. Zack, H. Lin, and I. Berdrow, 2008, "Integrating Innovation Style and Knowledge into Strategy," *MIT Sloan Management Review*, 50(1): 53–58.

32. R. Varadarajan, 2009, "Fortune At the Bottom of the Innovation Pyramid: The Strategic Logic of Incremental Innovations," *Business Horizons*, 52: 21–29.

33. "The 50 Most Innovative Companies," 2009, *Business Week (Online)*, p. 9.

34. C. J. Wehlage, July 28, 2008, "How the Digital Supply Chain Made Apple No. 1 on the Supply Chain Top 25," *AMR Research*, http://www.amrresearch.com/Content/View.aspx?compURI=tcm:7-37848.

35. D. Patnalik, February 10, 2010, "The Fundamentals of Innovation," *Business Week*, http://www.businessweek.com/innovate/content/feb2010/id2010028_823268.htm.

36. V. Bhatia and G. Carey, 2007, "Patenting for Profits," *MIT Sloan Management Review*, 48(4): 15–16.

37. Ibid.

38. D. Laurie, Y. Doz, and C. Scheer, 2006, "Creating New Growth Platforms," *Harvard Business Review*, 84: 80–90.

39. Proctor and Gamble Annual Report, 2009

40. O. Alexy, P. Criscuolo, and A. Salter, 2009, "Does IP Strategy Have to Cripple Open Innovation?" *MIT Sloan Management Review*, 51(1): 71–77.

41. H. Chesbrough and A. Garman, 2009, "How Open Innovation Can Help You Cope in Lean Times," *Harvard Business Review*, 87(12): 68–76.

42. J. D. Bate, 2010. "How to Explore for Innovation on Your Organization's Strategic Frontier," *Strategy and Leadership*, 38(1): 32–36.

43. N. Radjou, 2005, "Networked Innovation Drives Profits," *Industrial Management*, 47(1): 14–21.

44. R. Stringer, 2000, "How to Manage Radical Innovation," *California Management Review*, 42(4): 70–88.

45. J. P. Andrew, July 19, 2006, "Measuring Innovation 2006," *BCG Senior Management Survey*, pp. 1–17.

46. M. Amram, 2003, "Magnetic Intellectual Property: Accelerating Revenues from Innovation," *Journal of Business Strategy*, 24(3): 24–30.

47. P. Koudal and G. C. Coleman, 2005, "Coordinating Operations to Enhance Innovation in the Global Corporation," *Strategy & Leadership*, 33(4): 20–32.

48. G. Stevens and J. Burley, 2003, "Piloting the Rocket of Radical Innovation," *Research Technology Management*, 46(2): 16–25.

49. S. Ogawa and F. P. Piller, 2006, "Reducing the Risks of New Product Development," *MIT Sloan Management Review*, 47(2): 65–71.

50. T. Vesey, 1991, "Speed-To-Market Distinguishes the New Competitors," *Research Technology Management*, 34(6): 33–38.

51. C. B. Dobni, 2006, "The Innovation Blueprint," *Business Horizons*, 49(4): 329–339.

52. M. Sawhney, R. C. Wolcott, and I. Arroniz, 2006, "The 12 Different Ways for Companies to Innovate," *MIT Sloan Management Review*, 47(3): 75–81.

53. T. Shervani and P. C. Zerillo, 1997, "The Albatross of Product Innovation," *Business Horizons*, 40(1): 57–62.

54. H. W. Chesbrough, 2007, "Why Companies Should Have Open Business Models," *MIT Sloan Management Review*, 40(2): 22–28.

55. R. D. Ireland and J. W. Webb, 2007, "Strategic Entrepreneurship: Creating Competitive Advantage Through Streams of Innovation," *Business Horizons*, 50(1): 49–59.

56. M. O'Leary-Collins, 2005, "A Powerful Business Model for Capturing Innovation," *Management Services*, 49(2): 37–39.

57. P. Koudal and G. C. Coleman, 2005, "Coordinating Operations to Enhance Innovation in the Global Corporation," *Strategy & Leadership*, 33(4): 20–32.

58. S. Ogawa and F. P. Piller, 2006, "Reducing the Risks of New Product Development," *MIT Sloan Management Review*, 47(2): 65–71.

# 第 *8* 章
# 全球战略制定

8.1 导 言

8.2 全球化和行业集群

8.3 全球战略制定

8.4 全球化组织和风险

## 8.1 导 言

"全球化"往往被形容成一个渐进的过程，开始是出口增加，随后是适度地出现在国际市场，发展成跨国组织，最终演变成跨国或全球化企业。但是这种渐进主义的表象是有欺骗性的。它模糊了公司使命、核心能力、结构、流程和文化的关键性变化，因此也模糊了国际运营、跨国企业和全球化企业管理之间的巨大差异。正如很难说清全球化行业一样，**全球战略**这个词尽管在日常生活中经常使用，但同样意义含混不清。具体战略元素，比如市场覆盖率或生产，是可以全球化的。真正的全球战略，即在所有方面都全球化的战略，是很少见的。

为了建立全球视角，公司必须仔细界定全球化对其特定业务意味着什么。这取决于行业、产品或服务以及在全球范围内取得成功的条件。对可口可乐而言，它意味着在全球范围内复制价值创造过程的主体部分——从产品配方到营销和交付。英特尔的全球竞争优势建立在其技术领先地位和在全球范围内部件供应商优先地位的基础上。对中型公司而言，它也许意味着建立→批小型的国外子公司，以及打造众多联盟。对其他公司而言，它也许意味着完全不同的东西。因此，尽管用通用思维思考全球战略的想法很吸引人，但全球化仍是一个针对特定公司或特定行业的非常具体的话题。它迫使公司重新思考战略意图、全球化架构、核心能力以及全部的产品和服务组合。对很多公司而言，思考出来的结果要求它们对经营之道——和谁交易、如何交易以及为什么交易——作出大幅改变。

本章包含三个部分。在第一部分，我们从宏观经济的角度看问题，思考为什么有些国家和地区专攻特定产品的制造，关注特定的价值创造活动或企业栖身的特定行业。我们也会探讨推动行业全球化的关键因素。在第二部分，我们关注在微观经济、企业层面的全球战略制定。该部分会介绍一种建立全球竞争优势的通用战略框架，探讨全球战略开发、进入战略和地区 / 国家分析的主要维度，最后详细描述沃尔玛是如何应对全球化挑战的。本章的最后一部分探讨实施全球战略带来的组织挑战，并且思考企业在全球范围内运营带来的独特风险。

## 8.2　全球化和行业集群

比较经济优势理论认为，由于自然条件的关系，世界上的一些国家或地区在制造特定商品时比另一些国家和地区更有效率。例如，澳大利亚在自然条件上适合发展矿业；美国拥有广袤的温带大陆，有发展农业的天然优势；世界上森林多的地方可能拥有制造木制品的天然优势。这个理论对农业、矿业和木材业来说令人信服。但像电子、娱乐或服装设计这样的行业呢？要解释这些行业为何聚集在特定的国家和地区，需要运用更加全面的地缘竞争理论。

由于缺乏天然的相对优势，行业集群是行业自身创造相对优势的结果。[1] 制造商往往会把生产场所设在距离主要客户较近的地方。如果交通成本不是太高，在生产方面又有较强的规模经济，这一个生产场所就可以服务很大一块地理区域。反过来，这也会使供应商对这个行业感兴趣。劳动力市场很可能会发展起来，开始为需要类似技能的"相似"行业提供服务。这种"相似"行业聚集在同一地点的现象可能导致技术上的相互依赖，从而进一步促进行业的聚集。因此，聚集是经济力量的自然结果。半导体业是一个很好的范例。美国和亚洲的企业共同满足了全世界绝大部分的半导体需求。半导体业是资本密集型行业，研发成本高，制造流程高度复杂，但运输成本很低。技术上的相互依赖推动了与供应商的配合，而成本和学习曲线效应则指向规模效率。因此，聚集对彼此都有利。

只有运输成本令人却步或规模经济难以实现时（即有妨碍聚集的障碍因素时），行业地点更加集中化的模式才会成为自然规律。家电业的实例解释了这一点。通用电气和惠而浦等公司在很多方面的运营已经实现了全球化,但这个行业的基本经济情况让行业集群缺乏吸引力。压缩机或电阻部件等某些有附加价值的部件的生产可能有一定程度的集中,但产品的大批量特性和高昂的运输成本使进一步的集中缺乏经济上的吸引力。另外,柔性制造技术的进步使有效生产所需的最小规模不断降低。这让生产商可以更细致地根据当地的品味和喜好修改所提供的产品,从而进一步阻止该行业的全球化。

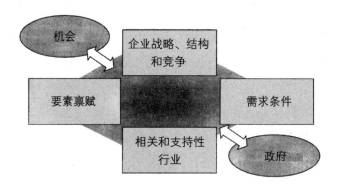

**图 8-1** 国家竞争优势的决定因素

资料来源:Reprinted with the permission of *The Free Press*, a division of Simon & Schuster Adult Publishing Group, from *The Competitive Advantage of Nations* by Michael E. Porter. Copyright © 1990, 1998 by *The Free Press*.

## 波特国家钻石模型

经典经济学理论告诉了我们为什么会出现行业聚集。但是它没有充分解释为什么特定区域会吸引某些全球行业。波特用被他称为"国家钻石"的理论框架(如图 8-1 所示)解答这个问题。[2]

**要素条件** 答案始于国家或地区的禀赋条件与行业的特点和要求相匹配的程度。这样的要素条件包括自然禀赋(气候和矿物)和人工禀赋(技能水平、资本和基础设施)。但从这些要素的可移动程度或可能被其他国家与地区模仿的程度来看,仅靠要素条件是无法充分解释区域优势的。事实上,反过来说反而解释得通。如果某个特定行业利润极高而进入门槛又较低，模仿和扩散的力量就会导致该行业跨越国界发展。[3] 日本在很多始于美国的行业中参与竞争，韩国企业模仿日本的战略，中欧国家也正在攻占始建于西欧的行业。由资本等可移动要素决定的行业尤其容易受到影响。

**本土需求**　第二个因素是本土需求的性质和规模。大型本土市场会对行业发展起到刺激作用。如果大型本土市场的发展先于世界其他地方的市场，在本土市场开始呈现饱和的时候，有经验的企业会有充足的动力寻求海外业务。例如，在经历了早期本土的发展之后，日本的摩托车业利用其规模优势出现在全球市场。[4] 波特发现，起到重要作用的不仅包括早期需求的地点，还包括早期需求的构成。产品的基本或核心设计几乎总能反映本土市场的需求。同样，本土市场需求的性质和本土市场购买者的成熟度是行业寻求未来全球地位潜力的重要决定因素。例如，美国政府是早期的芯片购买者，是相对而言成本敏感度较低的成熟购买者，这对美国的半导体业是很有帮助的。这些条件推动了行业新技术的开发，并且为大规模制造提供了早期机遇。

**相关和支持性行业**　相关和支持性行业是波特理论的第三个元素。这与我们之前对行业集群的观察结果类似。好莱坞不仅仅是电影制片商的集群。它还包含众多供应商和服务提供商，而且已经在洛杉矶地区形成了劳动力市场。

**本土行业的竞争力**　本土行业的结构和竞争构成了"国家钻石"模型的第四个元素。这个元素实际上是对第 4 章描述的"五力"竞争模型的总结。国内竞争越旺盛，成功企业越可能在全球范围内参与竞争。有大量证据支持这个观点。德国制药公司之间的激烈竞争使它们成为全球市场中一股不可思议的强大力量。对国内市场份额的激烈竞争也巩固了日本汽车制造商在海外的竞争地位。

**公共政策和机会**　这个模型的最后两个组成部分是公共政策和机会。毫无疑问，政府政策可以通过基础设施、激励机制、补贴或临时性保护措施培育全球化行业。挑选全球市场的"胜利者"从来都不是政府的强项。机会因素允许随机事件的影响，如基础科学的突破在何时何地发生、企业家的进取心以及纯粹的运气等。例如，美国的照相业在早期占据统治地位，除了其他因素，还要归功于乔治·伊士曼（柯达创始人）和埃德温·兰德（宝丽来创始人）是在美国出生的。

## 行业全球化驱动因素

图 8-2 显示了四组"行业全球化驱动因素"——这些驱动因素是构成行业更加全球化的潜力的基本条件，进而构成全球战略途径的潜在可行性。[5] 市场驱动因素是界定顾客行为模式演变和融会方式的评定标准。市场驱动因素之所以重要，是因为它们可以表明全球范围内的分销渠道能否发展、营销平台能否转移，能否找出创新方面的"领先"国家等。成本全球化驱动因素是界定全球规模或规模经济、经验效应、反映国家或地区间成本差异的采购效率以及技术优势的机遇的因素。它们塑造了行业的经济状况。竞争驱动因素是根据竞争企业的行为界定的——来自不同大陆的竞争者参与竞争的程度、战略和企业能力的全球化程度以及在各地市场之间建立相互依赖性的程度。政府驱动因素包括优惠贸易政策、有利的监管环境以及相同的产品和技术标准等。

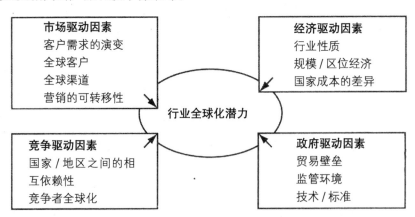

**图 8-2** 行业全球化驱动因素

资料来源：Reprinted from *Columbia Journal of World Business*, Winter 1988, George S. Yip, Pierre M. Loene, and Michael E. Yoshino, "How to Take Your Company to the Global Market," pp.14–26, Copyright © 1998, with permission from Elsevier Science.

**市场驱动因素** 有很多力量会促使公司进行更加全球化的思考，以应付迎头而来的外国竞争、更好地服务越来越全球化的客户、充分发挥各种能力和成本优势以及利用不断放松的全球监管环境。但是，满足不断变化的客户预期是众多公司必须增强其全球化立场的主要原因。

产品或服务的要求和特点在区域和全球范围内有极高的相似度要求企业实施全球产品或服务战略——这意味着大规模的标准化。万豪公司在世界各地提供相似但并不完全相同的服务。肯德基尽管会适应当地的口味和偏好，但对很多运营元素都实施了标准化运作。软件、石油制品和会计服务，不论是在哪里购买的，看上去也都越来越相似。

在很多国家，法规要求产品和服务有一定比例的本土化，例如保险和金融服务。在这样的环境中，相似性可能局限于对效益的追求，因此更适合采用全球效益战略。如果相似性仅局限于对产品或服务的基本需求，比如对不同种类医疗设备的基本需求，战略焦点就应该集中于开发全球化产品或服务种类。[6]

随着消费模式在全球范围内越来越同质化，品牌和营销的全球化对获取全球胜利越来越重要。全球分销和互联网采购导致趋同加剧。对一些产品而言，购买行为仍主要发生在本地；对一些产品而言，已经发展出了更区域化的采购模式。全球采购——在世界各地选择最佳报价——正在越来越多的行业成为准则。通用电气从世界各地为其各类业务进行采购。这样的全球化采购模式可能采用不同的形式。有时候购买者仅仅是寻求全球价格透明度。有时候他们希望得到全球物流支持和采购协议，甚至客户管理。[7]

**成本驱动因素** 对于越来越多的行业，成本效率所需的最低销量不再只是单一国家或地区可以提供的。制药业是一个很好的范例。现在很多新药的开发能否成功不能再根据来自单一国家的经济收益来判定。因此，对取得全球性成功而言，规模和范围经济，经验效益以及在世界上不同地区利用产品开发、制造和采购的要素成本差异已经变得至关重要。这可能产生对价值链不同部分临界量的需求。对制药业而言，研发的临界量对于为新药和化合物培养强大的渠道来说非常关键。在航空业，物流是关键性的规模变量。对软饮料市场而言，在市场上拥有一席之地和品牌国际化对创造全球临界量非常关键。确定价值链的哪些部分需要临界量还有助于评估并购需求，有助于发展关键性的联盟。

**竞争驱动因素**　行业的全球化潜力也受到竞争驱动因素的影响，比如：（1）在行业总销售额中出口量或进口量所占的比例；（2）来自多个国家的竞争者；（3）主要市场参与者的全球化运营程度以及它们在世界不同地区的竞争战略之间的相互依赖程度。高水平的贸易、竞争多样性和相互依赖性往往会使竞争加剧，并且提高行业全球化的潜力。

对全球竞争驱动因素的分析应该关注竞争的发生主要是本地性或区域性的，还是已经演变成协同化的全球模式。可以询问的有用问题包括：我们公司在多少市场参与竞争？我们是否主要面对来自世界不同地区的相同竞争者？竞争者是否在不同市场采用了相似的战略？协同全球范围内的竞争反应有多大的必要性？

**政府驱动因素**　有些行业比其他行业受到更多的管制。例如，在钢铁业，优惠贸易政策、技术标准、政策规范、政府运营或补贴的竞争对手或客户的出现或消失对公司的全球战略选择有直接的影响。在过去，跨国公司几乎完全依赖政府对全球竞争规则进行谈判。但是，随着全球竞争的政治层面和经济层面之间的关系更加紧密，公司更加关注全球战略的非市场维度，其目标是塑造有利于它们的全球竞争环境。在电信业，消除贸易壁垒和其他解除管制的举措促使公司采取更多全球化的经营路线。在钢铁业，情况恰恰相反，保护主义或恢复管制的威胁抑制了行业的全球化，促使公司采取非全球化的路线。

## 8.3　全球战略制定

格玛沃特提出了全球化价值创造的三种通用途径。[8]适应战略试图通过调整公司商业模式的一种或多种组成部分来适应当地的要求或偏好，以此增加收益和市场份额。集中战略注重通过形成区域或全球效率来实现规模或范围经济；它们往往包含使价值定位主体部分实现标准化以及让开发和生产流程实现结合。套利是指利用国家或区域市场之间的经济差异或其他差异，通常采用将供应链的各个部分放在不同地点的方式。

**适应**　这种途径通过改变公司商业模式的一种或多种组成部分来适应当地的要求和偏好，以此创造全球价值，它也许是使用最广泛的全球战略。原因显而易见：对世界各地的几乎所有产品而言，一定程度的适应是必需的，或者说是不可避免的。可口可乐在欧洲的口味就和在美国的口味不同，这反映了水质的差异以及所添加糖分的种类和分量的差异。在美国，建筑粘合剂的包装上会告诉顾客粘合剂足够在多少平方英尺的面积上使用；而在欧洲，同样产品的包装会告诉顾客粘合剂足够在多少平方米的面积上使用。甚至像水泥这样的商品也不例外，不同地区的水泥定价反映了当地的能源和运输成本以及批量购买的百分比。

**集中**　这种途径通过创造规模或范围经济来应对差异问题。其目标是利用地域之间的相似性，而不是适应地域之间的差异，但也不会做到完全的标准化，因为完全标准化会破坏同时采取的适应战略。关键是要找出在不影响地方适应性的情况下在全球化商业模式中实施规模和范围经济的办法。

采用区域化途径使商业模式全球化可能是使用最广泛的集中战略，比如丰田公司就很有效地使用了这种办法。正如我们在第 3 章讨论的，区域化或半全球化适用于全球化的很多方面——从投资和沟通模式到贸易。即使公司确实不只在一个地区占据显著市场地位，竞争性互动仍然经常以区域为重点。

**套利**　建立全球优势的第三个通用战略是套利。这种方法是利用差异而非适应差异或弥合差异，它构成了最初的全球战略：在一个市场低价买进，在另一个市场高价卖出。现在的外包和离岸外包与之类似，沃尔玛通过从中国购买货品每年节省数十亿美元。绝对经济不那么明显但同样重要，其建立是通过加大与客户和伙伴的差异化，增强与供应商或当地政府的议价能力，减少供应链、其他市场和非市场风险，以及在当地创建和分享知识。

尽管大多数公司在任何特定时间里都只会关注上述三种战略中的一种，而位居前列的公司，比如通用电气、宝洁、IBM、雀巢等，会着手实施其中两种甚至全部三种战略。这么做带来了特定的挑战，因为所有三种战略焦点之间存在内在的张力。因此，实施两种战略甚至全部三种战略需要具备相当大的组织和管理灵活性。

## 全球战略维度

全球战略的制定至少还需要对另外五个维度进行分析：（1）市场预测；（2）标准化/定位；（3）活动的集中；（4）决策制定的协调；（5）非市场因素。进行这些评估的目标是针对哪些战略元素可以和应该全球化以及全球化到什么程度作出深思熟虑的决策。

**市场预测**　很少有公司能进入所有向它们开放的市场。即使像通用电气这样全球最大的公司也必须在选择市场的时候使用战略规范，它们必须衡量直接或间接进入世界不同地区市场的相对优势。对中型公司而言，取得全球竞争优势的关键在于通过与供应商和客户，有时甚至是竞争者的联盟建立世界范围内的资源网络。但是，某个战略对一个公司来说是好战略，也许对另一个公司而言就没有多少成功的机会。成功的战略在市场预测、实际市场份额、利润目标和当前能力等方面是非常挑剔的。

从全球化的角度看待市场机会需要有多维视角。在很多行业，我们可以区分"必须进入"的市场（公司为了实现全球化抱负必须参与竞争的市场）和"乐于进入"的市场（渴望参与但并非必须参与的市场）。"必须进入"的市场包括从市场容量来看至关重要的市场、体现技术领先地位的市场和进行关键性竞争的市场。例如，在手机业，摩托罗拉公司将欧洲视为竞争主战场，然而它的大部分技术来自日本，大部分销量来自美国。

在全球市场占有一席之地也要花很多时间，需要大量资源。理想地看，国际扩张的步伐是由客户需求决定的。但是，公司已经发现，为了保证长期竞争优势，有时必须在直接机遇出现之前就进行扩张。中国是一个很好的范例。很多公司在预计到中国将加入世界贸易组织的时候就进入了中国市场，尽管如此，它们还是发现提前投入有前途的市场很难让资本投资产生令人满意的回报。因此，越来越多的公司，尤其是中小型企业，偏爱能将直接投资降至最低的全球扩张战略。战略联盟使很多行业内的垂直整合或水平整合对盈利能力和股东价值不再那么重要。联盟在扩张公司全球版图的同时对固定成本投入也有很大的帮助。同时，联盟还可以成为强大的技术窗口，大幅扩大建立核心能力的机遇，而这些核心能力是企业有效地参与世界竞争所必需的。

**标准化 / 定位** 随着全球化的推进，很多公司正在寻求机会实现核心产品和服务的标准化。降低成本和提高质量是标准化的主要动力。但是，除了少数例外，生产完全相同、彻底标准化的全球产品的想法可以说是一个神话。[9] 即使通过实现产品或服务关键部件的标准化可以获得大量效益，但有些部件必须定制。例如，索尼公司将消费类电子产品的绝大多数部件都实现了标准化，除了少数必须满足不同国家电气标准的部件。

采取更加全球化的市场定位是标准化的另一种形式。这并不一定意味着将营销组合和营销决策制定流程的所有元素都标准化，而是通过采用全球化、成本效益的方式制定营销战略，用统一性平衡灵活性。雀巢、可口可乐、福特、联合利华、IBM 和迪士尼等公司已经发现，更加全球化的营销方式可以产生重大效益。例如，运用品牌全球化有助于建立品牌认知度、增强客户偏好以及降低全球营销成本。

一个可以用来整合产品 / 服务和定位的模型是品牌全球化战略矩阵（图 8-3）。它确定了四种通用全球战略：（1）全球（营销）组合战略，在这种战略下，商品和信息都是一样的；（2）全球商品战略，其特点是在世界各地的商品相同但定位不同；（3）全球信息战略，在这种战略下，可能在世界不同地区的商品不同，但信息是一样的；（4）全球变革战略，在这种战略下，商品和信息都会适应地方市场的环境。[10]

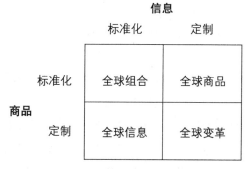

**图 8-3** 品牌全球化战略矩阵

全球组合战略相对而言比较罕见，这反映了只有少数行业实现了真正全球化的现实。适用全球组合战略的情形包括：（1）产品的使用模式和品牌的潜力在全球范围内是同质化的；（2）规模和范围成本优势大大超过部分或完全适应的效益；（3）竞争环境使公司可以通过采取标准化途径确保长期、可持续的优势。

当同样的商品可以在世界不同地区有利地采取不同定位时，企业适合采用全球商品战略。例如，假日酒店在部分远东地区的定位是一流酒店，而在美国价值范畴中的定位是中档酒店。考虑在世界上不同地区实施差异化定位有若干原因。当与商品相关的固定成本较高、所提供的关键核心效益相同而且存在天然市场界限的时候，调整信息以适应更强地方优势的做法很有吸引力。尽管这样的战略提高了地方的促销预算，但它们使经理们拥有了一定程度的灵活性，可以通过产品或服务的定位实现地方优势最大化。这种战略的主要劣势是可能很难维持，从长期看甚至很危险，因为客户会有越来越全球化的眼界，会被企业在不同地区的不同信息搞糊涂。

全球信息战略在全世界使用同样的信息，但允许商品本土化。例如，麦当劳在全球范围内的定位实际上是相同的，但它在印度提供素食，在法国提供葡萄酒。这种战略背后的主要动力是推动全球品牌建立的强大力量。在一些行业中，客户的预期、愿望和价值观越来越趋同，客户流动性很高，产品或服务的适应成本很低，利用全球一致的信息所代表的全球品牌潜力往往比地方研发成本较高等因素带来的可能劣势更重要。但是，和全球商品战略一样，全球信息战略从长远看可能有风险；全球客户也许无法在其他地方找到他们在自己家里预期或经常体验的东西。这可能使客户产生迷惑甚至疏远的情绪。

全球变革战略是"最适合"的办法，到目前为止也是最普遍的办法。对大多数产品而言，让商品和信息都实现本土化是必需的。商品使用模式、寻求的效益、品牌形象、竞争结构、分销渠道以及政府和其他法规等方面的差异限定了本土化的形式。企业因素也会起作用。例如，通过并购实现全球化版图的公司往往喜欢利用当地的品牌名称、分销系统和供应商，而不是采用危险的全球统一模式。随着公司所服务的市场以及公司本身越来越全球化，对信息和 / 或商品本身实施严格的标准化可能对公司越来越有吸引力。

**活动集中**　为了增强全球竞争力，公司要不断审视下列问题：（1）价值创造过程中的哪些部分应该自己履行，哪些部分应该外包；（2）能否取消世界不同地区的重复运营业务，减少生产场地的数量；（3）能否把增值活动迁到更成本效益的地点。在选择关键增值活动的参与水平和地点的时候必须考虑很多因素。生产要素、是否存在支持性行业活动、产品需求的性质和地点以及行业竞争等都应该考虑。另外，税务后果，利润、现金、政治风险的回流能力，不同地点的管理和协调能力，以及与公司整体战略其他因素的协调等问题都应该考虑在内。

作出正确的选择是很复杂的。来看看制药业面临的问题。为了削减成本和加快开发，礼来公司将大部分研发工作（包括临床试验）外包给印度、中国等国家。礼来公司不是唯一一家将研发业务迁至发展中国家的制药公司，辉瑞公司在俄罗斯试验药物，阿斯利康公司在中国进行临床试验。其主要的驱动因素是不断提高的开发成本，每种药物估计需要 11 亿美元，包括花费在所有未能上市的产品上的费用；到 2010 年，这些成本估计会上升到 15 亿美元。

最近，礼来公司和其他制药商开始在印度和中国扩展研发业务，将临床试验囊括进来。这些临床试验是后期试验，用来证明某种药物能否用于人类。这些测试的费用很高，礼来公司估计每项第三阶段测试的成本每年至少为 5000 万美元。为了降低成本，礼来公司计划在接下来的几年里将 20% ~ 30% 的测试从美国迁移至这些国家。尽管降低成本是迁移的主要原因，但是这种迁移之所以成为可能，是因为这些国家对研究必备的实验室、医院和专业人员进行了投资，使这些条件能够满足美国食品药品管理局和欧洲药物管理机构的严格规定。

尽管这些外包计划非常成功，但礼来公司不可能将所有研发业务都移至海外。它很可能会把一系列以癌症和心脏病方面的开创性研究而闻名的高级研发中心留在美国，以维持公司在这些领域内的领先地位和公司在美国的研究地位。另一个阻止制药公司外包所有研究业务的原因是,由于病人无力购买或者担心专利保护方面的问题,它们也许无法在印度、中国等国家销售最新产品。[11]

为了聚焦核心技能和技术而在全球范围内集中增值活动和理顺运营可能会有风险。当公司自身组织内部或战略伙伴组织内部的一个部门对其他部门的依赖性增加时,可能带来组织和人员配置问题,提高业绩风险。因此,很多公司在处理运营全球化的这个方面时采取谨慎、渐进的方式。

在关键地区提高增值部分的标准化或集中程度不一定会排斥对当地需求的响应。最重要的问题是,价值创造过程的哪些部分应该标准化或集中。例如,一家大型工程和建筑公司发现,其价值创造过程中较不显眼的部分,比如为大型项目筹资,可能最好在全球范围内应对;而客户契约密集型服务,比如项目管理和建筑维护,最好在本地解决。与此同时,公司使用标准化软件建立了最先进的全球信息网络,使整个评估、项目跟踪和计划编制服务都实现了全球化。

**决策制定协调**  从根本上看,在全球范围内对参与哪些市场、如何分配资源和如何参与竞争等决策的协调程度决定了全球化实施的成功程度。很多公司已经发现,全球范围内的整合和协调活动至少和控制一样重要。这种整合和协调活动可以采取利用区域性成本差异、分享关键性资源、对市场份额的国家或区域性竞争进行交叉补贴以及寻求全球品牌和全球分销定位等形式。在这个过程中,公司也许不得不对运营进行重组,采用全球化企业架构,其特点是生产和分销体系分布于世界各地的关键市场——这些市场使交叉补贴、全球竞争性报复和世界级规模的市场容量成为可能。[12]

**非市场维度**  在全球化背景下制定战略和主要在本国背景下制定战略的一个根本区别在于非市场因素对竞争环境和企业业绩的相对影响。企业的全球成功越来越多地受到非市场因素的影响,支配这些非市场因素的是社会、政治和法律制度。这些制度直接影响市场环境,但主要由公共机构决定和调节。企业在制定全球战略的时候对非市场因素的考虑越来越重要，这反映了正在兴起的全球经济的异质性。不同的国家有不同的政治、经济和法律体系，所处的经济发展阶段也不同。文化以及教育和技能水平也可能有很大的差异。这些差异可能对塑造全球竞争的规则有着深远意义，因此也对全球战略的制定有着深远意义。有效的全球战略对两类元素都会涉及，既有试图通过经济业绩创造价值的市场维度，也有旨在打开机遇的非市场战略维度。不同的国家或地区往往有特定的非市场环境；非市场环境取决于单个国家或地区的政治和经济利益集团的制度、文化和组织。因此，在全球战略中，非市场元素的全球化程度往往不及市场维度的全球化程度高。

## 进入战略

公司一旦走上通往全球化战略姿态的道路，将会面临一系列独特的挑战。公司是应该先建立出口基地，还是将其产品授权出去，以便在新的目标国家或地区获取经验？先行者的地位带来的潜力能否为加入联盟、实施收购或设立新的分公司等更大胆的举措提供充分的理由？很多公司经历了从出口到授权再到更多投资的战略转变，它们实际上将这些选择当作一个学习曲线。图 8-4 描述了这些选择。每种选择都有独特的优势和劣势。

**出口**尽管风险相对较低，但也伴随着高昂的成本和有限的控制力。出口商通常会缺乏对产品营销和分销的控制，会面临高昂的运输费用和可能的关税，而且必须向分销商支付各种服务的费用。另外，出口并不会为公司提供在海外竖立竞争地位的一手经验，而且难以根据当地的口味和偏好定制产品和服务。

**授权**降低了成本，而且风险也有限。但是，它没有减轻远距离运营带来的诸多劣势。一般说来，授权战略会抑制控制力，仅产生中等的回报。**战略联盟**和**合资**在近年来更加流行。它们使公司在进入国际市场时分担风险和分享资源。尽管回报也必须分享，但它们给公司提供了一定程度的灵活性，这是直接投资无法独自提供的。

大多数公司的最终目标是在重要的国际市场中拥有自己的机构，从而在其中占有一席之地。**收购**或新建代表了这种终极追求。收购的速度更快,但如果没有发现合适的收购对象,新建一个完全属于自己的分公司也许是更好的选择。

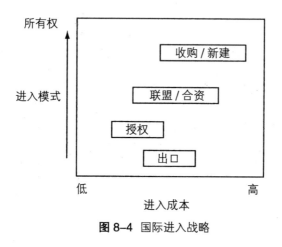

**图 8-4** 国际进入战略

## 区域 / 国家分析 [13]

为了帮助公司全面考虑全球化战略,卡纳等人提出了一个五维框架,描绘特定国家或区域的制度背景。具体而言,在涉及特定的国家或地区时,他们建议对以下项目进行细致的分析:

1. **政治和社会体系。**国家的政治体系会影响其产品、劳动力和资本市场。例如,在像中国这样的社会主义社会,工人无法在劳动力市场形成独立的工会,这会影响工资水平。国家的社会环境也很重要。例如,在南非,政府支持将资产转移到曾经在历史上被剥夺过公民权利的非洲土著社区,这影响了资本市场的发展。

2. **开放。**国家的经济越开放,全球性的中介机构越可能在那里自由地运营,这有助于跨国企业更有效地运行。但是,从战略角度看,开放可能是把双刃剑:政府允许本土公司进入全球资本市场,中和了外国公司的关键优势。

3. **产品市场。**即使发展中国家在过去十年里开放了市场而且迅速发展,跨国公司仍然要花费不少力气才能得到有关消费者的可靠信息。市场研究和广告往往不够成熟，而且由于在这些国家没有建立完善的消费者法庭和维权组织，人们可能会感觉到他们任由大公司摆布。

4. **劳动力市场**。在发展中国家招聘本地经理人和其他技术工人可能很困难。当地的资质证书可能很难验证，猎头公司和招聘机构相对较少，在当地切实存在的高品质公司也注重顶级人才的招募，因此公司必须争先恐后才能找到中层经理人、工程师或楼层主管。

5. **资本市场**。发展中国家的资本和金融市场往往不够成熟。可能不存在可靠的中介机构，比如信用评级机构、投资分析师、商业银行或风险投资公司等，跨国公司无法靠在本地举债或筹集股权资本来为经营筹措资金。

## 沃尔玛如何走向全球 [14]

公司从本土公司演变成全球市场主要参与者的最佳范例之一是全球最大的零售商沃尔玛公司。沃尔玛的经营有三种业态：（1）沃尔玛商店，提供服装、家纺、小家电、硬件、运动用品和类似商品；（2）山姆会员店，为购买了会员资格的客户提供大宗商品；（3）购物中心，将折扣店的库存和货品齐全的超市结合在一起。公司从 1991 年开始积极地寻求全球化。如今，沃尔玛几乎有 1/4 的商店在美国以外的地区，公司的收益和利润增长中有相当大的比例来自其全球运营。

**全球机遇**　沃尔玛"走向全球"的决策是由增长需求驱动的。如果将自己局限于国内市场，沃尔玛会错过 96% 的全球潜在客户。新兴市场尽管可支配收入水平较低，但提供了广阔的增长平台。要满足资本市场的预期和自己员工的预期，也需要收益和利润的增长。沃尔玛成功的关键因素之一是全心全意、忠心耿耿的员工队伍。员工财富与公司的股票市值直接相关。因此，增长与其对股价和公司士气的影响之间有直接的联系。

在规划全球扩张时，沃尔玛利用了两种源自美国的关键资源。它利用宝洁、贺曼、家乐氏、雀巢、可口可乐、辉瑞、露华浓和 3M 等本土大型供应商开发自身强大的购买力，为其海外店铺采购有成本效益的商品。它还在店铺管理、供应商技术使用、促销技巧和物流等领域利用本土开发的知识和能力。

**目标市场**　在进入美国以外的市场时，沃尔玛可以选择进入欧洲、亚洲或其他西半球国家。它意识到自己没有足够的财务、组织或管理资源同时进入所有这些市场，于是选择了深思熟虑的、学习型的市场进入方式。在其全球化的最初 5 年里（1991—1995 年），沃尔玛将大量注意力放在了打入美洲市场上，包括墨西哥、巴西、阿根廷和加拿大。推动这种选择的是这样一个现实，即欧洲市场对沃尔玛而言缺乏作为进入国际市场第一站的吸引力。欧洲的零售业已经成熟了，这意味着新进入者将不得不从现有市场参与者手中夺取市场份额。地位稳固的欧洲竞争者，比如法国的家乐福和德国的麦德龙，会实施激烈的报复。另外，欧洲零售商有和沃尔玛类似的形式，这削弱了沃尔玛的竞争优势。沃尔玛也许能通过收购进入欧洲市场来克服这些困难，但如果错失了机会，拉丁美洲和亚洲市场更高的增长率会让公司延迟进入这些市场的行为付出极高的代价。相反，延迟通过收购进入欧洲市场的机会成本相对较小。亚洲市场也呈现出很大的机会，但它们在地理上和文化上距离更远。出于这些原因，沃尔玛选择墨西哥（1991 年）、巴西（1994 年）和阿根廷（1995 年）作为迈向全球的起点——它们是拉丁美洲和南美洲人口最多的三个国家。

到 1996 年，沃尔玛认为已经做好了准备，可以迎接亚洲市场的挑战了。它瞄准中国作为增长的载体，中国拥有 640 个城市，居民超过 12 亿。作这个选择的理由是，中国消费者的购买力较低，为沃尔玛这样的低价零售商提供了巨大的潜力。中国与美国在文化、语言和地理上的距离仍然带来了相对较高的进入门槛，因此沃尔玛先开了两家店，学习如何打入亚洲市场。在 1992—1993 年，沃尔玛同意向华堂和八佰伴这两家日本零售商销售底价产品，随后它们会在日本、新加坡、香港、马来西亚、泰国、印度尼西亚和菲律宾销售这些产品。接着，沃尔玛在 1994 年和卜蜂国际公司合资建立了一家位于泰国的联合企业，以在香港开设 3 家超值俱乐部会员折扣店。

## 进入模式

沃尔玛一旦选定了目标市场，就必须选择进入模式。它通过收购进入加拿大，这是因为加拿大是一个成熟市场，增加新零售能力的做法缺乏吸引力，还因为美国和加拿大市场之间在经济和文化上强烈的相似性大大降低了学习的必要。

沃尔玛在进入墨西哥时采取了不同的途径。因为美国和墨西哥市场之间存在收入和文化上的重大差异，公司必须了解这些差异并且根据这些差异调整自己的运营，因此建新店可能很成问题。于是公司选择与墨西哥最大的零售商西弗拉成立一家合资公司，两家公司各占 50% 的股份，沃尔玛希望西弗拉能提供墨西哥市场的运营经验。

在南美洲，沃尔玛瞄准了这个地区两个最大的市场：巴西和阿根廷。公司通过与巴西本土零售商 Lojas Americana 合资进入巴西。沃尔玛利用从墨西哥学来的经验，选择建立了一家股权比例为 60% 比 40% 的合资公司，由自己掌握控股权。成功进入巴西让沃尔玛得到了更多南美洲的经验，于是它选择通过建立全资子公司进入阿根廷。阿根廷只有两个主要市场，这也让这个决策得到了进一步巩固。

**全球技能转移**　当加拿大的沃柯公司由于成本高昂和生产率低下陷入赤字危机的时候，沃尔玛收购了沃柯。沃尔玛迅速按照成功的美国模式对沃柯进行了改造，美国和加拿大市场之间的相似性使其成为一项可行的战略。改造包括以下举措：

- 派遣一支过渡团队帮助沃柯的 15,000 名员工熟悉沃尔玛的经营方式，并向这些员工灌输沃尔玛的核心理念和准则
- 使每家店面都符合沃尔玛的标准，在头四个月里翻新每家工厂
- 在已经适应了高 / 低零售定价的市场推行"天天平价"战略，立刻利用沃尔玛的高品牌认知度获取顾客的认同和忠诚
- 集中精力提供广泛的商品组合、卓越的顾客服务和高商品种类
- 如果失窃减少，实施员工鼓励

所有这些措施都可以被迅速移植,而且已经在美国被证明是成功的。沃尔玛在加拿大的运营业务在 1996 年扭亏为盈——这时收购才刚刚过去两年。到 1997 年,它已经成为加拿大位居第一的折扣零售商。

**本土化**　进入中国让沃尔玛对必须适应当地偏好以及监管和竞争要求带来的挑战有了深入的认识。从 1990 年到 1995 年,由于经济自由和消费品需求增加的刺激,中国的零售额年增长率为 11%。这些统计数据掩盖了沃尔玛面临的挑战。在中国,法规和政府政策往往无法预测,基础设施发展不完善,较低水平的可支配收入和语言差异要求公司调整产品选择、标签分类和品牌打造的营销方法。

沃尔玛试验了不同的店铺形式,包括一个混合形式的店铺,将购物广场和仓储式会员店结合在一起,既出售会员资格,非会员也同样可以进来购物。另外还包括似乎更适合当地需求的小型卫星店。除了不同店铺形式,沃尔玛还对商品进行测试,确定哪些商品最受消费者欢迎、最适合中国文化。结果是沃尔玛开始经营更多品种的产品,尤其是更符合中国人口味的生鲜货品。另一个需要本土化的领域是产品采购。沃尔玛决定从中国采购超过 3/4 的针对中国市场的货品。该战略试图在本地顾客对美国制造的高端消费品的渴望与本地政府要求购买本土产品带来的压力之间寻求平衡。

**本地竞争**　在实施全球战略时,沃尔玛使用了几种途径应对不同市场的本地竞争者:

- 收购占据支配地位的市场参与者。沃尔玛认为在德国新建大型超级市场是不明智的,因为欧洲市场已经是成熟市场了;另外,严格的区域规划法律妨碍了新建项目的实施。于是沃尔玛在德国收购了拥有 21 家店的大型连锁超市维特考夫,这是德国最赚钱的大型连锁超市之一。
- 收购实力较弱的市场参与者。如果全球化公司有能力将实力较弱的市场参与者迅速转型,那么收购本地市场中实力较弱的市场参与者就是一个行之有效的办法。沃尔玛在加拿大收购沃柯用的就是这种办法。
- 对现有市场参与者发动正面进攻。只有在全球化公司能够在东道国建立明显的竞争优势时，向占据支配地位且地位稳固的本地竞争者发动正面进攻才是可行的。沃尔玛进入巴西的过程展示了正面进攻的潜力和局限。法国零售商家乐福从 1975 年就开始在巴西运营。沃尔玛在 1996 年进入巴西时决定通过侵略性定价战略向竞争对手发起挑战。当家乐福和本地其他竞争者报复并发起价格战的时候，这个战略产生了事与愿违的结果。沃尔玛也意识到它的全球化采购没能建立内在的价格优势，因为在巴西的购物中心里最畅销的商品品种是食品，而食品主要是在本地采购的。像家乐福这样的竞争者有本地采购的优势，因为它们已经与本地供应商建立了长期关系。因此沃尔玛选择关注可以让自己能够脱颖而出的两个方面：（1）客户服务，目标是压制家乐福；（2）商品组合，目标是压倒较小的本地竞争者。

**收获和挫折**　沃尔玛的全球化举措并非全部都获得了成功，这一点让投资者不断感到头痛。1999 年，公司斥资 108 亿美元收购了英国连锁超市阿斯达。阿斯达不仅健康、盈利，而且已经被定位为"缩小版的沃尔玛"。如今，阿斯达却远远落后于它的头号竞争对手特易购。虽然沃尔玛在英国的业务是盈利的，但销售增长已经连续几年保持下降势头，它在英国市场的市场份额也面临进一步下滑的危险。

在这个结果出现之前，沃尔玛以高昂的代价退出了德国市场。2005 年，沃尔玛将德国的 85 家店卖给了竞争对手麦德龙，损失 10 亿美元。在通过收购进入高度竞争的德国市场 8 年后，已经习惯了利用沃尔玛强大的市场权威压榨供应商的沃尔玛高管承认，他们无法在德国达成压倒竞争对手价格所必需的规模经济，这让公司早早地以高昂的代价退出了德国市场。

虽然有这样那样的挫折，沃尔玛没有选择，只能坚持其全球化计划。在公司全部 6600 家商店中，大约有 40% 是海外店，但它们带来的销售额不到总销售额的 1/4。与此同时，只有海外市场为这家全球最大的零售商提供了增长所需的空间。这就是为什么华尔街越来越关注沃尔玛海外业绩的原因。[15]

## 8.4  全球化组织和风险

### 获取全球竞争优势的组织结构

地方和中央之间在关键决策上的平衡是全球效力最重要的决定因素之一。在运营上部分或完全实现全球化的公司通常会采用下列组织结构之一：（1）国际化结构，（2）多国本土化结构，（3）全球化结构，或（4）所谓的跨国结构。每个都在巴特利特和高沙尔首创的全球集中／本土适应矩阵中占有一席之地，该矩阵有效地描述了每种不同组织结构最显著的特征。[16]

国际化模式是非常依靠本土销售、有机会就出口的公司的特点。国际化公司往往在本土拥有发展完善的基础设施。随着进一步的全球化，它们注定会演变成多国本土化、全球化或跨国公司。国际化模式是相当不成熟的，如果公司进一步全球化，它就会难以为继，因此通常在本质上具有过渡性质。在短期内，在对本土化和本地响应力的需求很低（例如，只需采取很小的适应措施就能在国际上推行本土价值定位）而且经济集中程度（例如，全球标准化）也较低的时候，这种组织形式也许是可行的。

在多国本土化组织模式中，公司拥有一系列在不同国家运营的独立子公司，它们是在共同企业名称之下分散的资产和责任联盟。[17]采用多国本土化模式运营的公司通常采取针对特定国家的战略，很少实施国际协作或很少从公司总部移植知识。战略、资源配置、决策制定、知识生成和转移以及采购等问题的关键决策权属于每个国家的子公司，子公司不会从公司总部获得附加价值。在全球竞争环境中，标准化、全球整合以及规模和范围经济是非常重要的，纯粹的多国本土化组织结构不太适应这样的全球竞争环境。但是，当本地响应力、本地差异性和本地适应性很重要，而进行高效生产、全球知识转移、规模经济和范围经济的机会很小的时候，这种模式仍然是可行的。和国际化模式一样，纯粹的多国本土化公司往往表现为一种过渡性的组织结构。飞利浦公司在 20 世纪最后 25 年的经历可以说明这种结构及其局限性；在与主要对手松下公司势均力敌的竞争中，飞利浦的多国本土化组织模式在面对松下的集中化（全球化）组织结构时变成了竞争劣势。

传统的全球化公司与传统的多国本土化公司形成了直接对比。在这种模式下，公司遵循标准化和高效生产战略，实施全球化的整合运营，旨在最大化地发挥规模和范围经济的作用。[18]通过运营全球化和参与全球市场竞争，这些公司寻求降低研发、制造、生产、采购和库存成本，用减少差异提高质量，凭借全球化产品和品牌增强顾客偏好，获取竞争杠杆。有关企业战略、资源分配以及知识生成和转移的关键战略决策即使不是全部由公司总部制定，也有大多数是由公司总部制定的。在全球集中／本土适应矩阵中，纯粹的全球化公司位于极端全球集中（整合）和低程度本土适应（本土化）的位置上。前面提到的日本松下公司在 20 世纪后半叶的经历可以说明纯粹的全球化结构。由于纯粹的全球化结构也意味着（极端）理想化状态，所以它也常常较为短暂。

在跨国模式下，公司试图同时获得高度的全球整合和高度的地方响应力。它被看成是减少了纯粹多国本土化和全球化结构局限性的理论性架构，在集中／适应矩阵中占据第四格的位置。这种组织结构注重资源和能力的整合、组合和增加，注重作为联盟网络对资产和核心能力进行管理，与依靠职能或地理区划的做法截然相反。因此，它的本质是矩阵管理。其终极目标是能够使用且有效和高效地使用公司在全球范围内控制的所有资源，包括全球知识和本地知识。因此，它要求具备集约化管理流程，很难以纯粹形式实施，它更多是一种心态、想法或理想，而不是能在众多全球化企业中发现的组织结构。[19]

由于上述每种结构不是在全球竞争力上有局限，就是在可实施性上有局限，很多公司采用了矩阵式的组织结构，这比纯粹的跨国模式更容易管理，但目标仍然是同时追求全球整合和地方响应力。其中两种被称为全球化组织的现代多国本土化模式和现代全球化模式。[20]

现代多国本土化模式是传统（纯粹）多国本土化模式的升级版本，在这种模式下，企业总部起到更大的作用。因此，其本质不再是资产的松散联盟，而是具备由运营集中、本土适应性、产品差异性和地方响应力构成的强势文化的矩阵结构。在此种模式下，各国子公司拥有强大的自主权、强烈的地域意识和获得授权的管理者，使公司能够维持地方响应力、差异化能力和适应本地环境的能力。同时，在现代多国本土化模式中，企业总部对于增强竞争实力非常重要。子公司的作用是地方响应；总部的作用是通过制定全球化企业竞争战略来加强全球整合，在资源配置、市场选择、战略分析、合并和收购、与研发和技术事宜相关的决策制定、消除重复的资本密集型资产和知识转移等方面起着重要的作用。雀巢公司是现代多国本土化公司的范例。

现代全球化公司来源于传统（纯粹）全球化模式，但各国子公司在决策制定上起到更大的作用。总部的目标是通过创造低成本采购机会、要素成本效率、全球规模和范围的机遇、产品标准化、全球技术分享和 IT 服务、品牌全球化和整体全球化企业战略来提高全球整合水平。但和传统（纯粹）全球化模式不同的是，现代全球化结构对子公司的利用更有效，目的是提高地方响应力。随着传统全球化企业演变成现代全球化企业，它们往往更注重战略协作和全球核心能力的整合，保护本土控制不再那么重要。现代全球化企业可能将研发、制造和生产以及营销分散在全球各地。这有助于在面对劳动力、原材料、汇率和在全球范围内雇用人才等不断变化的要素成本时确保灵活性。宝洁公司是现代全球化公司的范例。

## 应对全球风险

即使有最好的计划，全球战略仍包含着很大的风险。很多此类战略意味着需要大幅延伸公司的经验、资源和能力。公司可能瞄准新的市场，这些市场对于公司而言经常处在新的文化背景下。公司可能寻求新技术，建立新的伙伴关系，或确定新的市场份额目标，这个目标需要更早或更多的投入，但当前回报无法满足这样的投入。在这个过程中，可能遇到各式各样的新型竞争，结果证明使公司拥有当前地位的经济模式已经不再适用。更加全球化的立场往往意味着会遭遇不同的周期模式、货币和政治风险。所以，在决定进入外国或其他大陆之前，公司应该仔细分析所包含的风险。最后，公司应该意识到，在本国被证明是成功的管理方式在全球背景下可能毫无作用。

公司在国际商业环境中可能遭遇的风险可能是政治、法律、金融 / 经济或社会文化风险。

**政治风险**　政治风险与政治引发的行动与外国政府实施的政策有关。政治风险的评估包含对一个国家当前政府稳定性以及该国与其他国家关系的评估。高风险水平会影响有形资产和知识产权的所有权、人员安全，因此会有出现问题的可能性。分析家经常将政治风险分为两类：全球风险和特定国家风险。全球风险会影响公司的所有跨国经营业务，而特定国家风险只涉及对某个特定国家的投资。我们可以区分宏观政治风险和微观政治风险。宏观风险涉及公司对某个国家的整体海外投资会受到何种影响。通过回顾政府过去对列黑名单、间接价格控制或在特定行业内实施打击等软性政策工具的使用，以及对征用、充公、国有化或强制性地方控股等硬性政策工具的使用，公司可以对未来政府可能采取的行动做好更充分的准备。在微观层面，风险分析关注的是某个公司或公司群体。表现不佳的资产负债表、有问题的会计实务或经常性的违约行为应该引起关注。

**法律风险**　法律风险是指跨国公司在某个国家遭遇到的法律领域的风险。法律风险往往与政治及国家风险密切相关。对法律风险的评估需要分析国家法律体系的基础，并确定法律是否恰当地履行，因此，法律风险分析要求熟悉一个国家的执法机构和其工作范围。如很多公司所知，虽然有的国家制定了保护跨国企业权利的法律，但很少执行。进入这样的国家可能会使公司面临大量风险，包括知识产权、技术和商标的流失等。

**金融 / 经济风险**　外国的金融 / 经济风险与本国的经营和金融风险类似。一个国家宏观经济表现的波动性和该国履行其金融义务的能力会直接影响企业业绩。一个国家的货币竞争力和波动是国家金融和政治稳定性以及国家变革和创新意愿的重要指标。另外，金融风险评估应该考虑经济管理得有多好、国家的经济发展水平、工作条件、基础设施、技术创新和自然 / 人力资源的可用性等因素。

**社会 / 文化风险**　社会 / 文化风险是企业在不同的社会文化环境下运

营所带来的。例如,最好分析具体的意识形态,道德、宗教和民族主义运动的相对重要性,国家对迟早会由外商投资引发的变革的应对能力等。因此,生活标准、爱国主义、宗教因素或者魅力型领袖等因素可能在这些风险的评估中起到很大的作用。

## 注 释

1. P. Krugman, 1993, *Geography and Trade* (Cambridge, MA: MIT Press).
2. M. Porter, 1990, *The Competitive Advantage of Nations, The Free Press* (New York: A Division of MacMillan, Inc.).
3. S. M. Oster, 1994, *Modern Competitive Analysis*, 2nd ed. (Cambridge, Oxford University Press).
4. Oster, op. cit., 1994.
5. This section is based on G. S. Yip, 1992, *Total Global Strategy: Managing for Worldwide Competitive Advantage* (Upper Saddle River, NJ: Prentice Hall), Chapters 1 and 2.
6. J.-P. Jeannet, 2000, *Managing with a Global Mindset* (Upper Saddle River, NJ: Financial Times/Prentice Hall), Chapters 4 and 5.
7. Jeannet, op. cit., 2000.
8. P. Ghemawat, 2007, "Redefining Global Strategy," Harvard Business School Press.
9. Yip, op. cit., 1992, Chapter 4, p. 85.
10. From lectures at Templeton College by Professor Kunal Basu, Spring 2000, with permission.
11. Special Report on Outsourcing, *BusinessWeek,* January 2006.
12. G. Hamel and C. K. Prahalad, "Do You Really Have A Global Strategy?" *Harvard Business Review,* July–August 1985, pp. 139–148.
13. This subsection is based on T. Khanna, K. G. Palepu, and J. Sinha, "Strategies That Fit Emerging Markets," *Harvard Business Review,* June 2005, pp. 63–74.
14. This section is based on V. Govindarajan and A. K. Gupta, "Taking Wal-Mart Global: Lessons From Retailing's Giant," *Strategy + Business,* 1999, Fourth Quarter, and company sources.
15. T. K. Grose, "Wal-Mart's Rollback—After Retreating from Germany, the Giant Retailer Makes a Last Stand in Britain," *U.S. News & World Report,* October 16, 2006.
16. See, e.g., C. A. Bartlett and S. Ghoshal, 1987a, "Managing across Borders: New Organizational Responses," *International Executive,* 29(3): 10–13; C. A. Bartlett and S. Ghoshal, 1987b, "Managing across Borders: New Strategic Requirements," *Sloan Management Review* 28(4): 7–17; C. A. Bartlett and S. Ghoshal, 1988, "Organizing for Worldwide Effectiveness: The Transnational Solution," *California Management Review,* 31(1): 54–74; C. A. Bartlett and S. Ghoshal, 1992, "What Is a Global Manager?" *Harvard Business Review,* 70(5): 124–132; C. A. Bartlett and S. Ghoshal, 2000, "Going Global," *Harvard Business Review,* 78(2): 132–142.
17. C. A. Bartlett and S. Goshal, op. cit., 1987a, b.
18. See, e.g., G. S. Yip, 1981, "Market Selection and Direction: Role of Product Portfolio Planning,"; G. S. Yip, 1982a, "Diversification Entry: Internal Development versus Acquisition," *Strategic Management Journal,* 3(4): 331–345; G. S. Yip, 1982b, "Gateways to Entry," *Harvard Business Review,* 60(5): 85–92; G. S. Yip, 1989, "Global Strategy a World of Nations?" *Sloan Management Review,* 31(1): 29–41; G. S. Yip, 1991a, "A Performance Comparison of Continental and National Businesses in Europe," *International Marketing Review,* 8(2): 31–39; G. S. Yip, 1991b, "Strategies in Global Industries: How U.S. Businesses Compete," *Journal of International Business Studies,* 22(4): 749–753; G. S. Yip, 1994"Industry Drivers of Global Strategy and Organization," *International Executive,* 36(5): 529–556; G. S. Yip, 1996. "Global Strategy as a Factor in Japanese Success," *International Executive,* 38(1): 145–167; G. S. Yip, 1997, "Patterns and Determinants of Global Marketing," *Journal*

*of Marketing Management*, 13(1–3): 153–164; G. S. Yip, et al., 2000, "The Role of the Internationalization Process in the Performance of Newly Internationalizing Firms," *Journal of International Marketing*, 8(3): 10–35; G. S. Yip, et al., 1997. "Effects of Nationality on Global Strategy," *Management International Review (MIR)*, 37(4): 365–385; G. S. Yip, et al., 1988. "How to Take Your Company to the Global Market," *Columbia Journal of World Business*, 23(4): 37–48; G. S. Yip and T. L. Madsen, 1996. "Global Account Management: The New Frontier in Relationship Marketing" *International Marketing Review*, 13(3): 24–42; G. S. Yip, et al., 1998. "The Use and Performance Effect of Global Account Management: An Empirical Analysis Using Structural Equations Modeling.,"

19. K. Ohmae, 2006., "Growing in a Global Garden," *Leadership Excellence*, 23(9): 14–15.
20. M. Aboy, op. cit., 2009, p. 3

# 第 9 章
# 公司战略：塑造业务组合

9.1 导　言

9.2 规模和范围经济

9.3 "核心"是什么?

9.4 增长战略

9.5 撤资：出售、剥离和清算

## 9.1 导 言

对于单一业务的公司来说，"你们的战略究竟是什么？"这个问题应该有清晰明确的答案，投资者、媒体、董事会成员、经理、员工、甚至供应商和客户都能轻松地理解这个答案。对于多种业务的公司来说，这个问题就复杂多了。通用电气公司的战略是什么？多元经营公司是应该对所有业务实施单一的整体战略，还是对共享某些特点或焦点的业务实施独特的战略？很多成功的多元经营跨国公司已经得出结论，对"你们的战略是什么？"的最有效回答是确定三到五个易于沟通和理解的战略主题。例如，通用电气的首席执行官杰弗里·伊梅尔特谈论公司的核心价值观、在培养领导上的实力、在全球范围内整合业务的能力以及实施巧妙收购的非凡能力，而不是谈论具体的业务或市场。

用这种方法可以将企业战略提炼成若干个简单的主题，从而创造出有力的管理工具，协调公司内部各个层级的行为和决策制定，这是战略的首要目标。这反过来又能够为与更大范围内的利益相关者群体沟通提供基础。但找出正确的战略主题说起来容易做起来难，需要仔细分析公司的业务组合和组成这种组合的依据。

因此，业务单元战略解决如何在特定行业内参与竞争的问题，而企业战略关注公司运营哪些业务——即塑造公司业务组合的行为——的决策以及如何通过发挥多种业务单元之间的协同作用在业务组合中创造价值。

本章关注第一个维度——塑造公司业务组合。我们以介绍规模和范围经济的概念为开始，并提出一个问题：更大就更好吗？然后探讨业务组合的核心和增长潜力的定义问题。接下来，我们在公司层面上考察各种增长战略，包括集中增长战略、垂直和水平整合、多元化、合并、收购和合作战略，比如合资和联盟。然后，我们讨论撤资的方式，包括出售、剥离和清算。我们将在第 10 章讨论企业战略的第二个维度，即如何通过发挥多种业务单元之间的协调作用在业务组合中创造价值。

## 9.2　规模和范围经济

商业史学家阿尔弗雷德·钱德勒称："要参与全球竞争，规模必须要大。"[1] 在回顾了超过一个世纪的公司史后，他发现"管理型企业的逻辑"始于经济学以及技术先进、资本密集型行业的规模和范围带来的成本优势。大型工厂往往以比小型工厂低得多的成本生产，因为单位成本会随着生产数量的增加而降低（规模经济）。另外，规模更大的工厂可以利用很多相同的原材料、半成品以及生产流程生产种类繁多的产品（范围经济）。而且这些原则并不局限于制造领域。通过多品牌战略，宝洁公司受益于规模经济，因为它在零售层面具有非常大的影响力。在服务领域，大型会计事务所的规模和范围经济让它们能够取代众多颇具声望的本地和区域会计事务所，主宰大型公司的审计服务市场。

### 规模经济

更规范地说，当履行某种活动的单位成本随着活动规模的增加而降低的时候，就产生了**规模经济**。单位成本会随着规模增加而降低的原因可能是在生产流程中运用更好的技术或者在大规模采购中利用更大的买家实力。当发现履行指定任务的更好办法，从而降低了成本的时候，就会产生另一种形式的规模经济。在这种情况下，经过处理的单元或已经完成的任务的数量不断累加，促使成本下降。这被称为**学习经济学**。这种现象的图形表现形式称为**学习或经验曲线**。

### 范围经济

当某种活动通过与另外一种活动共用资产而使自己的单位成本降低

时,就产生了**范围经济**。例如,如果菲多利公司(Frito-Lay)不仅用自己的货车运送 Frito 玉米片和乐事薯片,同时还运送与之配套的莎莎酱和其他沾酱,那么它就创造了范围经济。创造经济的决策可以分为三大类:(1) 水平范围;(2) 地域范围;(3) 垂直范围。

水平范围决策主要关注产品范围的选择。通用电气是高度多元化的公司,其涉猎的领域包括家电、医疗系统、飞机引擎、融资和很多其他领域。知识等无形资产(比如索尼公司的产品微型化技术)或品牌(比如维珍的品牌)在被用于开发、生产和营销多种产品时也可以成为水平范围经济的源头。

地域范围决策是指对地域覆盖范围的选择。麦当劳在将近 100 个国家经营业务,惠而浦在少数国家拥有生产设施,但在很多国家销售其产品,易趣和亚马逊等互联网公司在虚拟环境基础上建立其地域范围。

垂直范围决策关注公司如何垂直地连接其价值链。在电脑业,IBM 一直保持高度垂直整合。与之相反,戴尔本身不从事任何制造工作,它在价值创造过程中依赖第三方供应商扩展网络。

当然,规模本身不足以保证在竞争中获得成功。为了利用规模和范围能够带来的优势,公司必须进行相关投资,建立全球营销和分销组织。他们还必须建立适当的管理设施,有效地协调组成现代跨国企业的各种活动。

时机也很重要。IBM、英特尔、微软、赫斯特和索尼都在各自的行业内占据支配地位,它们成为先行者并非偶然。先行者的优势解释了为什么美国的硬件和软件公司能够成功地参与全球竞争,为什么日本企业能够在众多电子行业占据优势。挑战者面临激烈艰巨的斗争。它们必须在先行者完善生产流程的时候建立丰富的产能,发展营销和分销组织以便在成型的市场中竞争市场份额,吸引有能力击败地位稳固的竞争对手的管理人才。

## 9.3 "核心"是什么?

一个有助于制定企业战略的起点是对核心进行定义。对大多数公司而言,**核心**是根据它们最有价值的客户、最有价值的产品、最重要的渠道和独特的能力定义的。其挑战在于将公司建立在有别于其他公司的真实实力和能力基础上（这样可以避免"一厢情愿的战略"），要顾及所有的利益相关者，为增长留下空间。[2] 在这里，战略制定的艺术和科学相互交汇，而首席执行官拥有特有的机会，利用客户、供应商、联盟伙伴和金融市场定位自己的公司。

不选择什么是核心也是一种选择。但是，不进行特意的选择可能会让公司对自己在所处市场中的定位产生困扰，也许会让公司更难持久地创造价值。

仔细界定业务组合的核心是非常重要的，因为公司有一种无法使业绩突出的业务单元发挥出全部实力的系统性倾向。人们对回报和竞争实力之间的关系存在一种普遍的误解，这种误解是人们低估核心业务未来潜力的主要原因。回报和竞争实力之间的关系不是线性的，也就是说，不是"较"突出的业务就应该获得"较"高的盈利能力，这种关系显示了对领先地位的递增式回报（图9-1）。根据贝恩国际公司的说法，作为强大的领导者，公司应该拥有超出两倍的相对市场份额，强大的领导者赚取的收益应该超出其资本成本18%，而一度拥有过相对市场份额的公司赚取的收益可能只超出其资本成本1%——即对于加倍的竞争实力而言存在18倍的差额。[3]

同一份研究显示，这个关于回报和竞争实力关系的错误观点可能让公司陷入三个战略"陷阱"中的一个或多个：（1）以为业绩优异的业务单元已经达到了极限，因此决定不再对核心业务进一步投资；（2）以为业绩欠佳的业务有很大的提升潜力，对业绩欠佳的业务组合元素进行没有根据、更具风险的投资；（3）过早地放弃核心业务。

高露洁－棕榄公司的经历说明了当公司选择专心建立核心业务并充分发挥其潜力的时候可能发生什么。从1984年起，高露洁的股价一直超过通用电气，其回报率是标准普尔500指数公司回报率的3倍。这个成绩是非凡的，因为高露洁的业务运营环境是中低增长的细分市场。公司长时间以来业绩突出，因为它们绝对专注于全球核心业务——口腔护理、个人护理、家庭护理和宠物营养。这种专注一直和成功的全球金融战略结合在一

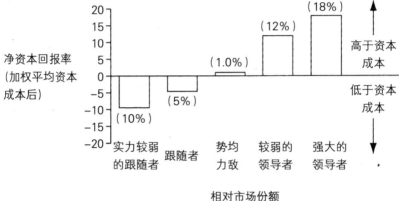

领先地位的递增式回报

净资本回报率
（加权平均资本
成本后）

相对市场份额

**图9-1** 回报和竞争实力的关系

起。在全球各地，高露洁的毛利率不断提高，与此同时，它不断降低成本来为增长方案提供资金，其中包括新产品开发和营销开支增加等。这些反过来又给公司带来了更高的盈利能力。

## 9.4 增长战略

获得稳定收益和利润增长是很难的——特别是对大型公司而言。为了正确地看待这种挑战，让我们看看这样一个例子。一家价值300亿美元的公司在《财富》100强公司中大概属于平均规模，如果想要有6%的增长率，它必须每年建立一家价值20亿美元的新公司。而且，对一家公司有效的增长战略对另一家公司而言可能不合适，甚至可能导致灾难。例如，高比例的合并和收购无法实现预期。即使对于像通用电气这样经验丰富的市场参与者，实施正确的收购、将收购的公司成功地整合进入收购者的经营业务之中，并且实现所承诺的协同作用也是非常困难的。如果公司只是偶尔实施收购，其记录肯定比较惨淡。仅仅依靠内部增长实现收益目标可能同样具有风险，特别是在经济增长缓慢的年份。很少有公司能仅靠内部资源就能让增长率长期跑赢 GDP 增长率。

为了制定成功的增长战略，必须仔细分析公司的实力和弱点、公司如何将价值传递给客户以及公司的文化能有效地支持什么增长战略等。对于戴尔或沃尔玛这样的价格价值领导者，非常适合采用聚焦于进入相邻市场的增长战略。另一方面，对于英特尔或基因泰克这样注重业绩价值的市场参与者，持续创新也许能为收益增长提供更有效的机会。因此，要选择正确的增长战略，需要对机遇、战略资源和文化契合性进行细致的分析。[4]

不论是选择通过进一步投资其核心业务实现增长，还是选择通过当前核心业务之外的扩张实现增长，公司都只有三条途径增长其收益：(1) 组织增长或内在增长；(2) 通过收购实现增长；(3) 通过联盟计划实现增长。这通常被称为"建立、购买或联合"范式。沃尔玛和戴尔主要依靠内在增长。为了实现增长目标，通用电气通常在它认为有吸引力的市场内进行战略收购。亚马逊和易趣拥有无数的联盟和供应商关系，支持它们的收益增长。

我们还可以使用产品 – 市场选择作为主要标准描述增长战略：(1) 集中增长，(2) 垂直整合和水平整合，以及 (3) 多元化。

## 集中增长战略

现有的产品市场往往是吸引人的增长途径。有些公司使用优势技术在一个界定明确的市场中不断利用资源实现单一类型产品的盈利增长，这样的公司实施的是集中增长战略。[5]追求集中增长最直接的途径是以市场份额的增长为目标。这个目标可以通过三种方式实现：(1) 增加产品使用者的数量，(2) 通过刺激增加产品的使用量或者开发产品的新应用，和 / 或 (3) 提高产品的使用频率。

集中增长可能成为强有力的竞争武器。密切关注产品市场能让公司细致地评估市场需求、建立对客户行为和价格敏感度的详细认知、提高营销推广的效力。要赢得新产品的高成功率，还应该避免服务新客户和新市场、获取新技术、建立新渠道、开发新推广能力和面对新竞争等情况，在这些情况下企业需要使用尚未开发的技能。

有四种特定环境有利于集中增长:

1. 行业抗拒重大技术进步。这种情况通常出现在产品生命周期的成长后期或成熟期,出现在产品需求较为稳定而且行业壁垒(比如资本化)较高的产品市场。

2. 目标市场没有达到产品饱和。存在竞争差距的市场让公司除了从竞争对手那里夺取市场份额外还可以选择其他的增长途径。

3. 产品市场的独特性足以阻止竞争者对细分市场的入侵。

4. 必需的生产投入在价格和数量上很稳定,而且可以在需要的时候提供所需的数量。

成功使用集中增长战略的企业包括好事达、阿莫科、雅芳、卡特彼勒、Chemlawn、肯德基、约翰迪尔、固特异和麦克货车等。

## 垂直整合与水平整合

如果企业当前的主要业务显示出强劲的增长潜力,就可以使用另外两个增长途径——垂直整合和水平整合。

**垂直整合**是指在行业价值链中提高企业垂直参与度的战略。向后整合需要获取资源供应商或原材料,或者制造原来从别处采购的部件。向前整合是一种更贴近最终客户的战略,比如,通过收购分销渠道或者提供售后服务贴近最终客户。如果企业拥有的业务单元在极具吸引力的行业中拥有牢固的竞争地位——特别是行业技术可以预测、市场正在快速增长的时候,垂直整合可能颇具价值。但是,垂直整合可能带来退出壁垒,在公司的财富减少时阻止公司离开该行业,从而降低了企业的战略灵活性。

有关垂直整合范围的决策不论在业务单元层面还是在企业层面都具有关键的战略重要性,因为这些决策涉及对企业将要在哪些领域运营业务进行重新界定。因此,垂直整合也会影响行业结构和竞争强度。例如,在石油业,有些公司通过对冶炼和市场营销的探索实现了全面整合,有些企业只是擅长价值链中的一个或多个"上游"或"下游"区段。

有四个实施垂直整合的理由：[6]

1. 市场风险过大、可靠性太低，而且有"失效"的危险。失效的垂直市场的普遍特征是：（1）购买者和销售者数量较少；（2）资产专用性、耐久性和密集度较高；（3）交易频繁。

2. 在产业链上处于相邻区段的公司拥有更高的市场支配力。具体而言，如果产业链的某个区段施展的市场支配力超过其他区段，从而赚取了异常的高回报，那么它可能吸引主导行业的参与者进入将成为主导行业的行业。但是，尽管产业链里弱势区段的市场参与者也许有进入强势区段的明确动机，但这种进入并不是没有危险的。行业中现有的市场参与者往往相信他们能比外来者更容易进入产业链内的其他业务。但是，整个产业链的关键技能通常有很大的差异，因此在其他行业拥有类似技能的外来者常常能成为技高一等的进入者。

3. 垂直整合在被用来提高进入门槛或在不同客户细分市场实施差别价格以此创造或利用市场支配力时，也具有战略意义。

   - 进入门槛。当行业内的大多数竞争者实施了垂直整合时，没有实施整合的市场参与者可能很难进入。潜在的进入者也许不得不进入所有区段参与竞争。这提高了资本成本和有效运营的最低规模，因而抬高了进入门槛。想想汽车业。汽车制造商通常会向前整合进入分销和特许经销市场。拥有强势经销商网络的制造商往往拥有独家经销权。这意味着新进入者必须建立广泛的经销商网络，这既耗资又费时。如果没有"承袭下来"的经销商网络，通用汽车等汽车制造商流失给日本汽车制造商的市场份额可能会更多。

   - 差别价格。向前整合进入精选的客户细分市场可以让公司通过差别价格获益。想想一个拥有市场支配力的供应商向两个价格敏感度不同的客户细分市场销售日用品的情况。这个供应商想要通过向价格不敏感的细分市场收取高价、向价格敏感的细分市场收取低价的方式使自己的总利润最大化，但它不能这么做，因为低价客户可以把产品转卖给高价客户，最终破坏整个战略。向前整合进入低价细分市场，供应商就能防止转卖。有证据显示，铝业公司已经向前整合进入具有最高价格敏感性需求的加工细分市场（例如制罐板材、电缆和汽车铸件），但不愿整合进入替代风险低的细分市场。

4. 当行业还比较年轻的时候，公司有时会向前整合，以此开发市场。例如，在铝业发展的最初几十年里，生产商被迫向前整合进入加工制品甚至最终产品的制造，以此渗透入一贯使用钢、铜等材料的市场。只有在下游企业拥有专利技术或强势品牌形象、足以阻止"搭便车"的竞争者进行模仿的时候，这种向前整合才能成功。如果公司无法在至少几年内获取经济收益，开发新市场就会徒劳无功。

对垂直整合最全面的研究是 20 世纪 80 年代进行的一项营销战略利润影响比较分析的一部分，这项研究考察了各个行业内的大量企业。研究提出了三个关于垂直整合和水平整合的重要问题：（1）一般而言，高度整合的企业是否或多或少比整合度不高的企业更具盈利能力？（2）在什么情况下，高度的垂直整合可能产生最大的利润？（3）除了对整体盈利能力的影响，垂直整合战略带来了哪些主要的好处和风险？[7]

答案很有趣。关于第一个问题，即垂直整合的盈利能力如何，该研究发现，不论是对工业品制造企业还是对消费品制造企业，向后整合通常能提升投资回报率，但向前整合则不能，而部分整合通常会降低投资回报率。研究结果还显示，垂直整合对盈利能力的影响由于企业规模不同而各异。较大规模的企业往往比较小规模的企业获得更大的收益。这意味着垂直整合对拥有大量市场份额的企业可能尤其有吸引力，在其中进一步向后整合有增强竞争优势、提高进入壁垒的潜力。最后，关于应该考虑哪些其他因素的问题，研究结果表明：（1）应该积极考虑所有权以外的其他途径，比如签订长期合同和建立联盟；（2）垂直整合几乎总是需要大幅增加投资；（3）成本削减计划并不总是能实现；（4）垂直整合有时会带来产品创新的增加。

值得注意的是，尽管该研究的部分结果可以作为制定战略的通用原则,但在用于某个特定行业之前也许需要经过验证。

**水平整合**会增加提供给当前市场的产品和服务种类或者扩大企业在更多地域的市场参与度。水平整合战略往往是为了利用品牌潜力。近年来,战略联盟已经成为越来越受欢迎的实施水平增长战略的途径。

## 多元化战略

**多元化**这个词有很多与经营活动的诸多方面相关的涵义。我们会谈论新行业、技术、供应商、客户细分市场、地域或资金来源的多元化。但是,在战略背景下,多元化是指进入公司当前未参与的产品市场的战略。伯克希尔·哈撒韦公司是实施多元化战略的优秀范例;该公司经营保险、食品、家具、鞋类和其他很多业务。

多元化战略对企业高管提出了很大的挑战。在 20 世纪 70 年代,面对来自海外的竞争更加激烈以及众多传统行业增长前景减弱的现实,很多美国公司进入了它们不具备独特竞争优势的行业。高管们相信通用管理技能可以弥补从行业经验中获得的知识,他们认为,在自己的行业内很成功,所以在其他行业内也会一样成功。然而接下来的众多令人沮丧的经历表明,这些高管高估了他们的相关能力,在这样的情况下,规模更大会更糟,而不是更好。

多元化战略可能被各种各样的因素推动,包括创造收益增长的愿望、通过共享资源和协同作用提高盈利能力,以及通过平衡业务组合降低公司的整体风险水平,或者开发未充分利用的资源的机会等。通过进入相关业务或市场,公司可能会发现利用当前竞争地位的机会,例如,利用强势的品牌名称。进入新业务还可能平衡周期性业绩或者利用过剩产能。

**关联性**或**协同性**的潜力是多元化战略制定过程中主要考虑的问题。有关联的多元化战略以新商机为目标,这些新商机与公司的其他业务之间存在意义深远的共性。没有关联的多元化缺乏这种共性。关联性或协同性可以用很多种方式界定。最普遍的定义是根据业务单元之间的有形联系界定关联性。这种联系通常来源于在相关业务单元之间共享价值链活动的机会,而这种机会源自共同的购买者、渠道、技术或其他共性。业务单元之间关联性的第二种形式是基于共同的无形资源，比如知识或能力。一个很好的范例是索尼公司在产品"微型化"方面的专业技术。关联性的第三种形式是业务单元联合取得或实施市场支配力的能力。这种关联性形式的范例包括公司对跨产品市场或跨地域竞争进行交叉补贴的能力、利用互惠购买机会的能力、提供互补性产品或"整体解决方案"而非单个产品的能力，以及应对来自社会相关利益团体或监管机构的挑战的能力等。战略关联性是第四种关联性，它是指不同业务单元面对的战略挑战的相似性。例如，公司可能会在技术低端、增长缓慢的成熟市场中培养出业务经营方面的特殊专长。所有这些情景为公司提供了利用不同类型关联性建立竞争优势的机会，经营单一业务的竞争者是无法获得这样的机会的。

一项知名的研究将公司的业绩与公司不同业务之间的关联性程度联系在一起。这项研究基于企业的专业化比率——定义为源自最大规模的单一相关产业群的收益比率——确定了关联性的三个种类：主导业务公司、关联业务公司和非关联业务公司。[8] 主导业务公司，比如微软和IBM，从单一业务中获取其收益的绝大部分。关联业务公司，比如通用食品、柯达和杜邦，在单一业务种类之外实施了多元化经营，但在整个业务组合中维持共同的关联性主线。非关联业务公司或者多元经营联合企业的业务组成部分之间没有什么共同点。罗克威尔国际公司和德事隆公司是在产品、市场或技术上缺乏协同可能性的联合企业的范例。该研究得出结论，拥有密切关联业务的公司往往比在广泛范围内实施多元经营的公司表现得更好。

下面六个问题有助于评估多元化战略的风险：[9]

1. 在当前市场中，我们公司在哪些方面能比其他所有竞争者做得更好？这个问题的目的是找出公司独一无二的战略资产。它迫使组织思考如何能为所收购的公司或在新市场中增加价值。

2. 要在新市场中获取胜利，需要哪些战略资产？只拥有在新市场中成功建立地位所需的部分技能是不够的。公司必须拥有所有必备技能，或者了解从哪里获得这些技能。

3. 公司能否赶上或超过竞争对手？如果不具备在新市场中获取胜利的

所有必备技能,公司必须知道如何购买它们、开发它们或靠改变竞争规则让它们变得不再必需。当佳能公司实施多元化战略、从相机业务拓展至复印机业务时,它缺少能够挑战施乐公司的强大直销队伍,当时施乐拥有由大公司组成的客户群。佳能没有投资建设销售队伍,而是决定通过已有经销商瞄准中小型公司和消费者市场。

4. 多元化是否会打散需要聚集在一起的战略资产? 企业资产往往是相互协同的。从为某个产品市场准备的一整套整合资产中调拨一个或多个精心开发的资产用于新的竞争市场可能会破坏为母公司创造利润的协同性。

5. 我们的企业在新市场中会仅仅成为参与者还是会成为胜利者? 公司实施多元化经营会产生被新竞争者战胜的风险,特别是当它们的战略资产比原来想的更容易模仿、购买或取代的时候。

6. 企业能通过多元化经营学习到什么,我们是否为学习它做好了充分准备? 多元化让公司有机会了解新市场和商业模式,从而了解如何改进现有业务。在整个公司系统地获取、整理并嵌入这些知识是长期制胜的关键。

波特将这些想法总结为三种测试,用来确定某种特定的多元化举措是否可能提升股东价值:

1. 吸引力测试。是公司将要进入的行业在增长、竞争和盈利能力方面具有吸引力,还是公司能创造这样的有利条件?

2. 进入成本测试。进入成本是否合理? 公司能否接受从开始投资到项目盈利的时间跨度? 风险水平是否在可接受的容忍度范围内?

3. 进步测试。整个业务组合的竞争地位和业绩的进步是否是多元化举措的结果? [10]

多元化是企业战略武器库中一个强有力的武器。但是,它不是将企业从业绩平平的状况中解救出来的万能药。如果执行得认真,多元化措施可以提升股东价值,但需要在企业整体战略的背景下进行仔细规划。

**合并和收购**　公司可以通过内部发展、合作企业(比如联盟)或合并和收购实施多元化战略。内部发展可能费时耗资。联盟涉及与重新商定合作关系相关的所有复杂因素和妥协因素，其中包括对投资和利润的争论。因此，与另一家公司永久结合有时被视为实施多元化经营最简便的办法。这种关系可以用两个词描述：合并和收购。合并意味着两家公司结合为一家公司。当一家公司购买另一家公司时就发生了收购。对局外人而言，二者的差异看起来可能很小，与财务而非所有权掌控的关联性更大。但是，关键差异往往在于管理控制。在收购中，购买者的管理团队往往在被合并的公司中主导决策的制定。

购买现有市场参与者的好处可能让人无法抗拒。收购可以让公司在新业务或新市场中迅速定位。它同时还消灭了一个潜在竞争者，而没有制造额外的产能。

但是，收购通常代价很高。比当前股价高出 30%或更多的溢价并不罕见。这意味着，出售者经常会把不菲的利润收入囊中，但收购公司常常会损失股东价值。促成这个问题的是合并和收购的决策制定过程。从理论上看，收购是企业多元化战略的一部分，其基础是在最具吸引力的行业中明确找出最合适的市场参与者作为收购对象。收购战略还应该明确说明对目标进行审慎调查评估的综合框架、将所收购的公司整合入企业业务组合的方案以及对"最多支付多少"这个问题的审慎决定。

在实践中，收购过程要复杂得多。一旦董事会批准了向新业务或新市场扩张的方案，或者一旦潜在目标公司得到了确定，行动时间往往很短。随之而来会产生"达成交易"的极大压力。这些压力来自坚持每次交易都要获益的高管、主管和投资银行，股东团体，以及与公司竞价收购的竞争对手。收购环境可能会变得很疯狂。由于企业对自己为目标公司增值的能力过于自信，而且对实现协同作用的预期达到了新的高度，因此估值往往会提高。审慎调查的速度快于理想的情况，而且往往局限于对财务方面的考虑。整合规划被放在次要的位置。企业文化的差异被忽视。在这种环境下，即使设计得最佳的战略也可能无法带来成功的结果，这是很多公司及它们的股东都经历过的。

怎么做才能提高合并和收购的效力？尽管没有通用的成功公式，但我

们可以总结出六个要点:

1. 成功的收购往往是精心制定的企业战略的一部分。

2. 通过收购实现多元化经营是一个长期持续的过程,需要有耐心。

3. 成功的收购往往源自于严谨的战略分析,它们在瞄准目标公司之前会先对行业进行分析,同时意识到好交易是针对具体公司而言的。

4. 收购者只能通过少数途径增值,实施收购的公司应该在收购前就能明确如何实现协同性、如何创造价值。

5. 客观性很关键,即使在出现随之而来的收购竞价后维持客观性很困难也必须如此。

6. 大多数收购项目在实施的时候漫无目标——应该在完成收购前制定实施战略,并在收购交易结束后迅速执行战略。

**合作战略**　合作战略近年来变得越来越受欢迎——包括**合资企业**、**战略联盟**和其他**合伙**形式。对很多企业而言,合作战略抓住了内部发展和收购的优点,同时又避免了二者的缺点。

全球化是合作企业兴起的一个重要因素。在全球竞争环境中,单打独斗往往意味着承受额外的风险。实现全球市场覆盖造成的固定成本增加、与最新技术保持同步以及货币和政治风险的提升使得风险在很多行业成为必然。对很多公司而言,在不加入联盟的情况下实现全球战略定位是不可能的。

合作战略有很多种形式,也有很多不同的理由。但是,任何情况下的根本动力都是使企业获得对一系列不同风险状况的选择进行投资的能力。从根本上看,企业在多种选择上下赌注,以此在获得重大回报的可能性和优化其投资的能力之间进行取舍。吸引高管实施合作战略的关键驱动因素包括对风险分摊的需要、企业资金供应的限制,以及获得市场进入权和技术使用权的渴望。[11]

**风险分摊**　大多数公司不可能承受"把公司作为赌注"参与所有拥有战略意义的产品市场的举措。不论企业是考虑进入全球市场还是考虑投资新技术,主导的逻辑是公司会优先考虑战略利益,并根据风险对其加以平衡。

**资金供应的限制** 从历史上看，很多公司会在业务的所有价值创造活动中建立主导地位，集中精力建立可持续优势。通过累积投资和垂直整合，它们试图竖立难以跨越的进入门槛。但是，随着商业环境全球化的加速以及技术竞赛的加剧，这样的战略姿态越来越难以维持。单打独斗在很多行业内不再可行。为了参与全球市场竞争，公司肯定会发生巨额固定成本，而且投资回收期要求更短，风险水平更高。

**市场进入** 公司通常会意识到自己缺乏必要的知识、基础设施或向新客户分销产品所必需的重要关系。合作战略能帮助它们填补这些差距。例如，为了在拉丁美洲推进其增长战略，通用金融公司——通用电气公司的消费者借贷机构——持有了 Colpatria 银行的非控股股份，Colpatria 银行是一家总部位于哥伦比亚波哥大的消费者和商业银行，它是 Mercantil Colpatira S.A.集团的成员，拥有超过 24 亿美元的资产，是哥伦比亚的第二大信用卡发行商。该银行拥有 139 家分支机构，服务超过 100 万名客户。新的合伙关系让两家公司有条件向不断增长的哥伦比亚金融服务市场提供更强大的消费者信贷产品。

**技术使用** 很多产品要依靠众多不同的技术，很少有公司能让自己一直站在所有技术的最前沿。汽车制造商越来越依靠电子技术的进步，应用软件开发商依赖微软在新一代操作平台中提供的新特性，而广告商需要越来越复杂的跟踪数据来为客户制定计划。同时，技术在全球范围内传播的速度正在加快，这使得时间成为建立和维持竞争优势的一个更为关键的变量。任何企业通常都不具备获取独立打破市场技术优势的能力、资源和研发上的好运气。因此，与技术水平相当的公司合伙获取必备的卓越技术水平往往很有必要。实施这种战略反过来又会提高技术在全球扩散的速度。

实施合作战略的其他原因包括缺乏特定的管理技能，无法在企业内部实现增值，以及由于规模、地域或所有权的限制而缺乏收购机会。

合作战略包括非持股、交叉持股和共同持股等诸多方式。要选择最合适的方式，需要分析机会的性质、合作企业中的共同战略利益以及双方从前的合资经验。必须要问的问题是：我们如何利用这个机会让双方的利益最大化?

　　航空业为打造战略联盟过程中涉及的部分驱动因素和问题提供了很好的范例。尽管美国的航空业已经解除管制有一段时间了,但国际航空业仍由诸多带有保护主义色彩的双边协定控制。对外资所有权的限制已经过时,这进一步扭曲了让行业更加全球化的自然市场力量。因此,航空公司被迫用其他方式应对全球竞争的挑战。由于接管和合并受阻,于是它们建立了从代码共享、飞机维护到飞行常客计划等各种各样的联盟。

　　波士顿咨询集团提供了对联盟战略作用的更多深入认识,它根据参与者是否是竞争对手以及联盟自身的相对深度/宽度将联盟分为四组(图9-2):

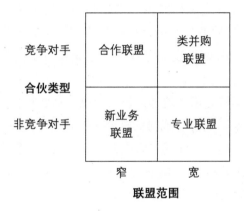

**图 9-2** 联盟类型

1. 专业联盟通常会将非竞争关系的企业结合在一起,共享专业知识和特殊能力。信息技术服务的外包就是一个很好的范例。
2. 新业务联盟是注重进入新业务或新市场的合伙关系。例如,很多公司会合伙闯入新地区(例如,中国)。
3. 合作联盟是指互为竞争关系的企业共同努力,获得临界规模或规模经济。例如,竞争对手联手为员工寻求更便宜的健康保险或者联合采购的模式可以说明这种联盟。
4. 类并购联盟,如名字所示,关注实现几乎完全的整合,但由于法规限制（航空业）或者不利的股市条件避免真正实现完全整合。

波士顿咨询集团发现，虽然新业务联盟占明显多数（超过50%），但专业联盟是最受股票市场欢迎的，类并购联盟是最不受欢迎的。鉴于类并购联盟是为了应对不利管制或市场条件而建立的，这种联盟表现欠佳并不令人意外。[12]

## 增长和战略风险 [13]

伴随不同的增长战略而来的是不同种类和级别的战略风险。贝恩国际公司的一项研究表明，可以根据增长举措将公司带离已确立的核心业务优势的远近程度评定战略风险。与核心的距离是从五个关键维度评估的（见图9-3）。每种增长举措是根据与特定战略决策蕴含的核心维度的邻近度界定的。这种邻近度通过评估核心业务与增长机遇之间的共享程度来计算。

随着公司离其核心越来越远，公司的成功率通常会下降，战略风险通常会上升（图9-4）。另外，成功的机会根据界定每种特定增长举措的不同邻近类型而变化。例如，地域扩张或在已有地域推出新产品的风险通常比瞄准新客户和/或新渠道的风险低。在价值链上向前或向后整合或者进入某个全新的业务则风险更大（图9-5）。

战略风险的这两个维度——与核心的距离以及特定增长举措所呈现的战略邻近类型——共同描绘了战略风险的"热图"，该图有助于管理企业整体增长战略的风险状况（图9-6）。例如，热图显示，仅由"第3步"邻近的举措组成的增长战略是很危险的，应该以降低战略风险为目标进行重新评估。

## 9.5　撤资：出售、剥离和清算

有时候，公司不得不面对收缩一个或多个业务线的局面。如果分析证实企业不适合成为某项业务的母公司，将战略业务单元出售给竞争对手或者将其剥离成独立的公司就是明智之举。在这样的情况下，给市场决定这

**从五个维度衡量与核心的距离**

| | 共享客户 | 共享成本 | 共享渠道 | 共享竞争者 | 共享能力／技术 |
|---|---|---|---|---|---|
| 核心 | ◉ | ◉ | ◉ | ◉ | ◉ |
| 1 步邻近 | ◉ | ◉ | ○ | ◑ | ◕ |
| 2~3 步邻近 | ◑ | ◑ | ◉ | ◑ | ◑ |
| 多步邻近 | ○ | ◑ | ◉ | ○ | ◑ |
| 多元化 | ○ | ◕ | ○ | ○ | ◑ |
| 主要维度 | ✓ | ✓ | | | |

◉ 完全共享
◑ 部分共享
○ 不共享

**图 9-3** 与核心的距离

资料来源：Used with the permission of Bain & Co. Copyright © 2005 Bain & Company Inc., 131 Dartmouth Street, Boston, Massachusetts 02116, United States of America. All rights reserved.

**远离核心几乎注定会失败**

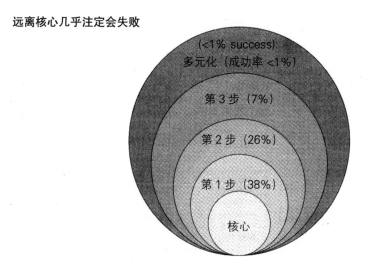

（<1% success）
多元化（成功率 <1%）

第 3 步（7%）

第 2 步（26%）

第 1 步（38%）

核心

**图 9-4** 邻近度与战略风险

资料来源：Used with the permission of Bain & Co. Copyright © 2005 Bain & Company Inc., 131 Dartmouth Street, Boston, Massachusetts 02116, United States of America. All rights reserved.

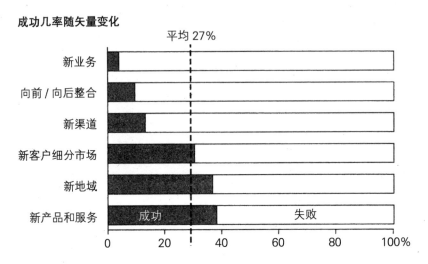

**图 9-5** 邻近类型与战略风险

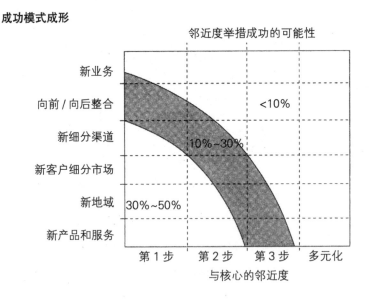

**图 9-6** 战略增长成功率

# 第 *10* 章
# 公司战略:管理业务组合

10.1　导　言

10.2　管理业务组合

10.3　使用组合分析法管理联盟

10.4　企业总部的作用

10.5　企业战略规划

10.6　横向业务组合管理战略

现金流潜力的差异决定了资金如何在整个业务组合中分配。

分析从为公司及其主要竞争对手建立增长／份额矩阵开始。根据其掌握的相对市场份额及其市场特有的增长率，每个业务单元都在一个二维图中标注，如图 10-1 所示。

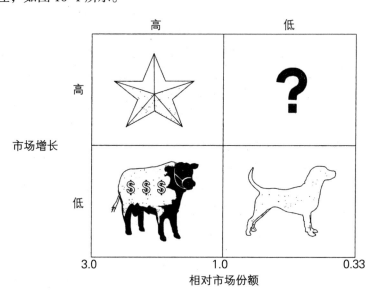

**图 10-1** 波士顿咨询集团业务组合分析法

资料来源:The BCG Portfolio Matrix from the Product Portfolio Matrix, © 1970, The Boston Consulting Group.

尽管矩阵上业务单元的分布通常是主观行为，但仍然有可能让这个模型更为完善，办法是用一个大小与整个市场的年销售额相对应的圆圈描绘业务单元。然后可以遮住圆圈的一个部分，用来表示企业的相对市场份额。

还可以在象限中更确切地标明企业的正确位置。高增长的市场通常表现出每年超过 10% 的增长率，高份额的产品通常在市场中占据领先地位（例如，它们至少占据了 1.0 的相对市场份额）。因此，纵轴和横轴的中点可以分别标注为 0.1 和 1.0。

波士顿咨询集团矩阵分为四个象限，每个象限代表一种不同的增长／

份额地位。**问题业务**是低份额 / 高增长业务。它们通常为新产品提供有可能很大的未来销量。要把每种业务的份额地位从模仿进入提升为市场领先,需要大量的现金投资。**明星业务**是高份额 / 高增长业务,在现金需求方面可能自给自足,也可能无法自给自足。**金牛业务**是高份额 / 低增长业务,会产生大量现金——除了足以让它们进行再投资,还绰绰有余,因此会成为资金来源。**瘦狗业务**是低份额 / 低增长业务,它们既不产生大量现金,也不需要大量现金。由于需要一定水平的再投资,而且由于往往最好的结果也不过是得到中等回报,它们往往会成为"现金陷阱"。

如波士顿咨询集团总结出的概念所示,随着时间的推移,业务在整张图上的运行方式反映了公司的战略举措和影响行业的演变力量。例如,如果公司的投资只够维持其份额,市场力量会使所有业务向下运行,最终所有业务都会成为瘦狗业务。因此,公司的主要战略任务是利用金牛业务产生的超额现金资助业务组合中最有前途的业务,提高其市场份额——精选出来的问题业务的地位如果足够强,就可以成为明星业务。在这样的逻辑下,竞争地位相对较弱的问题业务应该被取消或者继续按照"无现金流入"原则保留。只要能继续为现金流作出贡献,而且不占用可以用在更好用途上的流动资金,瘦狗业务就可以继续留在业务组合中。

这些战略观点基于这样的研究发现:在很多稳定的市场状态中,高市场份额和盈利能力有很强的关联性。因此,市场支配地位成为高增长市场恰当的战略目标,最大化产生的现金流则适合需要花费更高昂的代价获取市场份额的低增长市场。为了实现增长,选择多少业务与选择哪些业务,取决于它们的相对竞争实力、获取市场领先地位的成本以及业务组合中其他业务产生的现金流。

在解释市场份额和盈利能力之间的关联性时,经验曲线效应是一个重要因素。例如,对很多制造业务来说,大比例的盈利能力差异可以通过反映竞争对手经验差异的竞争成本差异来解释。拥有最大累计产量的公司往往拥有最低的单位成本,这可以转化成更高的现金流。

但是,市场份额和盈利能力之间存在很强关联性的观点并非总是合理,因此必须谨慎应用。拙劣的投资决策可能会腐蚀市场领导者产生现金

在 MACS 矩阵中，纵轴代表母公司相较于其他潜在所有者从业务单元汲取价值的能力。第二个评估标准正是 MACS 框架区别于其他评估方法的地方。

和在九格模型里一样，MACS 矩阵里的每个业务单元都由一个圆圈代表，圆圈的半径和销售额、所动用的资金额或该单元增加的价值成正比。企业可以用完成的图表对收购或剥离进行规划，确定母公司应该参与哪些类别的机构技能建设。

MACS 矩阵的横轴代表业务单元作为实施最优管理的单独企业的潜在价值（不是实际价值）。这种估值往往涉及定性问题。为了让业务单元之间具备可比性，可以计算出业务单元的最大潜在净现值，然后根据某个因素——比如销售额、附加值或所动用的资金额——调整这个净现值，让它能够与其他业务单元的价值进行比较。如果业务单元在其他经理的领导下可能运营得更好，其价值就应该参照其他经理管理该单元的情况评估，因为目标是评估最佳价值，而不是实际价值。

这个最佳价值取决于三个因素：

1. 行业吸引力是行业结构和行业参与者行为的函数，它反映了影响行业的外部因素，比如新技术、政府政策和生活方式的改变，还反映了行业的结构，其中包括供应、需求、产业链的经济状况以及行业参与者的行为和财务业绩。

2. 业务单元在行业内的地位取决于业务单元维持比竞争对手更高价格或更低成本的能力。在评估其地位时，可以将业务单元视为价值传递体系，这里的"价值"是购买者的收益减去价格得到的。

3. 提高行业吸引力或业务单元在行业内的竞争地位的机会是通过两种形式呈现的：改进内部管理的机会；塑造行业机构或行业参与者行为的可能途径。

MACS 矩阵的纵轴评估企业从业务组合里的每个业务单元汲取价值的相对能力。如果被评定从特定业务单元中汲取价值的能力不比其他公司强，母公司就会被归类为"和其他公司一样"。如果被评定为唯一适合做这个业务的企业，母公司就会被归类为"天然所有者"。

　　成为某个业务单元的"天然所有者"可以有多重涵义。母公司可以更好地构想行业的未来形式,然后在资产重组过程中利用这个构想。最好能实施内部控制:削减成本、利用供应商,等等。也许还有其他业务可以和新业务单元分享资源,或者向新业务单元或从新业务单元传递中间产品或服务。例如,通用电气利用其金融机构在其他业务单元中间创造竞争优势,获取利润。最后,财务或技术因素可能在某种程度上决定了业务单元的天然所有者。这些因素可能包括税收、所有者的动机、不完全信息和不同的评估技术等。

　　一旦在 MACS 矩阵上定位了公司的业务单元,就可以考虑业务单元是否应该继续留在公司业务组合中的决策了。

　　MACS 框架提出了如下战略解决方案:

- 如果具有吸引力的业务对其他公司来说更有价值,考虑从结构上予以剥离。
- 如果公司能比其他所有者从表现普通(甚至表现欠佳)的业务中汲取更多价值,考虑在结构上予以保留。
- 把重点放在位于矩阵最左边的业务单元——或者从内部发展它们,或者出售它们。
- 如果业务单元可以通过内部改进提高价值,但当业务单元达到最佳状态时公司并不是"天然所有者",考虑改进业务单元,并将其出售给"天然所有者"。

　　在这里需要注意一点。和其他业务组合模式一样,MACS 矩阵提供的仅仅是一个简单框架。有时,母公司即使之前并非业务的天然所有者,也可以通过改变汲取价值的方式成为业务的天然所有者。但这样的改变是需要母公司或公司业务组合中的其他单元付出代价的。经理们的目标是找出企业能力和业务单元的适当组合,为价值创造活动提供最佳的整体范围。

## 生命周期矩阵

　　另一个已经流行开来的业务组合分析法是由理特咨询公司创立的。这

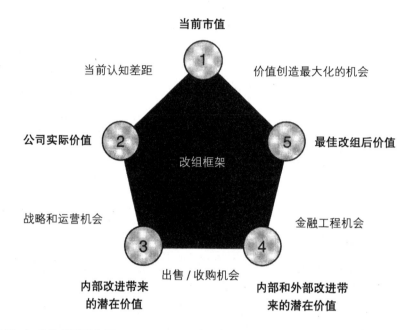

**图 10-4** 价值管理五角图

资料来源: *Valuation: Measuring and Managing the Value of Companies*, by Tome Copeland, Tim Keller, and Jack Murrin. Copyright © John Wiley & Sons, Inc. This material is used by permission of John Wiley & Sons, Inc.

必须考虑对业务组合进行调整,这就是第三步。这个过程的一部分是,管理层必须重新审视企业多元经营定位的基础。可以考虑的业务组合调整方式包括通过出售、剥离和清算缩小公司的活动范围,或者通过多元化经营扩大公司的活动范围等。

　　价值分析法的第四步和最后一步涉及对企业业务组合进行重组的**金融工程**。使有问题的企业提升股东价值的办法包括资本重组、进行全球所有权结构的税惠重组以及改变企业债务股本比等。

## 业务组合管理的资源分析法

　　C.K.普拉哈拉德和加里·哈默尔在"企业的核心竞争力"这篇颇具影响

力的文章中称，公司应该建立跨越传统业务单元边界的核心能力。[10] 他们主张企业将业务组合集中在核心业务上，采用旨在增强核心能力的目标和流程。这种核心能力观后来延伸成为今天为人们所熟知的企业资源观。这种观点关注企业资源和产品市场之间的匹配，把企业作为有形和无形资产的集合体，关注共同构成企业独特能力的组织能力。

三种元素构成了企业战略资源分析法的支柱：资源；业务；以及结构、系统和流程。企业资源观认为，当这三种元素在追求精心制定的愿景时协同一致，并且受到正确的长期目标和阶段目标的驱动，就能建立起企业优势，证实企业作为多元经营实体存在的合理性。[11]

## 10.3　使用组合分析法管理联盟

如今，在任何时候，大型公司的企业战略都可能包含多达上百个或者更多联盟。因此，公司越来越需要能够积极监控这些联盟效力的流程，以便确定哪些联盟创造价值，哪些联盟破坏价值。通过使用组合分析法对联盟进行管理，公司可以保护自己，免受任何一个举措失利的后果带来的负面影响，可以让自己有条件利用可能存在更高风险但也可能带来高于平均回报的项目。[12]

例如，为了管理其联盟组合，荷兰皇家飞利浦电子公司使用一个简单的矩阵，根据合作伙伴的协同程度和联盟对飞利浦的潜在长期价值将联盟分为四组：

- 业务联盟很大程度上是运营性和战术性的，通常关注物流或采购。
- 战略联盟通常是为了开发新产品、新服务或新业务而建立的。
- 关系联盟是横跨多个部门的长期伙伴关系。
- 企业联盟是董事会指定的 10 个伙伴关系，对公司未来具有特别的战略意义。

业务联盟和战略联盟由发起联盟的业务单元管理，而关系联盟和企业联盟由专门成立的企业联盟总部管辖。使用组合管理分析法管理联盟的优势是可以让高级管理层的时间和注意力集中在最重要的合作项目上。同

更分散化的战略制定方式；曾经作为众多企业规划流程中流砥柱的专门团队被取消了。战略制定再次成为各级管理层的职能，在本质上完全自上而下的流程被包含各级经理的方式取代，这反映了新的授权文化。在这个过程中，厚厚的战略规划文件被换成了更容易理解和沟通的几页纸的战略计划。

尽管让战略制定再次由各级管理层负责、恢复自上而下和自下而上影响力之间的平衡以及简化规划流程等变化背后的观点值得称赞，但这些变化的实施仍然留下了很多遗憾。结果，对很多公司而言，这些变化需要很大的代价。在疯狂追赶竞争对手的时候，高管满脑子想的都是再造、标杆学习、裁员、全面质量管理措施、团队合作和授权等战术和运营问题。执行和实施成为管理努力的焦点。战略很容易——这是一些认为执行才是真正挑战的人的想法。

长期、持久的卓越业绩需要战略思考和战略规划。战略思考关注为组织的未来建立愿景，并为实现这个目标制定清晰、简明的行动计划。战略规划是进行支持性分析以及对所选择战略进行沟通和实施的程序。只有首席执行官或高级管理层能够启动战略思考程序。战略思考始于组织的顶层，是一个反复循环的过程，它通过一系列的交流自上而下，将组织的各个级别都囊括进来。

## 从战略规划到战略管理

为了建立真正的战略规划核心能力，公司通常会经历四个独立的发展阶段。第一个阶段的重点是财务规划，这是最基本的任务，在所有公司里都能发现。财务规划仅仅是设定年度预算并利用它们监督阶段目标进展的过程。如果规划者将财务规划的时间跨度扩展到超过当前年度，就跨入了第二个阶段，预测规划阶段。第三个阶段代表了一个大跨步的飞跃，可以称为外向型规划，因为它从对市场趋势、客户和竞争更全面、更具创意的分析中获取了很多优势。第四个阶段的特点是外向型规划在整个公司得到系统性的体现，战略规划在该阶段转变成战略管理。

在发展的最高水平，战略规划可以将日常管理融入单一、无缝的流程中。在这个水平，规划技术不一定更复杂精密，但它们完全整合到了管理过程中。规划不再是一年一次或者是一季度一次的活动。实际上，它已经融入运营决策制定的过程中。

世界上只有少数公司能够达到这种能力水平，例如，实施跨国经营的通用电气公司。为数十个国家的数千个产品市场提供服务的数百种业务正在飞速地演变，需要对这些业务进行规划，也许是这种需要加速了这些公司的演变。下面五个特点让这类实施战略管理的公司的规划过程有别于同类公司：

1. 深入理解的概念框架，厘清了很多相互关联的战略议题。决定这种框架的是未来的战略议题而不是现在的组织结构。最高管理层监督这个过程并决定必须解决哪些议题、应该将哪些议题分派给运营经理。

2. 广泛分布于全公司的战略思考能力，并不局限于最高梯队。这证明公司的战略思考能力已经从规划程序演变成了核心能力，自下而上的战略思考补充了自上而下的战略指导。

3. 在相互竞争的阶段目标之间达成平衡的程序，包含一系列反馈回路而不是一系列规划申报。设计周详的战略会对所需的资源进行规划，并且在资源有限的情况下寻找其他解决途径。

4. 业绩评估体系，让最高管理层集中关注关键的问题和机遇，无需每年费力地深入评估每个业务单元的战略。最高管理层应该关注正在形成的趋势、竞争的新进展、领导能力的发展和创新等。

5. 激励体系和管理价值观，奖励和促进战略思考。欢迎和鼓励反面的观点、摆脱常规的思维以及对新创意和新商业模式有目的的实验；应该预见到偶尔会出现失败，而且应该将其视为一种学习经验。

建设强大的战略规划能力是行之有效的。事实表明，真正的战略管理能够促使公司取得长期经营成功。在实施战略管理的公司里，有效的经营战略是由连贯一致的职能性计划支持的，最高管理者了解这些战略的价

人们往往会走捷径,于是"推测"出现在分析之中。这使分析结果出现了偏差,制造了没有根据的确定性假象。更危险的是,如果目标和激励是基于这样的分析和结论,就可能带来适得其反的行为。

4. 正式规划和长期业绩之间的关联性不大。良好的规划过程的确很有帮助,但与战略规划相比,最终业绩与有效战略思考之间的关系更密切。

## 10.6　横向业务组合管理战略

消除组织结构、功能领域或正式流程带来的人为障碍对战略的成功实施和业务组合的价值创造越来越重要。在组织内鼓励资源共享、跨职能和跨部门学习以及转移关键技能是横向战略的重点。

### 资源共享

企业总部集中提供关键职能或服务是在企业层面共享资源的范例。很多企业拥有中央人力资源部,为它们的业务提供财务、会计、研究、采购和规划服务,并且代表整个企业提供专业服务,比如股东关系服务。哪些服务应该集中提供是对成本和效益进行权衡的结果。大规模集中化服务也许成本较低,但对单个业务需求的反应速度也较慢。对提供共享服务的部门实施市场化激励机制,比如让它们与独立供应商竞争,这有助于维持反应速度和降低成本。

### 学习和转移关键技能

在企业的各部分之间学习和转移关键技能对建立不断进取的文化和提高企业业务组合内不同业务的竞争力来说至关重要。为构筑和实施不断进取理念而开发的知名技术包括标杆学习、识别最佳实践和全面质量管理。

**标杆学习**是一个包含多个步骤的技术,其重点是对流程、产品、服务或战略进行比较评估。公司最初用来提高效率的内部程序后来延伸为在公司所在的行业内部甚至外部识别最佳实践的技术。这些技术找出了竞争对手或顶级公司在哪些方面做得更好以及它们是如何做到这一点的，从而让公司能够（1）通过不断改进产品和流程增强竞争力，（2）培养团队协作、合作、自省以及接受新的和不同的创意的态度，（3）设法修改公司战略，以便实现更大的效力。**全面质量管理**是由 W·爱德华兹·戴明、约瑟夫·朱兰、菲利普·克劳士比和阿曼德·费根堡姆等质量管理倡导者在 20 世纪 50 年代创立的一套管理流程和系统。全面质量管理注重产品和流程的质量，认为它们是建立竞争优势的关键驱动因素。全面质量管理依靠五个基本前提：（1）全身心的投入，（2）关注客户，（3）关注流程，（4）根据事实制定决策，（5）不断改进。[15] 它在价值创造过程中也延伸到了供应商和其他合作伙伴身上，在很大程度上依赖统计质量控制法的使用。

## 建立学习型组织

在**学习型组织**中，从车间最低级别的员工到最高级别的高管，每个人都要参与问题的寻找和解决，让组织能够不断地试验、变化和改进，从而提高组织发展、学习和达成目标的能力。[16] 这个概念并不意味着某种特定的结构，更确切地说，它是一种对组织可能成为什么样子的愿景和态度。

森奇确定了经理们应该在建立学习型组织过程中集中关注的五个领域：

1. 鼓励更多系统思维——让员工知道公司究竟是怎样运作的以及他们如何融入和融入到哪里。
2. 打造共同愿景——建立共同的目标和承诺。
3. 挑战现有思维模式——质疑从前的做事方式，鼓励"摆脱常规"的思考方式。
4. 增强团队学习——与个人贡献和学习相比，更强调集体贡献和学习。
5. 鼓励员工增进工作上的自我超越。[17]

毫无疑问，追求这些目标有助于公司更有效地适应不断变化的竞争环境，增加成功实施战略变革的机会。

# 注 释

1. A. Campbell and D. Sadtler, 1998, "Corporate Breakups," *Strategy + Business*, 12: 64–73.
2. P. C. Davis and A. Kamra, 1998, "The Value of Big in Banking," *Strategy + Business*, 12: 7–9.
3. A. Chandler, 1960, *Strategy and Structure* (Cambridge, MA: MIT Press).
4. O. E. Williamson, 1985, *The Economic Institutions of Capitalism* (New York: The Free Press).
5. G. B. Allen and J. S. Hammond, 1975, *Note on the Boston Consulting Group Concept of Competitive Analysis and Corporate Strategy* (Boston, Mass: Harvard Business School).
6. Corporate Planning and Development, General Electric Corporation, *Strategic Management in GE.*
7. F. W. Gluck, S. P. Kaufman, A. S. Walleck, K. McLeod, and J. Stuckey, 2000, "Thinking Strategically," *McKinsey Quarterly,*.
8. C. D. Hofer and D. Schendel, 1978, *Strategy Formulation: Analytical Concepts* (St. Paul, MN: West Publishing),.
9. T. Copeland, T. Koller, and J. Marrin, 1995, *Valuation: Measuring and Managing the Value of Companies* (New York: John Wiley & Sons).
10. C. K. Prahalad and G. Hamel, "The Core Competence of the Corporation," *Harvard Business Review*, May–June 1990, pp. 79–91.
11. D. J. Collis and C. A. Montgomery, 1997, *Corporate Strategy; Resources and Scope of the Firm* (Homewood, IL, Irwin).
12. K. Cools and A. Roos, 2005, *The Role of Alliances in Corporate Strategy* (Boston, Massachusetts: The Boston Consulting Group).
13. Ibid.
14. M. Goold and A. Campbell, 1987, *Strategies and Styles* (Boston, Blackwell Publishing).
15. B. Bergman and B. Klefsjö, 1994, *Quality: From Customer Needs to Customer Satisfaction* (London: McGraw-Hill).
16. R. L. Daft, *Management*, 1997 (New York: The Dryden Press), p. 751.
17. Ibid., p. 750.
18. GE Annual Report, 1992.
19. "GE's Two-Decade Transformation: Jack Welch's Leadership," Harvard Business School Case Study 9–399–150, Rev. January 2000.
20. GE Annual Report, 1994.
21. I. Nonaka and H. Takeuchi, 1995, *The Knowledge Creating Company* (Cambridge, Oxford University Press).

# 案例索引

## 第1章：战略是什么?

1. 英特尔公司：1968—2003（哈佛商学院 9–703–427 号案例）（战略导论）
2. 啤酒酿造业的阿道夫·库尔斯公司（哈佛商学院 9–388–014 号案例）（基本战略概念）
3. 东京红花铁板烧（哈佛商学院 9–673–057 号案例）（定义战略和客户价值）

## 第2章：战略与业绩

1. 沃尔玛公司（哈佛商学院 9–794–024 号案例）（商业模式）
2. 2003 年的沃尔玛（哈佛商学院 9–704–430 号案例）（全球增长战略）
3. 2005 年的微软（哈佛商学院 9–705–505 号案例）（战略与控制）
4. 威瑞森通讯公司：实施人力资源平衡计分卡（哈佛商学院9–101–102 号案例）（平衡计分卡）

## 第3章：分析外部战略环境

1. ZARA：快时尚（哈佛商学院 9–703–497 号案例）（竞争经济学、可持续性、全球化、人口统计学）
2. 全球葡萄酒之战：新世界挑战旧世界（A）（哈佛商学院 9–303–056 号案例）（全球战略、进入模式、集群）
3. 金吉达国际公司（A）（哈佛商学院 9–797–015 号案例）（贸易政策与保护主义）
4. 微软在中国，1993 年（哈佛商学院 9–795–115 号案例）（知识产权）
5. 中国面对 21 世纪（哈佛商学院 9–798–066 号案例）（中国的潜力）

## 第4章：行业分析

1. 2006 年的苹果公司（哈佛商学院 9–706–496 号案例）（创新的重要性）

# 出版后记

在为本书第一版撰写的序言中，现代管理学之父彼得·德鲁克写道："这本书是唯一问到'什么是战略'以及'为什么要实施战略'的一本书，它第一个发问'在一个特定的商业领域里，战略是什么以及为什么要有战略？'这是唯一一本专注于探讨管理战略中的有效行动的书。"

德鲁克道出了本书的独特价值。事实上，本书作者之一科尼利斯·德·克鲁维尔曾在美国克莱尔蒙特研究生大学担任彼得·德鲁克和伊藤正俊管理学院的院长，他高屋建瓴的战略思维、针对公司面临的全球挑战进行的敏锐分析，无疑受到了德鲁克的深刻影响。

《战略：高管的视角》是一本篇幅不大、但是非常实用且通俗易懂的战略指南。全书分为10章，从公司高管的视角来阐述：先介绍战略的概念，分析战略与业绩之间的关系；然后从宏观到微观，分析公司的战略环境、行业环境以及公司自身的优劣势；再从微观到宏观，讨论业务单元战略和全球战略的制定；最后回到公司战略，塑造和管理公司的业务组合。这种安排，使全书的内容组成一个有机整体，不同主题的表达非常顺畅。

公司高管通常面临的一个挑战是：如何分析日益激烈的竞争环境并制定适合自身的战略？他们有很多资源可以运用，比如平衡计分卡、波特五力模型和战略供应链模型等分析工具，波特通用业务单元战略、波士顿咨询集团法和通用电气公司法等战略制定工具，还有从可口可乐的品牌意识、英特尔的供应链创新和沃尔玛的全球战略等公司实践中学到的洞察力。这些管理理论和著名公司的真实案例都会在本书中探讨。

在全球化越来越深化的今天，多数公司面临新的挑战：如何应对更广泛的利益相关者对公司经营提出的要求？是参与区域竞争还是全球竞争？如何变革公司的组织结构来提高运营效率？如何充分运用互联网等技术促进公司的可持续发展？作者的观点是：通用战略很难将公司推上领先地位，成功的战略必须反映出公司对外部竞争环境相关力量的充分了解、清晰的战略意图以及对组织核心竞争力和资产的深入认识。本书的主旨就是为将要承担高管职责的管理者和学习管理知识的MBA学生传授制定和实施有效战略的能力，从而很好地应对挑战。

两位作者科尼利斯·德·克鲁维尔和约翰·皮尔斯二世均在美国著名大学的商学院担任教授，著述多，并有丰富的商务咨询顾问经验；这本书是他们管理理论和实践相结合的优秀成果，语言平实，充满远见卓识。译者马昕的翻译，很好地忠实于作者的原意，能够为读者呈现最明亮的思想之光。相信本书会成为公司管理者和战略研究者的必读之作。

服务热线：133-6631-2326　139-1140-1220

读者服务：reader@hinabook.com

**后浪出版咨询(北京)有限责任公司**

2012 年 6 月